배우기를 **The 배우기**

디지털 시대의 학습전략

오선아 · 김선미 · 김연순
김진영 · 류정희 · 이현진 · 조익수 지음

박영story

머리말

대학생에게도 공부하는 방법을 가르치고 배우게 해야 하는가?

우리는 유치원부터 아니 어쩌면 태어나면서부터 지식을 습득하기 위해 많은 노력을 해서 대학에 왔습니다. 그런데 배우는 방법을 더 배워야 할까요? 저자들은 대학에서 전공교과뿐만 아니라 진로설계와 자기계발 그리고 학습방법에 관해 오랜 시간 강의를 해 오면서 대학생들이 어떻게 하면 좀 더 효율적으로 공부할 수 있을까를 고민했습니다. 대학생들은 갑자기 주어진 자유시간과 스스로 찾아가야 하는 대인관계와 진로 등에 많이 혼란스러워하고 어려움을 겪고 있습니다. 여기에 고등학교와는 다르게 운영되는 수업방법과 평가방법 때문에 적응하지 못하고 이것이 학업부진과 중도탈락으로 이어지는 안타까운 사례를 대학 현장에서 많이 보고 있습니다. 4차 산업혁명, 포스트 코로나로 인한 많은 환경 변화 속에서 대학생들은 공부를 어떻게 해야 하고 미래사회에 어떻게 준비해야 하는가 막막해 합니다. 이 책은 이러한 학생들에게 도움이 되고자 합니다.

왜 공부해야 하는지? 어떻게 공부해야 하는지를 알고자 하는 대학생들에게 이 책이 자신의 공부과정을 점검해보고 자신만의 학습방법을 찾게 하는 적절한 안내서가 되었으면 합니다. 빠르게 변화하는 디지털 사회에서 학생들이 자신의 공부방법을 찾고 공부자료를 집적하고 동료 학생들과 협업하기 위해 필요한 역량을 갖추는 데 도움을 주기 위해 디지털 학습 앱들을 함께 소개하였습니다. 그리고 모든 장의 뒷 부분에 다양한 활동자료를 넣어 학생들이 이 활동을 하면서 수업내용을 복습하고 중요한 내용을 다시 한번 기억하고 정리하도록 하였습니다. 많은 대학의 교육과정에 대학생활 적응을 위한 다양한 교과가 개설되어 있는데 이러한 교과를 담당하는 교수님들에게도 이 책이 도움이 되었으면 합니다.

머리말

이 책은 다음과 같이 구성되어 있습니다. 제1장~제2장에서는 대학생의 심리사회학적 발달단계와 대학생 시기의 발달과업에 대한 이해, COVID-19로 가속화된 언택트(untact) 교육, 디지털 트랜스포메이션(digital transformation), 인공지능 기반의 학습환경과 직업세계의 변화 속에서 대학생들이 무엇을 준비하고 대처해야 하는가를 다룹니다.

제3장~제4장은 자기설계 포트폴리오와 효과적인 프레젠테이션입니다. 대학생이 진로설계를 위해 목표를 설정하고 이 목표를 위해 필요한 자료를 모으고 관리하는 포트폴리오 설계와 개발 방법을 다루고 이를 효과적으로 표현할 수 있는 프레젠테이션 방법을 배울 수 있습니다. 망고보드와 미리캔버스, 구글 프레젠테이션을 활용하는 방법이 제시되어 있습니다.

제5장~제8장은 자기조절학습에 대한 소개와 자기조절학습을 활용하여 어떻게 효과적으로 공부해야 하는가에 대한 내용입니다. 제5장에서는 자기조절학습을 위한 다양한 진단도구를 제시하여 학습자 자신을 분석하고 이해하며 적절한 학습전략과 실천방법을 세울 수 있도록 합니다. 제6장은 학습을 시작하고 유지하고 성취를 만들어내는 힘, 실패를 이기는 힘인 학습동기에 관한 내용을 다루고 제7장은 자기조절학습을 위한 목표설정과 시간관리에 대한 내용입니다. 목표설정이 왜 필요한지, 균형있는 삶의 목표, 성취가능성을 높이는 목표설정을 안내하고 있습니다. 시간관리에서는 우선순위를 정하고 실천할 수 있도록 구성하였습니다. 제8장은 주의집중과 기억력 향상에 관한 장으로 정보처리과정에 대한 기본적인 지식과 더불어 우리가 읽고 쓰고 듣는 모든 정보 중에서 유의미한 정보에 어떻게 주의집중 해야 하는지, 주의집중 하지 못하는 원인을 분석하고 기억력을 높이기 위한 구체적인 전략을 살펴볼 수 있습니다.

제9장~제11장은 구체적인 학습방법을 제시합니다. 제9장은 개별학습과 협동학습에 관한 것입니다. 대학생들에게 필요한 개별학습, 팀학습, 스터디 그룹의 운영방법을 안내합니다. 생각을 함께 나누고 협업하는 과정에서 우리가 얻을 수 있는 성과 그리고 디지털 앱을 활용하여 아이디어를 만들고 공유하는 방법도 제시합니다. 제10장은 학습을 위한 능동적 읽기와 듣기입니다. 공부의 가장 기본적인 정보 투입과정인 학습을 위한 능동적인 읽기와 효율적인 듣기에 관한 내용입니다. 제11장은 노트 필기와 리포트 작성입니다. 우리가 대학수업에서 읽고 듣는 많은 정보를 어떻게 정리하고 메모해야 하는지, 이러한 활동이 어떤 효과를 가져오는가에 대한 전략을 제시합니다. 그리고 교수와 학생 간의 학습에 관한 공식적인 의사소통 문서인 리포트의 효과적, 매력적인 작성법을 안내하면서 다양한 디지털 노트 필기 도구를 소개합니다.

제12장은 스트레스와 시험불안 극복하기입니다. 스트레스의 정의와 대학생이 주로 경험하는 스트레스와 대처방법, 학업 스트레스로 인한 시험불안과 학습된 무기력감을 극복할 수 있는 방법을 제시합니다.

배우기를 The 배우기 책은 주로 대학생이 읽게 될 것으로 예상하지만 이 책은 자신의 공부방법과 진로설계, 그리고 이러한 교육에 관심 있는 분들에게도 도움이 될 것으로 기대합니다. 이 책을 접하는 분들에게 자신의 학습방법에 대한 관심을 갖고 실천할 수 있는 기회가 되기를 바라며, 또한 이런 학생들을 지도하는 교수님들에게도 이 책이 안내서가 되었으면 합니다.

2022년 여름 무등산 자락에서
저자일동

차례

대학, 대학생
그리고 대학공부

01

대학생과 대학생활

1) 대학생의 발달적 위치

대학생은 청소년기를 지나 성인기에 진입하는 과도기적인 시기에 속하는 집단이다. 초기 발달과업의 개념을 제안한 헤비거스트(Havighurst, 1948)는 청소년기를 12~18세로 보았고, 성인 초기를 19~35세로 규정하였다. 헤비거스트에 따르면 대학생이 속한 20대 초반을 성인기 시작으로 볼 수 있다. 우리나라의 민법에서도 성인을 만 19세로 규정하고 있어 통상적으로 20세 이상의 대학생은 성인으로 간주되고 있다. 그러나, 이러한 구분은 대부분의 대학생들이 4년 공부하고 졸업하여 취업이 당연시되었던 과거에는 크게 문제가 되지 않았다. 현재 대학생들은 학업이수 기간이 길고 사회진출, 취업시기, 결혼 등이 지연되고 있기 때문에 성인기라는 명칭이 다소 모호해지고 있다 (Arnett, 2001). 현재 우리 대학생들은 사회·경제적 독립을 위한 학습을 해야 하고 성인기 주요 과업인 배우자를 만나 가정을 이루고 부모역할을 시작하는 것, 부모로부터의 독립, 직업을 갖는 것 등의 과업을 완료해야 하는 시기가 점점 연기되고 있기 때문에 성인기로의 이행이 늦어지고 있다(이한샘, 2014).

대학생을 젊은 성인기(young adulthood) 혹은 청소년 후기(late adolescence) (Ericson, 1963)로 보기도 하고 또는 대학생 시기를 청소년기와 젊은 성인기

사이에 존재하는 Emerging Adulthood(청년기)로 보는 관점도 있다(Arnett, 2001). 대학생을 청소년이라고 칭하는 것도 무리가 있으며 젊은 성인이라고 했을 때에는 40대 이하를 지칭하는 일반적인 개념이 있어 이 부분도 어울리지 않는다. 따라서 이 책에서는 대학생 시기를 청소년기와 젊은 성인기 사이에 존재하는 청년기(emerging adulthood)로 지칭하고자 한다(곽금주, 2010).

청년기의 대학생들은 청소년기와 성인기의 중간단계에서 유능하고 건강한 사회인으로 발달해 가야 하는 중요한 발달과업을 안고 있다. 이 시기의 대학생은 정체감 확립, 부모로부터의 독립, 대학생활, 직업선택 등 다양한 과업을 달성해야 한다. 대학생들의 취업난은 사회·경제적으로 독립을 해야 하는 성인기로의 이행을 지연시키고 있다. 이러한 관점에서 대학생 시기는 청소년기에서 성인기로 진입하는 과도기적인 단계이며 다양한 심리·사회적 발달을 이뤄내야 하는 중요한 의미를 가지는 시기이다.

에릭슨(Erikson, 1993)의 심리사회적 인간발단 단계 이론을 통해 대학생 시기가 전 생애 인간발달 단계에 있어 어느 위치에 있는가를 살펴보고자 한다. 에릭슨은 태어나서 죽을 때까지 시기마다 직면한 심리사회적 위기 (psychological crisis)와 과제가 있다고 보고, 각 시기마다 위기와 과제를 잘 극복하면 해당 단계의 덕목을 획득할 수 있다고 하였다. 여기에서 심리사회적 위기란 발달의 기회를 제공하는 심리사회적 도전을 말하며 각 단계에서 부정적 대안보다는 긍정적 대안을 좀 더 많이 경험하면서 위기를 성공적으로 해결하면 긍정적 성격의 발달이 이루어지고, 부정적 대안을 더 많이 경험하면 위기를 해결하지 못하거나 위기 자체의 회피를 통해 부정적인 성격발달이 이루어진다고 하였다.

〈그림 1-1〉 에릭슨의 심리사회적 성격 발달단계

crisis[위기]							
출생-1세	2-3세	4-5세	6-12세	청소년기	성인초기	중년기	노년기
기본적 신뢰감 vs. 불신감	자율성 vs. 회의감과 수치감	주도성 vs. 죄책감	근면성 vs. 열등감	정체감 vs. 역할 혼돈	친밀감 vs. 고립감	생산성 vs. 침체감	자아 통합감 vs. 절망감

virtue[덕목]							
희망	의지력	목적 의식	유능성	충실성	성숙한 사랑	배려	지혜

　　에릭슨의 발달단계로 보면 대학생은 청소년기의 정체성 탐색과 더불어 친밀감의 획득이 주요 과제이다. 기존의 심리학에서는 정체성 탐색과 형성이 청소년기의 주요 과제였는데 한국의 청소년은 청소년기의 대부분을 입시로 보내기 때문에 자신의 정체성 탐색에 시간과 노력을 투자하기가 어렵다. 따라서 우리나라 대학생 시기는 청소년에서 성인으로 성장하고 사회 진출 전 본격적으로 준비하는 중요한 시기인 초기 성인기이면서 청소년기의 정체성 확립의 과제를 동시에 이루어야 할 시기라고 할 수 있다. 에릭슨은 이 시기를 대인관계를 통해 자신을 찾아가며, 자아정체감을 확립하고 발달시키는 시기라고 하였다. 자아정체감(ego identity)은 '나는 누구인가?', '내 삶은 무엇을 향해 가고 있는가?'에 대한 질문을 하고 이 질문에 대한 고민을 통해 형성되는 심리적 상태를 말한다. 한 사회 안에서 함께 사는 타인들의 관심과 행동양식 그리고 태도와 가치관을 공유할지라도 개인은 타인과는 구별되는 독특한 존재라는 인식을 가지고 있다. 사람들은 자신이 타인과는 다른 존재라는

개별성, 시간이 지나더라도 한결같은 사람이라는 계속성, 자신의 생각, 행동, 가치, 동기 등 여러 측면이 통합되어 있다는 총체적 인식을 가지면서 자아정체감이 형성된다(신현숙, 오선아, 류정희, 김선미, 2020).

성인 초기에 타인과 장기적으로 친밀한 관계를 형성한다는 것은 잘 정립된 정체성을 바탕으로 타인의 정체성을 공유하는 것을 의미한다. 성인 초기의 친밀감은 동료와 우정을 만들고 타인에게 사랑과 동료애 또는 공유된 정체감을 갖는 것을 말한다. 일관성 있는 자신의 정체성을 확립하지 않은 상태라면 타인과 친밀한 관계를 수립하는 데 실패하고 고립감을 갖게 된다. 이 시기의 위기를 잘 극복하면 성숙한 사랑의 덕목을 획득한다. 성인 초기는 부모로부터 자립할 나이지만 학업에 전념하거나 취업이 어렵거나 경제적인 사정으로 부모에게 기대어 살거나 함께 사는 캥거루족이 급증하는 추세이다. 이러한 현상은 우리나라뿐 아니라 다른 나라에서도 일어나고 있고 비슷한 맥락의 용어가 있다. 일본에서는 돈이 급할 때만 임시로 취업하는 프리터(freeter), 영국에서는 부모님의 연금을 쓰는 키퍼스(kippers), 이탈리아에서는 엄마가 해주는 음식에 집착하는 맘모네(mammone)라는 용어를 쓰고 비슷한 맥락으로 미국은 트윅터(twixter) 등의 용어를 쓰고 있다(신현숙 외, 2020).

중년기에 성숙한 성인은 자신이 종사하는 직업 장면에서 의미 있는 사회적 기여를 하거나 자녀 양육이나 후속 세대를 위한 교육 활동을 하며 창의적인 작품을 만들면서 생산성(generativity)을 발휘한다. 생산성에 대한 기준은 사회 문화마다 다르겠지만 자신의 직업에 의무감을 갖고 가족을 부양하고 자신이 맡고 있는 일에 대한 책임감을 받아들일 능력을 갖게 되는 것을 의미한다. 따라서 생산성을 경험하지 못하는 개인은 침체감(stagnation)에 빠지고 자신의 인생이 쓸모없다고 느끼며 자신의 존재를 하찮게 여긴다. 이 시기의 위기를 잘 극복하면 배려(care)의 덕목을 가지게 된다.

다양한 연구(곽금주, 2010; 안선영, 김희진, 2012, Arnett, 2001)에서 말하는 성인의 기준을 정리하면 다음과 같다. 첫째, 결혼, 직업세계로의 진입과 출산이다. 둘째, 축적된 지식을 성인의 생활에 적용할 수 있는 인지적 유능성 획득이다. 셋째, 잘 형성된 정체감을 바탕으로 친밀한 관계를 수립하며, 자신의 영역에서 생산성을 발휘하고 자신의 삶을 성찰하고 이끌어 나가는 것이다. 넷째, 다른 사람과 성숙한 관계를 형성하고 유지하는 것을 의미하는 상호의존이다. 즉 타인과 조화롭게 살아가는 것은 이성교제를 하거나 배우자를 선택하는 것, 자기중심성이 감소하고 다른 사람을 배려하는 것을 의미한다. 다섯째, 사회 규범 준수이다. 충동적이거나 일탈적인 행동을 하지 않고 사회적 규범에 맞게 행동하는 것은 어느 사회에서나 성숙한 사람의 중요한 특성으로 간주된다. 그러나 규범 준수를 성인의 기준으로 얼마나 의미 있게 여기는지는 사회마다 달라질 수 있다.

이러한 측면에서 현재의 대학생들을 성인이라고 할 수 있는가? 우리나라 대부분의 대학생들은 고등학교 재학 시 대학 입학만을 목표로 생활하는 한국 교육문화 특수성으로 정체감 형성이나 삶의 목표에 대해 진지하게 탐색하는 기회를 갖거나 구체화하는 기회를 충분히 갖지 못한 채, 청소년기에 이루어야 할 발달과업이 유보되어 부모에게 많은 부분을 의존하며 지내오는 경우가 많다(김혜선, 이지하, 옥양민, 2014; 박순천, 백경임, 2011). 스스로 생각하고 선택하는 자율성이 부족한 통제된 생활을 하다가 대학 입학 후 익숙했던 타율성에서 벗어나 자율성과 그로 인한 책임으로 대학생활 적응에 힘들어 하는 경우도 많다. 또한 직업을 갖기 위해 교육기간이 지연되고 있고 시간제 직업이나 부업으로 직업세계에의 진입도 늦어지고 있다. 따라서 자녀출산과 양육도 상대적으로 늦어지고 포기하는 경우도 있다.

활동 1. 성인(adult)의 조건에 대한 인식 척도(pp.16-17)

안선영, 김희진(2012)은 만 19세−24세 청년세대 2,000명과 만 49세−54세 부모세대 성인 1,000명을 대상으로 성인의 조건에 대한 설문조사를 실시하여 한국사회에서 '성인 됨'이 의미하는 바와 성인기 이행에 대한 인식이 두 세대 간 어떤 차이를 보이는지 살펴보았다. 청년세대와 부모세대 모두 성인의 기준으로 가장 중요하게 생각하는 항목은 '자신의 행동에 책임을 지는 것'이었는데 응답의 전체적 경향을 살펴볼 때 '가족부양 및 자녀양육 관련 능력'을 가장 중요하게 생각하였다. 부모세대 성인은 '가족부양 및 자녀양육능력', '역할 이행', '연령 이행'에 대해 더 중요하게 생각한 반면 청년세대는 '가족부양 및 자녀양육 능력', '독립과 상호의존', '규범 준수'에 더 높은 중요도를 부여하는 것으로 나타났다.

청소년기에서 성인기로 이행하고 있는 청년기의 대학생은 정체성 탐색과 확립, 독립적인 생활태도 확립, 원만한 사회관계 유지, 직업생활 준비뿐만 아니라 취업을 위한 능력을 갖추어야 하는 중요한 시기이다. 청년기의 대학생 시기는 부모의 간섭과 영향에서 어느 정도 자유롭고 시간적 여유도 있기 때문에 다양한 학과 활동과 동아리, 현장실습, 인턴십 등을 통해 자신이 무엇을 좋아하고 앞으로 어떤 일을 해야 하는가의 탐색이 가능하다고 할 수 있다. 이 시기에 만나는 다양한 사람들과 친밀한 장기적인 관계를 지향할 수 있고 다양한 직업탐색을 통해 좀 더 구체적인 자신의 정체성을 찾아가게 될 것이다. 따라서 대학생활에 성공적으로 적응하는가 여부는 성인기로의 성공적 진입을 가늠하는 중요한 척도이며, 대학생활 이후 직장 및 사회 전반적인 부분까지 밀접한 관련이 있는 중요한 과업이라고 할 수 있다. 그러한 중요한 과업을 성공적으로 이루기 위해서 대학생들은 대학에서의 학습도 자신의 정체성에 맞게 목표를 설정하고 목표를 이루기 위해 스스로 노력하고 점검하는 자기주도적인 학습능력이 필요하다고 할 수 있다.

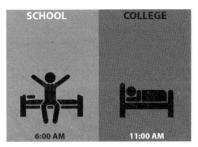

시간을 내 맘대로 사용할 수 있다!

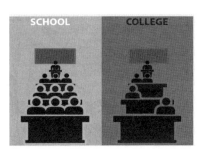

대학 강의실에 지정된 자리가 없다!

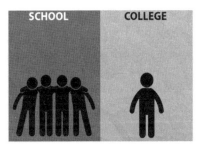

친구 없이 나 혼자 다닐 수도 있다!

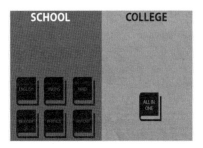

책의 두께가 과목마다 다르고 다 배우지도 않는다!

고등학교와 대학교 차이점
(https://m.post.naver.com/viewer/postView.naver?volumeNo=10748543&memberNo=34734445)

활동 2. 고등학교와 대학생활의 차이점(p.18)

2) 고등학교와 대학생활의 차이

대학 교육과정은 초·중·고등학교와 다르기 때문에 대학생활에서 학생들은 자신의 학습과정과 방법에 대한 이해를 바탕으로 자신에게 가장 적합한 학습방법을 선택하여 활용할 수 있는 자기주도적인 학습능력이 있어야 한다. 그러므로 대학생이 성공적인 대학 교육과정을 이수하기 위해서는 기본적으로 자기주도적인 학습능력과 실천이 필요하다고 할 수 있다.

대학교는 고등학교와 다른 점이 있다(송수권, 2016). 첫째, 대학교는 정해진 등·하교 시간이 없다. 수업이 없으면 아침 일찍 등교하지 않아도 된다. 오후에 수업하는 수강과목들을 선택하면 오전은 자유시간이 될 수도 있다. 대학생에게는 고등학교에 비해 자유시간이 대폭 증가한다. 대학생활의 성패는 자유시간을 어떻게 보내느냐에 따라 결정된다.

둘째, 대학교는 학생 개인을 위한 지정석이 없다. 대학생은 자신이 수강하는 강의시간에 강의실을 찾아가서 수업을 듣고 강의가 끝나면 나와야 한다. 따라서 수업이 없는 공강시간에는 도서관, 학생회실, 휴게실 등과 같은 곳에서 시간을 보내며 다음 강의시간을 기다려야 한다. 넓은 캠퍼스에서 이 강의실 저 강의실을 찾아 다녀야 한다. 한 교실에서 주로 학교생활이 이루어져 친한 친구집단이 형성되는 고등학교와는 다르기 때문에 스스로 친구를 만들려는 의사소통과 협업능력이 없으면 혼자 생활할 수밖에 없다.

셋째, 대학교는 학생에게 정해진 수업시간이 학생 개인마다 다르다. 학생이 스스로 수강할 과목을 선택하여 수업시간을 구성해야 한다. 자신이 선택한 수업시간에 강의실을 찾아가 담당교수의 강의를 들어야 한다. 따라서 자율적인 선택이지만 그만큼 책임도 크다. 어떤 교수의 어떤 강의를 선택하여 수강하느냐에 따라 대학에서 받는 교육의 내용이 달라진다.

넷째, 대학교는 매일 고정적으로 만날 수 있는 담임교사나 학급친구가 없다. 대학교에서도 지도교수가 배정되기는 하지만 지도교수는 학생이 스스로 교수님의 연구실로 찾아가지 않으면 만나기가 어렵다. 같은 학과나 같은 반 동료들이 있기는 하지만 각자 자신이 선택한 수업을 듣기 때문에 늘 만날 수 있는 것도 아니다. 대학교에서는 주어지는 인간관계의 틀이 거의 없어서 이미 알고 지내는 사람이 아무도 없는 학생은 외로움을 느끼기 쉽다.

다섯째, 대학교에는 학생의 사생활에 규제를 가하는 사람이 없다. 정해진 교복도, 명찰도, 야간 자율학습도 없다. 흡연, 음주, 연애, 성생활, 수면 패턴 등 모든 것이 학생의 자율에 맡겨진다. 수업시간에 지각, 결석하는 것, 과제를 하지 않는 것, 시험을 치지 않는 것도 모두 학생이 결정할 수 있다. 다만 담당교수는 이를 체크하여 학점에 반영할 뿐이다. 여섯째, 대학 신입생들은 일반적으로 전환기 적응의 문제를 경험한다. 대학생이 되면서, 어떤 학생들은 가족들과 물리적으로 멀어지고, 사회적인 관계에서도 이전과는 다른 도전과 변화를 경험한다. 고등학교 생활과는 다른 인간적인 관계형성과 독립적인 생활에의 적응이 또한 중요한 대학생활 적응의 요인이 될 수 있다.

이렇듯 고등학교 생활과 대학생활은 다른 점이 많다. 따라서 대학에 입학한 대부분의 학생들은 기존의 입시위주의 수동적인 생활에서 대학생이 되면 자율적인 생활과 주도적인 학업생활을 할 수 있으리라는 신입생 신화(freshman

〈표 1-1〉 대학 신입생이 경험하는 어려움

본질적 주제	드러난 주제
숨 가쁘게 지나가는 시간 속 공허함!	• 힘겹게 느껴지는 일상 • 자유에 대한 부담감 • 정처없이 바쁘게 흘러가는 시간
자유롭게 홀로서기 어려움	• 자유를 갈구하지만 통제받는 현실 • 어른 흉내내기 • 기대에 대한 실망과 마주한 자아
새로운 환경에 대한 막막함	• 혼란스러운 대학 수업 • 조직과 자아의 충돌, 그리고 혼란 • 새로운 관계 형성의 어려움

myth)를 갖는다. 그러나 이러한 신입생 신화의 환상이 서서히 사라지게 된다. 전보라, 윤소정(2017)은 대학 신입생이 경험하는 어려움을 12명의 신입생 대상의 심층면담을 통해 <표 1-1>처럼 제시했다.

<표 1-1>을 살펴보면, 대학 신입생들은 갑작스럽게 주어지는 자유에 대한 부담감과 자율적으로 해결해야 하는 많은 시간, 그리고 새로운 학습환경에서 어른으로서 홀로서기 해야 하는 어려움이 있음을 보여주고 있다. 더불어서 이전의 교육환경과는 다른 대학 수업에서 학생들은 많은 혼란과 어려움을 겪고 있다고 할 수 있다. 고등학교 때와 달리 대학 수업은 교수자마다 다른 수업방법, 평가방법, 시험방법이 다르기 때문에 새로운 대학 수업환경에 학생들이 적응하는 데에도 많은 어려움이 있다고 할 수 있다.

대학 신입생뿐만 아니라 군대나 휴학을 한 후 학교에 돌아온 복학생, 오랜 학업 공백 후 대학에 들어온 성인학습자, 외국인 학생 등도 대학교육 환경에 적응하는 것이 쉽지는 않을 것이다. 요즘은 대학에서도 대학의 다양한 학습 대상자를 위한 학습지원과 심리상담 지원 등을 위해 명칭은 학교마다 다르지만 교수학습지원센터, 학생상담센터, 학생성공지센터, 취창업지원 센터 등을 설치하여 지원 프로그램을 제공하고 있다. 대학생들이 이러한 다양한 프로그램에 적극적으로 참여해 보면 자율성이 요구되는 대학생활에서 겪는 학업문제, 대인관계, 이성문제, 진로문제 등의 다양한 문제에 대한 해결방법을 찾는 데 도움이 될 것이다.

대학에서의 공부

대학에서의 공부는 학생 스스로 학업계획을 세우고 과목을 선정하는 독립적이고 능동적인 방식이라고 할 수 있다. 고등학교와는 다른 대학생활의 가장 큰 차이는 갑작스럽게 많은 자유와 선택이 주어진다는 점이다. 하지만 학업과 진로에 대한 다양한 결정을 내려야만 하는 이 시기에 이러한 갑작스러운 생활방식은 대학생들에게 부담스러울 수밖에 없는 것이 현실이다. 또한 사회적인 측면에서는 또래 집단 위주로 형성되어 온 고등학교에서의 대인관계와는 다르게 다양한 형태의 관계에 노출이 되며 그 범위 또한 확대되는 변화를 경험하게 된다.

대학생은 대학에 입학하면서 다양한 삶의 영역에서 많은 변화를 경험하게 된다. 특히 고등학교 때와 달리 학원 선생님도 과외 선생님도 없이 전공과목과 교양공부를 해야 한다. 대학생들이 공부를 주체적으로 학습계획을 세우고 실행해 나가야만 하는 학습환경에 적응하지 못하면 학생들은 학업에 어려움을 느끼거나 학업실패를 경험하게 된다(김옥분, 김혜진, 2019).

대학 공부가 고등학교에서의 공부와 크게 다르지 않다고 생각하거나, 고등학교 때보다 적은 시간과 노력을 들여도 된다고 기대하며 입학하는 학생의 수도 적지 않다는 연구(장애경, 양지웅, 2013)가 있다. 그러나, 대학에서의 전문

영역의 공부는 대학생들이 생각하는 것처럼 쉽지 않다.

'교육학개론' 수업을 예로 들어 보자. 보통 대학의 한 학기 수업은 15주인데 오리엔테이션, 중간고사, 기말고사를 제외하면 12－13주의 수업이 이루어진다. 교수는 매주 한 주제씩 새로운 장을 강의하면서 전문적인 용어와 개념을 이야기한다. 그런데 매주 수업에서 제공되는 전문적인 용어나 개념을 이해하기 위해서는 상당한 집중과 학습을 필요로 한다. 그리고 고등학교 수업과는 달리 이전 시간 학습내용에 대한 반복 없이 거의 매주 새로운 학습이 지속적으로 이루어진다. 전문적인 내용을 공부하는 수업내용이 쉽지 않고 정보량도 많으며 학생들을 공부하도록 고등학교 때처럼 관리도 해주지 않으며 심지어는 시험에서 정답이 정해지지 않는 내용이 나오기도 한다.

그런데 문제는 대학생들이 수업내용에 대해서 자신들이 안다고 생각한 것보다 훨씬 이해하고 있지 않다는 것(Dunlosky et al., 2013; Hacker, Bol, Horgan, & Rakow, 2000)이다. 학생들은 자신이 안다고 생각하지만 실제로는 수업내용을 이해하고 있지 못하면서 안다고 믿는 '과도한 자신감'이 있다고 한다. 또한 학생들은 자신들이 배운 내용을 얼마나 빨리 잊어 버리는지도 과소평가(Koriat, Bjork, Sheffer, & Bar, 2004) 한다.

그렇다면, 학생들이 어떻게 대학공부를 해야 할까? 첫째, 내가 무엇을 알고 모르는가를 명확하게 파악해야 한다. 즉 공부를 하는 과정에서 단순한 인지적 정보처리 과정을 넘어 자신의 인지과정에 대한 점검을 하는 메타인지(meta cognition)를 활용해야 할 것이다. 둘째, 오래 기억할 수 있는 능동적인 학습전략을 사용해야 한다. 단순한 읽기와 반복을 넘어 내가 무엇을 알고 모르는가를 분석하면서 나의 언어로 요약해보고 질문에 답해보고 다른 사람에게 가르쳐 보는 등의 방법을 활용하여 나의 지식으로 내재화할 수 있어야 할 것이다.

자기주도적인 학습습관과 목표의식이 없는 대학생은 쉽게 포기해 버리거나, 벼락치기(이지희, 신효정, 2017)를 하는 공부습관을 보일 수 있다. 또한 대학생이 되면서 늘어난 자유시간을 잘 관리하지 못해 지각과 결석을 자주 하거나, 게임에 지나치게 몰입하여 정작 학교공부에 몰입하지 못하면 결국 이것이 학습부진(장애경, 양지웅, 2013)으로 이어질 수 있다. 결국 대학에서의 공부는 자기주도적인 좋은 학습습관을 갖는 것이라고 할 수 있다.

대학생들이 효과적으로 학업성과를 내기 위해서는 자신에게 필요한 과목을 선택하고 새로운 대학 교육방법에 적응해야 하고 자신만의 학습전략과 학습습관을 만들어 가야 한다. 학습습관이란 하루 공부시간, 예습과 복습의 경험, 계획한 학습량 완수정도, 시간관리 등을 포함하는 개념이다. 이후의 장에서 대학생의 자기주도적인 학습습관을 위한 구체적인 학습내용과 전략이 제시될 것이다. 자기주도적인 학습이란 스스로 계획을 세우고 실천하며 자신의 학습과정에 대한 성찰과 평가를 할 수 있는 공부를 의미한다.

성공적인 대학공부를 위한 학습전략을 정리하여 제시하기에는 많은 어려움이 있다. 어떤 진로와 학습목표를 가지고 대학생활을 하느냐에 따라서 또는 대학생의 다양한 동기와 흥미에 따라서 달라질 수 있다. 따라서 이 책의 이후의 장에서는 대학에서의 효과적, 효율적인 학습역량 증진을 위해 필요한 이론과 실천전략을 제시하고자 한다.

 활동 1 성인(adult)의 조건에 대한 인식 척도

여러분이 성인의 조건으로 생각하는 정도에 체크해 보고 그 이유를 찾아보세요!

번호		내용	전혀 중요하지 않음	별로 중요하지 않음	다소 중요함	매우 중요함
1	가족 및 자녀부양 능력	경제적으로 가족을 부양할 수 있는 것				
2		자녀를 양육할 수 있는 것				
3		가정을 꾸려나갈 수 있는 것				
4		가족을 안전하게 지킬 수 있는 것				
5	규범준수	과음을 하지 않는 것				
6		불법적인 약물(마약)을 하지 않는 것				
7		안전하게 운전하고 과속하지 않는 것				
8		비속어를 사용하지 않는 것				
9		임신을 원하지 않을 경우 피임을 하는 것				
10		음주운전을 하지 않는 것				
11		공공기물을 파손하거나 좀도둑질을 하지 않는 것				
12	허용행동	운전면허증을 취득하고 자동차를 운전할 수 있는 것				
13		성경험이 있는 것				
14		음주가 허용되는 것				
15		흡연이 허용되는 것				

번호		내용	전혀 중요하지 않음	별로 중요하지 않음	다소 중요함	매우 중요함
16	역할이행	결혼하는 것				
17		최소한 한명의 자녀를 두는 것				
18		주택구입				
19	독립과 상호의존	부모나 타인의 영향을 받지 않고 자신의 신념과 가치를 결정하는 것				
20		자신의 행동에 책임을 지는 것				
21		자신의 감정을 잘 조절하는 것				
22		자기중심적인 면이 줄어들고 타인에 대한 배려심이 커지는 것				
23		부모님을 경제적으로 도와드릴 수 있는 것				
24	연령이행	만 18세가 되는 것				
25		만 21세가 되는 것				

활동 2 고등학교와 대학생활의 차이점

고등학교와 대학생활의 차이점을 생각나는 대로 적어 보세요. 그리고 성공적인 대학생활의 꿀팁을 주위의 선배와 교수님, 부모님께 들어보고 찾아보세요.

	고등학교	대학교
생활		
공부		
동아리		
대인관계		
기타		

성공적인 대학생활을 위해서 내가 해야 할 태도와 행동 꿀팁 공유

참고문헌 ————————————————————————————————————

곽금주(2010). **흔들리는 20대 청년기 생애설계심리학**. 서울대학교출판문화원.

김옥분, 김혜진(2019). 대학생의 학업성취 수준에 따른 정의적 특성 및 학업관련 행동적 특성 차이 분석. *Asia-pacific Journal of Multimedia Services Convergent with Art, Humanities, and Sociology, 9*(11), 113-120.

김혜선, 이지하, 옥양민(2014). 한국에서 대학생으로 살아가기에 대한 고찰. *Journal of Digital Convergence, 12*(11), 565-574.

박순천, 백경임(2011). 대학생의 자아분화와 자기효능감이 대인관계와 스트레스 대처방식에 미치는 영향. **불교상담학연구, 3**, 79-96.

송수건(2016). **대학생활의 첫걸음**. 경성대학교 창의인재대학.

신현숙, 오선아, 류정희, 김선미(2020). **교육심리학**. 학지사.

안선영, 김희진(2012). 성인의 기존에 대한 청년세대와 부모세대 성인의 인식비교. **미래청소년학회지, 9**(4), 75-97.

이지희, 신효정(2017). 대학 입학 성적우수 학생들의 학사경고 경험에 대한 연구. **한국웰니스학회지, 12**(1), 183-201.

이한샘(2014). **대학생이 인식하는 주요 발달과정 대학생의 적응에 대한 연구**. 연세대학교 박사학위논문.

장애경, 양지웅(2013). 대학생의 학사경고 경험과 극복과정에 관한 질적 연구. **상담학연구, 14**(2), 995-1013.

전보라, 윤소정(2017). 대학 신입생, 그들의 어려움에 관한 이야기: 대학생활적응 경험을 중심으로. *Asia-pacific Journal of Multimedia Services Convergent with Art, Humanities, and Sociology, 7*(3), 731-742.

Arnett, J. J. (2001). Conceptions of the transition to adulthood: Perspectives from adolescence through midlife. *Journal of Adult Development, 8*(2), 133-143.

Dunlosky, J., Rawson, K. A., Marsh, E. J., Nathan, M. J., & Willingham, D. T. (2013). *Improving students' learning with effective learning techniques: Promising directions from cognitive and educational psychology*.

Erikson, E. H. (1993). *Childhood and society*. WW Norton & Company.

Hacker, D. J., Bol, L., Horgan, D. D., & Rakow, E. A. (2000). Test prediction and performance in a classroom context. *Journal of Educational*

Psychology, 92, 160−170.

Havighurst, R. J. (1948). *Developmental tasks and education.* New York: David Mc Kay.

Koriat, A., Bjork, R. A., Sheffer, L., & Bar, S. K. (2004). Predicting one's own forgetting: the role of experience−based and theory−based processes. *Journal of Experimental Psychology: General, 133*(4), 643.

네이버 포스트 고등학교 vs 대학교 차이점 (https://m.post.naver.com/viewer/postView.naver?volumeNo=10748543&memberNo=34734445. 2022.7.4.)

디지털 시대의
학습역량

01

4차 산업혁명과
사회변화

4차 산업혁명을 한 마디로 정의하기는 어렵다. Schwab은 4차 산업혁명을 물리학, 디지털, 생물학의 혁신 기술들이 융합하여 이끄는 디지털 혁명에 기초한 산업의 변화로 보았다(송경진 역, 2016). 4차 산업혁명에 대한 많은 관심은 이것이 산업분야뿐만 아니라 경제, 사회, 문화, 교육 등의 분야에 혁신적인 변화를 초래하기 때문이다. 따라서 우리의 일상생활도 다음과 같은 일이 보통의 삶의 모습이 될 수 있을 것이다.

'아침에 일어나 거실 화면을 클릭해 봅니다. 거실 벽면의 화면에서는 오늘 날씨와 날씨에 맞게 입고 갈 옷들을 추천해 줍니다. 아침 9시 스마트 워치를 클릭하여 오늘 수업내용과 준비해야 할 사항을 점검합니다. 내 학습 큐레이터는 오늘 공부해야 할 내용과 일정을 알려줍니다. 2과목의 수업이 메타버스 교실에서 있을 것이며 팀작업하고 있는 학습기술 프리젠테이션 자료를 다시 한번 살펴보고 수정하라는 메시지를 보내줍니다. 발표일이 내일이기 때문에 좀 더 매력적인 프레젠테이션을 위해 이 분야 전문가인 A대학의 OOO 교수님의 영상강의를 추천해 줍니다. 오늘 오후에는 무인자동차를 타고 20분 거리의 치과에 들려 3D 프린터로 제작된 치아교정을 해야 할 것 같습니다.'

어쩌면 이미 이러한 생활이 일정 부분 가능할 수도 있겠지만 머지 않아 우리의 생활은 위와 같은 일이 곧 일상적인 보통의 삶이 될 수 있을 것이다. 나만을 위한 학습 콘텐츠 큐레이션이 가능하여 내가 공부해야 할 자료, 시간, 맞춤형 전문가를 실시간으로 연결해 주고 공부하도록 피드백을 주는 맞춤형 학습시대가 가까워지고 있다고 할 수 있다. 4차 산업혁명은 인공지능(artificial intelligence), 빅데이터(big data), 사물인터넷(IoT), 무인 운송 수단, 3D프린팅, 나노기술 등 디지털 테크놀로지로 촉발되는 초연결(hyper connectivity) 기반의 지능화 혁명으로 구축되는 산업의 변화라고 할 수 있다. 4차 산업혁명에서 말하는 초연결성이란 시간과 공간의 한계를 넘어, 현실−가상, 사물−인터넷, 인간−인간 간의 연결을 말한다(김정순, 2020). 따라서 이제 사람과 사물, 인공지능이 연결되는 세상은 우리가 상상할 수 없는 변화로 인간과 사물의 구별이 어려운 상황을 만들 수 있을 것이다.

　　인류는 크게 4단계의 산업혁명을 경험해 왔다. 1차 산업혁명은 1760년경 시작되었으며, 증기기관을 통한 기계화로 공장생산체제를 확립하였다. 2차 산업혁명은 1870년경 시작되었으며, 전기와 자동화를 통한 대량생산 체제가 가능해졌다. 1970년경 시작된 3차 산업혁명은 컴퓨터, 인터넷을 통한 디지털 혁명을 통해 이루어졌다.

　　Schwab은 이전의 혁명과 구별되는 4차 산업혁명이 특징을 세 가지로 설명하였다(송경진, 2016). 첫 번째 특징은 속도(velocity)이다. 인류가 전혀 경험하지 못한 획기적 기술 진보가 다차원적으로 깊이 있게 매우 빠르게 연결된다는 것이다. 하나의 기술이 발명되어 상품이 되면 페이스북과 블로그, 트위터, 인스타그램 등을 통해 세계가 하나로 연결되어 그 파급 속도가 과거와 비교할 수 없을 정도로 빠르다.

〈그림 2-1〉 4차 산업혁명의 발달과정

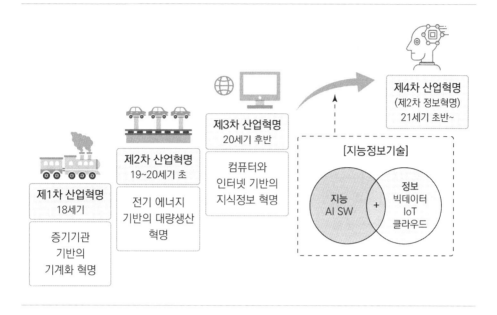

　두 번째 특징은 범위와 깊이(breadth & depth)이다. 과학기술로 인한 산업변화만이 아닌 정치, 사회, 문화, 교육 등 전 분야가 대대적으로 재편되는 것을 의미한다. 4차 산업혁명은 디지털 혁명을 기반으로 다양한 과학기술을 '융합'하고 '연결'하여 부가가치를 창출한다. 디지털 기술과 바이오, 오프라인 기술이 서로 융합되고 연결되어 개인뿐만 아니라 경제, 기업, 사회, 문화에 많은 변화를 주고 있다.

　세 번째는 시스템 영향(system impact)으로 생산, 관리, 지배구조 등을 포함하여 전체적으로 체제의 큰 변화가 예상된다. 4차 산업혁명은 단순한 기기와 시스템을 연결하고 스마트화하는 데 그치는 것이 아니라 국가 간, 기업 간, 개인 간 그리고 사회 전체적인 시스템의 변화를 요구하고 있다(김정순, 2020). 즉, 초연결성(hyperconnectivity)과 초지능화(super intelligence)를 통해 융합되는 특징을 갖고 있다. 코로나19는 이미 전 세계가 연결되어 있다는 것을 보여주는 대표적인 예라고 할 수 있으며, 원격교육, 재택근무를 가능하게 하는 기기 간 연결 또한 이에 포함된다. 또한 초지능화는 기계가 인간처럼 사고하고, 문제를 해결해 나가는 지능적인 서비스가 확대되는 사회를 말한다(김진숙, 2017).

4차 산업혁명은 이미 우리 삶의 변화를 견인하고 있으며, 코로나19로 인해 이 변화는 더욱 빨라지고 있다. 4차 산업혁명의 근간이 되는 기술인 인공지능, 빅데이터, 사물인터넷, 무인 운송 수단, 3D프린팅, 나노기술이 디지털 테크놀로지로 초연결되어 산업, 소비, 금융, 직업, 교육 등 삶의 패러다임을 변화시킬 것이다. 농업혁명, 산업혁명, 정보화혁명 등 이전의 역사적 순간에도 인간이 사회·경제의 주체였던 것처럼, 4차 산업혁명 시대에도 생산과 소비, 혁신의 주체는 사람이다. 사회가 발전하고 복잡해질수록 사람의 융·복합 능력과 문제해결능력은 더 중요해질 것이다. 4차 산업혁명에 따른 직업세계의 변화는 다음과 같다.

"인간에게 어려운 일은 로봇에게 쉽고, 인간에게 쉬운 일은 로봇에게 어렵다"는 말이 있다. 이것을 '모라벡의 역설'이라고 하는데, 미국 로봇공학자인 한스 모라벡(Hans Moravec)이 1970년대에 처음 한 말이다. 로봇은 인간에게 어려운 복잡한 수학 계산이나 자료분석은 순식간에 해낼 수 있지만 인간의 일상적인 행위인 걷기나 잡기, 듣기, 보기나 협업, 의사소통, 갈등해결은 어려울 것이라는 것이다. 하지만 이 '모라벡의 역설'도 옛날 얘기가 되고 있다(김동규, 이은수, 2019).

로봇이 인공지능(AI)과 결합하면서 점점 똑똑해지고 정교해지고 있다. 인공지능을 탑재한 협업로봇(collaborative robot)이 사람과 함께 전자부품을 조립하고 연구 과정을 보조하기도 한다. 사람의 모습을 한 휴머노이드 로봇(humanoid robot)은 호텔 접객원, 백화점 판매원, 노인시설 복지사, 병원 간호사 등 서비스 직종에서 일부 역할을 맡고 있다. 웨어러블 로봇(wearable robot)은 노약자나 장애인, 근로자가 몸에 착용해 신체 기능을 강화하고 보조하는 역할을 한다.

　최근에는 로봇이 인간의 신체적 기능을 넘어 지식, 이해력, 사고력, 문제해결력, 창의력과 같은 인지 영역까지 넘어오고 있다. 온라인 자산관리 서비스인 로보어드바이저(roboadvisor), 인공지능 의사 왓슨(Watson), 인공지능 변호사 로스(Ross) 등 화가, 작곡가, 상담(챗봇), 기자 등의 영역에도 인공지능 로봇이 진출하고 있다(김동규, 이은수, 2019). 이제 인간만이 할 수 있는 영역이라고 생각했던 의료, 법 관련 업무, 창의적인 능력과 공감, 분석 능력을 요구하는 의사, 변호사, 화가의 일에도 인공지능이 그 역할을 일정부분 담당하고 있다. 예컨대 <그림 2-2>를 보면, 인공지능 의사 왓슨은 빅데이터로 축적된 의료정보를 빠른 시간 내에 탐색하여 환자의 질병을 진단하고 치료방법까지 제시할 수 있으며 인공지능 화가도 다양한 기존 자료를 탐색하여 주제에 맞는 그림을 그려낼 수 있게 되었다. 사실 인간만이 할 수 영역이 점차 인공지능에게 자리를 내주고 있다고 할 수 있다.

　직업세계에서도 수행하는 일의 정형화가 높은 직업, 즉 수행하는 일이 일정한 매뉴얼에 따라 규칙적으로 반복적인 업무일 경우 인공지능 로봇, 컴퓨터로 대체될 확률이 높아질 것이다. 반면에 환경 변화에 유연하게 대응하면서 창의성, 공감 능력, 인간만이 가질 수 있는 능력이 요구되는 직종은 기술로의 대체가능성이 낮다고 할 수 있는데 간병인, 육아도우미, 유치원 교사 등이라고 할 수 있다. 가까운 미래에는 지금보다 더 많은 직업에서 인간과 인공지능이 함께 일을 분담하여 협업할 수 있을 것이다. 예컨대 교사의 업무 중에서도 지식전달과 학습정보 관리 업무는 MOOC(온라인 공개 수업, Massive Open Online Course)나 인공지능이 장착된 LMS가 대체하고 학생들의 학습방법 지도, 생활 상담, 사회화 지도, 진로 코칭 등에 대한 업무는 인간 교사가 담당할 수 있다.

　앞으로 우리는 자신의 진로를 선정할 때 무엇을 고려해야 할까? 관심 있는 진로분야에서 인공지능 로봇 기술이 할 수 없는 일이 무엇인가를 분석해

<그림 2-2> 인공지능 의사, 변호사, 화가

MONTHLY Insight, 2016.4.26

중앙일보, 2016.5.17

국민일보, 2021.7.7

중앙일보, 2016.4.7

보고 이 분야에서 인간만이 할 수 있는 영역의 기술과 능력을 찾아 키워나가는 노력이 필요하다고 할 수 있다. 기술로 대체될 가능성이 낮은 직업은 정해진 절차와 반복적인 패턴의 일이 아닌 고도의 유연성(flexibility)과 육체적 적응성(physical adaptability)이 요구되는 일이라고 할 수 있다(김진숙, 2017; 김동규, 이은수, 2019). 자신의 미래 직업 선택에 있어 인공지능 로봇 등의 기술이 할 수 없는 것과 함께 협업할 수 있는 부분에 대한 분석과 준비가 필요할 것이다.

02

포스트 코로나 이후의
에듀테크와 교육

4차 산업혁명이라는 명목 아래 인공지능 어드바이저, 캠퍼스 없는 미래형 대학 미네르바 스쿨(Minerva School), MOOC, OCW(Open Course Ware) 등 시간과 공간의 제약이 없는 온라인 기반 학습과 에듀테크는 미래교육 혁신과 패러다임 변화의 주된 요소로 주목받고 있다. MOOC와 OCW는 온라인을 통해서 누구나, 어디서나 원하는 강좌를 무료로 들을 수 있는 온라인 공개강좌 서비스를 말한다. 미네르바 스쿨은 미국의 벤처투자자 벤 넬슨(Ben Nelson)이 2010년 설립한 대학교이다. 28명의 학생이 2014년에 처음 입학했고, 2019년 5월에 첫 졸업생을 배출했다. '미래의 학교'라 불리는 미네르바 스쿨은 모든 수업을 100% 온라인으로 진행하며, 대학 캠퍼스가 없으며 대신 세계 7개의 기숙사가 있다. 1학년 때에는 대학본부가 있는 샌프란시스코에서, 1학년 2학기부터 서울(대한민국), 하이데라바드(인도), 베를린(독일), 부에노스아이레스(아르헨티나), 런던(영국), 타이베이(대만)에서 다양한 문화를 체험하면서 문제해결형 수업을 진행한다.

4차 산업혁명이라는 초연결사회의 전환을 맞아 디지털 기술을 교육에 접목하기 위한 논의와 실천이 꾸준히 진행되고 있다(도성훈, 2020). 더욱이 2020년 코로나19는 세계적으로 경제와 사회, 문화, 그리고 교육에 4차 산업혁명의 기술 접목을 몇 년 정도 앞당겨 주었다고 할 수 있다. 포스트 코로나 시대에는 원격수업, 언택트(untact) 교육이 일반적이지 않은 상황에서의 교육형태가아닌 새로운 교육표준, 뉴노멀(new normal)로 자리 잡게 될 것이다. 오프라인에서 이루어지고 있는 모든 형태의 교육과 생활양식이 온라인으로 옮겨지는디지털 트랜스포메이션(digital transformation)도 더욱더 빨라질 것이다.

코로나19 이전의 교육자들은 디지털 기술, 원격수업을 오프라인 교육 활동의 보조적인 수단으로만 인식하는 경향이 있었다. 코로나19는 4차 산업혁명의 기술을 교육환경에서 바로 적용할 수 있는 좋은 기회를 제공해 주었고미래사회를 더 빨리 앞당기게 하였다. 코로나19와 함께 교육(education)과 공학(technology)의 조합으로 만들어진 에듀테크(edutech)라는 용어가 폭발적으로신문기사와 연구논문에 등장하였다. 코로나와 함께 에듀테크라는 말이 회자되었지만 사실 교육에서의 첨단 기술의 접목은 늘 있어 왔다. 1950년대의 개별화 학습을 위해서 Skinner가 제작한 교수기계(teaching machine)도 그 시대의에듀테크라고 할 수 있다. 따라서 지금 시대의 에듀테크 정의는 인공지능, 사물인터넷, 빅데이터, 가상현실 등의 신기술을 교육에 접목한 것을 의미한다고 할 수 있다. 코로나19는 분명 교육환경에서 인공지능 기술과 가상교실,다양한 네트워크 연결로 인한 정보연결의 환경이 가능하여 언제 어디서나 교육받을 수 있는 기존의 원격교육의 개념을 한층 더 확장시켜 주었다고 할 수있다.

메타버스라는 단어가 처음 나온 닐 스티븐슨의 SF 장편소설 "스노우크래쉬". 한국어판이 절판되었다가 최근에 다시 나왔다. 1992년도에 미래 사회를 상상하면서 쓴 "스노우크래쉬"를 읽으면서 30여 년 전에 상상한 현재의 모습과 앞으로 30년 후를 여러분이 상상해 보는 시간이 되었으면 한다.

'그러니까 히로는 전혀 다른 곳에 존재하는 셈이다. 그는 고글과 이어폰을 통해 컴퓨터가 만들어 낸 전혀 다른 세계에 있다. 이런 가상의 장소를 전문용어로 '메타버스'라고 부른다.'

'현실 세계에서와 마찬가지로 스트리트도 계속 개발하는 중이다. 개발업자들은 큰 길로 연결하는 조그만 도로를 스스로 만들 수 있다. 건물이나 공원, 광고판도 만들 수 있으며 심지어는 현실세계에 존재하지 않는 것도 창조할 수 있다.'

'그가 보는 사람들은 물론 실체가 아니다. 눈에 보이는 모든 건 광섬유를 통해 내려온 정보에 따라 컴퓨터가 그려낸 움직이는 그림에 불과하다. 사람처럼 보이는 건 아바타라고 하는 소프트웨어들이다. 아바타는 메타버스에 들어온 사람들이 서로 의사소통을 하고자 사용하는 소리를 내는 가짜 몸뚱이다.'

'아바타는 장비가 허락하기만 하면 원하는 대로 아무렇게나 만들어 낼 수 있다.. 못생긴 사람도 아바타는 아름답게 만들 수 있다.'

닐 스티븐슨 SF소설, 스노우크래쉬

그렇다면 코로나19 이후의 교육은 어떻게 변화할 것인가? 첫째, 증강현실(augmented reality), 가상현실(virtual reality), 혼합현실(mixed reality)과 인공지능(artificial intelligence), 메타버스(metaverse)의 테크놀로지를 활용한 실재감 있는 학습에 대한 요구가 훨씬 더 증가할 것이다(장문영, 2021; 최형주, 조진일, 신은경, 2022). 메타버스라는 가상공간에서 나를 대신하는 아바타가 가상 사무실, 가상 교실에서 일도 하고 공부도 하는 그런 현실이 지금보다 더 일상적인 현실이 될 수 있을 것이다. 메타버스의 유형은 크게 네 가지로 나눌 수 있다. 첫째, 증강현실 메타버스인데 현실공간에 가상의 2D, 3D 물체를 겹쳐 보이게 하여 상호작용하는 환경이다. 한때 유행했던 포켓몬 Go, 디지털 교과서, 실감형 콘텐츠가 그 예이다. 둘째, 라이프로깅(lifelogging)이다. 사물과 사람에 대한 일상적인 경험과 정보를 캡처·저장하여 공유하는 기술이다. 스마트기기 등을 이용하여 개인의 일상을 기록, 정리, 보관, 경험하는 일상의 디지털화가 이루어지는 트위터, 페이스북, 인스타그램 등의 활용이 바로 라이프로깅 메타버스이다. 셋째, 실제 세계를 그대로 반영하되 외부환경 정보를 통합하여 제공하는 거울세계(mirror world) 메타버스이다. 실제 세계의 모습과 정보, 구조 등을 거울에 비춘 듯 가상세계에 옮겨 놓은 메타버스인데 우리가 현재 사용하고 있는 구글 어스, 구글 맵, 네이버 지도 등이 그 예이다. 넷째는 가상세계(virtual reality) 메타버스이다. 디지털데이터로 구축한 가상세계로 이용자의 자아가 투영된 아바타 간의 상호작용 활동에 기반하고 있다. 세컨드라이프, 마인크래프트, 로블록스, 제페토, ZEP등이 그 예이다. 현재는 메타버스를 활용한 교육방법이 수업에 조금씩 도입되고 있지만 앞으로는 더 많이 활용될 것이다.

둘째, 온라인 수업은 향후 온라인 수업과 오프라인 수업이 혼합된 학습(blended learning) 형태로 활용되며, 학교 교육에서도 뉴노멀의 하나로 자리잡을 것으로 전망하였다(김태완, 2020). 셋째, 교육환경에 다양한 에듀테크가 본격 도입될 것이며, 이로 인해 개인 맞춤형 학습이 지금보다 더 촉진될 것이다. 인공지능이 장착된 지능형 학습관리시스템은 개별화 맞춤형 플랫폼을 가능하게 할 것이다(이은철, 2021; 이재경, 권선아, 2020).

따라서 개별학습 진단이 가능해지고, 진단 결과를 바탕으로 개인마다 다른 맞춤형 교육 콘텐츠 제공과 관리가 이루어지는 개인 맞춤형 학습이 가능해질 것이다. 현재 대부분 대학의 학습관리시스템(Learning Management System: LMS)은 수강학생에게 똑같은 수업과 과제를 제시하고 그에 따른 동일한 성적평가를 할 수 있는 기능을 제공하고 있다. 지금은 인공지능 챗봇이 장착된 지능형LMS가 많이 사용되고 있지 않지만, 조만간 대부분 대학의 LMS는 지능형LMS로 전환되어 개별 학습자를 사전진단하고 그에 맞는 적절한 학습콘텐츠 제공과 평가 그리고 피드백을 제공하게 될 것이다(이재경, 권선아, 2021).

03

미래인재가 가져야 할 역량

　농업혁명 시대에는 농사를 잘 짓는 사람을 인재로 생각했고, 농사를 잘 짓기 위해 필요한 여러 자질을 지닌 육체노동형 인재, 인내하는 인재, 협동형 인재가 필요했다. 19세기 말에서 20세기 초까지 이어진 제2차 산업혁명 시대에는 전기와 생산 조립라인이 출현하였고, 이러한 변화는 대량생산을 가능하게 했다(Schwab, 2016). 제2차 산업혁명의 가장 큰 특징은 최초로 과학에 기반을 둔 기술(science based technology) 혁신이 일어났고 시스템, 질서 등의 개념이 핵심 가치로 등장하였다(이찬슬, 2020). 이러한 결과로 대량생산을 위한 컨베이어 벨트 시스템과 같은 표준화와 이동조립법이 발생하였다. 그리고 이러한 시스템에서 반복적인 작업을 하는 공장 노동자들은 오랜 기간의 훈련이 필요했기 때문에 근면과 성실한 태도가 노동자들이 갖춰야 할 주요한 덕목이 되었다.

　따라서 1 · 2차 산업혁명 시대에는 산업구조의 변화 속에서 새로운 기술과 규칙을 부지런히 익히고 잘 지키는 수동적인 사람이 필요했다. 육체노동에 의존하던 일들을 각종 기계가 대신하면서 육체적 힘을 사용하는 인간의 역할이 줄어들었고 그 대신 기계를 잘 다루어 작업을 효과적으로 수행할 수 있는 인간이 중요시되었다(이찬슬, 2020).

3차 산업혁명은 '정보통신기술 혁명'을 말한다. 1·2차 산업혁명이 큰 발전소와 공장 그리고 대기업을 중심으로 하는 경제모델이었다면, 3차 산업혁명 시대에는 컴퓨터와 컴퓨터를 연결하는 것처럼 수평적 분산성과 협업성이 중시되었다. 3차 산업혁명 시기의 중요한 인재는 1·2차 산업혁명 시대처럼 수동적으로 시키는 일을 하는 사람보다 새로운 것을 생각하고 문제해결에 대처하는 능력을 갖춘 사람이다. 3차 산업혁명과 맞물려 논의되기도 하는 4차 산업혁명은 사람과 사물, 그리고 공간이 인터넷으로 초연결되는 초지능의 혁명이라고 할 수 있다. 인공지능(AI), 사물인터넷(IoT), 로봇, 3D프린팅을 활용한 맞춤 생산이 늘어나면서 종전의 대량생산 체제가 다품종 소량생산 체제로 더욱 가속화될 것이다(백종현, 2017).

이처럼 사회 변화로 인한 직업의 변화는 새로운 인재상과 필수 역량의 변화를 요구하고 있다. 역량(competence)은 지식과 기술 그 이상의 것으로, 특정한 맥락에서 기술과 태도 능력을 포함한다(Rychen & Salganik, 2003). 역량은

〈그림 2-3〉 미래시대의 핵심역량(WEF, 2016)

기본 능력	기본적 직무능력	직능을 넘나드는 직무능력	
인지능력	**업무 내용 관련 역량**	**사회 관계 역량**	**자원관리 역량**
• 인지 유연성 • 창의성 • 논리력 • 문제인식 감수성 • 수리력 • 시각화 능력	• 능동적 학습 • 구술 표현력 • 독해력 • 작문 표현력 • ICT 이해도	• 협동 능력 • 감성지능 • 협상력 • 설득력 • 서비스 지향성 • 타인 교육훈련 능력	• 재무자원 관리 • 물질자원 관리 • 인적 관리 • 시간 관리
신체 능력	**업무 처리 관련 역량**	**시스템적 역량**	**테크놀로지 역량**
• 육체적 힘 • 신체동작의 정교함과 정확성	• 능동적 경청 • 비판적 사고 • 자기 모니터링과 타인 모니터링	• 판단력과 의사결정력 • 체계 분석력	• 장비 유지 및 보수 • 장비 작동 및 제어 • 프로그래밍 • 품질 관리 • 기술 및 UX 디자인 • 기술적 문제해결
		복합적 문제 해결 역량	

현대 사회의 복잡하고 변화하는 과제에 대처하기 위한 능력을 의미하며, 역동적이고 총체적인 특성을 지닌다(소경희, 이상은, 박정열, 2007). 흔히 역량과 능력의 개념이 혼재되어 사용되고 있는데, 능력(能力)은 '일을 감당해낼 수 있는 힘'이며 역량(力量)은 '어떤 일을 해낼 수 있는 힘'을 의미한다. 능력은 어느 정도 타고난 것이며 우리가 어떤 일을 하는 데 있어서의 개별적인 힘이라면 역량은 그러한 개별적인 힘들을 조합하여 활용하는 능력이며 키워나갈 수 있는 것이라고 할 수 있다. 친구들과 전화로 이야기를 잘하는 것과 실제로 많은 학생과 대중을 대상으로 프레젠테이션하는 것은 다르며, 워드를 잘 치는 것과 보고서를 잘 작성하는 것은 다르다고 할 수 있다. 예를 들어 운전면허증을 가지고 있는 것을 능력이라고 본다면 면허증을 가진 모든 사람들이 운전이 가능한 것은 아니라는 것이다. 따라서, 역량은 자신이 가진 개별적인 능력이 합쳐져서 어떤 문제 상황에서 문제를 해결해 가는 것으로 구체적인 맥락 상황에서 그 문제를 인식하고 해결하는 과정에 필요한 지식, 기술, 태도의 종합적인 능력이라고 할 수 있다.

급속한 전환이 이루어지고 있는 4차 산업혁명 시대, 포스트 코로나 시대의 미래사회를 준비하기 위해 우리가 갖추어야 역량은 무엇이 되어야 할까? 많은 사람들은 지금 학교에서 배우는 많은 지식이 몇 년 후가 되면 그 필요성이 떨어질 것이라고 예측한다. 따라서 인공지능으로 인한 세상의 변화에 맞게 우리의 교육도 그에 대한 준비를 해야 할 것이다. 빠른 기술발전과 사회변화 속에서 미래사회를 살아갈 우리는 무엇을 준비해야 하는가? 인공지능은 인간이 할 수 있는 거의 대부분의 일을 할 수 있는 능력을 갖추어 가고 있다. 우리가 할 수 있는 일은 인공지능이 할 수 없는 영역의 역량을 길러야 할 것이다.

세계경제포럼(World Economic Forum, WEF)은 21세기에 필요한 핵심역량으로 기본능력(인지능력, 신체능력), 기본적 직무능력(업무내용 관련 역량, 업무처리 관련 역량), 직능을 넘나드는 직무능력(사회관계 역량, 자원관리 역량, 시스템적 역량, 테크놀로지 역량, 복합적 문제해결 역량)으로 제시했다(WEF, 2016). 앞서 진술한 것처럼 고도의 유연성(flexibility)과 육체적 적응성(physical adaptability), 창의성, 공감능력 등이 필요한 직종은 컴퓨터화와 기계화에 덜 영향을 받을 것이다. 기본능력과 기본적 직무능력뿐만 아니라 어느 직종과 어떤 사람과의 업무에서도 필요한 직능을 넘나드는 직무능력 향상에 노력해야 할 것이다.

이경아, 손희원(2021)은 미래사회를 준비하는 대학생이 가져야 할 역량을 문제해결역량, 대인관계역량, 정보통신역량으로 보았다. 첫째, 문제해결역량은 학생이 교수−학습 과정과 일상생활에서 마주치는 문제 상황에서 문제의 핵심을 인식하고, 문제를 해결하기 위한 전략들을 찾아내는 것이다. 둘째, 대인관계역량은 대인관계에서 자신과 다른 사람의 감정을 알아차리기 위해 관심을 기울이고 집단활동 시 원만한 인간관계를 맺기 위해 적절한 문제해결 방식을 활용하고, 스스로 자신의 삶을 주도해 나가며, 타인의 의견을 수용할 수 있는 능력을 의미한다. 셋째, 정보통신역량은 정보탐색, 정보 적합성 평가, 목적에 맞는 이용, 새로운 지식을 창출하게 하는 실생활의 다양한 문제해결역량을 의미한다.

최근에는 정보통신역량을 디지털 활용 능력, 디지털 지능(digital intelligence)으로 보고 있다. 디지털 지능은 단순히 기술을 익히는 문제를 넘어 디지털 삶의 기회를 활용하고 그 속에서 직면하는 문제해결을 하는 데 있어서 필요한 기술적, 인지적, 메타인지적, 사회정서적 역량을 포함하는 개념이라고 할 수 있다. 디지털 지능의 글로벌 표준을 제공한 디지털 지능 연구소(DQ Institute)는 미래사회 준비를 위한 12개의 핵심역량을 제시하였다. 그 12개의 핵심역량은 분석적 사고(analytical thinking), 비판적 사고(critical thinking), 조직적 기술(organizational skills), 공학적 기술(technological skills), 문제해결(problem solving), 창의성(creativity), 주도성(initiative), 의사소통(communication), 적응성(adaptability), 회복탄력성(resilience) 사회적·정서적 스킬(social−emotional skills), 리더십(leadership)이다.

디지털 지능 연구소에서 제공한 핵심역량에 대해 간단히 설명하면 다음과 같다(보다 자세한 설명은 DQ Institute의 홈페이지 참고). 분석적 사고는 데이터 이해, 분석과 더불어 해석하고 활용하는 능력을 말하며 또한 이러한 과정에 요구되는 논리적인 추론도 포함한다. 비판적 사고는 문제해결을 위한 다양한 관점의 사고와 분석을 의미하며 조직적 스킬은 조직의 문제해결을 위한 협업과 팀관리부터 조직적인 스킬, 즉 조직 문제 해결을 위한 기획, 시간관리, 데드라인, 우선순위, 멀티태스킹 능력을 의미한다. 공학적 스킬은 기술공학의 사용과 모니터링 및 통제, 문제해결을 위한 기술공학에 대한 지식과 활용 능력, 설계 능력을 포함한다. 문제해결은 디자인 씽킹(design thinking), 복잡한 문제해결을 위한 추론에서 문제해결, 일반화 능력 등의 능력을 필요로 하며, 창의성은 호기심, 상상력, 독창성, 새로운 가치창출 등의 능력을 말한다. 주도성은 자기효능감, 기업가 정신의 마음가짐 등을 의미하며, 의사소통 능력은 구술적 의사소통, 프레젠테이션 스킬, 글로 표현하는 의사소통, 경청하는 능력 등이며 적응성은 융통성과 능동적인 학습, 학습전략, 배우고자 하는 동기와 개방성을 말한다. 회복탄력성은 스트레스 허용도와 그릿(grit)과 같은 지속성, 긴장감과 딜레마 관리능력이며, 사회적·감정적 스킬은 감정적 지능과 공감, 자기인식 등이 포함된다. 마지막으로 리더십은 설득과 협상력, 의사결정력, 위임(delegation)능력 등을 포함하고 있다. 미래를 살아갈 우리들은 우리가 목표로 하는 일 속에서 위에서 제시한 핵심역량들을 갖추기 위해 어떻게 준비해야 하는가를 고민해야 할 것이다.

활동 1. 미래의 직업과 준비해야 할 핵심역량(p.38)

활동 1 미래의 직업과 준비해야 할 핵심역량

4차 산업혁명 시대에 교육과 직업세계가 변화하고 있습니다. 여러분은 어떤 직업을 계획하고 준비하고 계시나요? 다음의 핵심역량 예시에서 여러분의 진로와 관련한 역량을 선택하고 이를 어떻게 키워야 할 것인가를 적어보세요.

핵심역량 예시

- 인지능력: 인지유연성, 창의성, 논리력, 문제인식 감수성, 시각화능력
- 업무관련성: 능동적 학습, 구술 표현력, 독해력, 작문 표현력, ICT이해도
- 업무처리능력: 능동적 경청, 비판적 사고, 자기모니터링과 타인 모니터링
- 사회관계 역량: 협동능력, 감성지능, 협상력, 설득력, 서비스지향성, 타인 교육훈련능력
- 자원관리역량: 재무자원 관리, 물적자원 관리, 인적관리, 시간관리
- 시스템적 역량: 판단력과 의사결정력, 체계 분석력
- 복합적 문제해결역량
- 디지털 역량: 디지털 시민 정체성, 디지털 매체의 비판적 사용, 디지털 문해력 등

여러분의 진로와 관련된 핵심역량 증진방법

참고문헌

김동규, 이은수(2019). 4차 산업혁명 시대 내 직업 찾기. 한국고용정보원.

김정순(2020). **4차 산업혁명시대 속에서 인재 양성을 위한 교육적 제언**. 백석대학
교 박사학위논문.

김진숙(2017). 4차 산업혁명과 미래교육 전망. 한국교원교육학회 학술대회자료집,
25－36.

김태완(2020). 한반도선진화재단 선진화 정책시리즈; 코로나 시대의 새로운 것들
NEW THINGS, 13장 뉴노멀 시대 미래교육 방향과 과제, 334－361.

도성훈(2020). 코로나19 이후, 인천미래교육에 대한 질문과 상상. 인천교육정책포
럼 자료집, 7－17.

백종현(2017). '제4차 산업혁명'시대, 인문학의 역할과 과제. **철학사상, (65)**, 117－148.

소경희, 이상은, 박정열(2007). 캐나다 퀘벡주 교육과정 개혁 사례 고찰: 역량기반
(competency－based) 교육과정의 가능성과 한계. **비교교육연구, 17**(4), 105－
128.

송경진 역(2016). **제4차 산업혁명**.(클라우스 슈밥, The Fourth Industrial Revolution).
메가스터디 북스.

이경아, 손희원(2021). 포스트 코로나 시대 대학생들의 대학생활적응과 핵심역량에
대한 연구, **한국융합학회논문지, 12**(5), 239－254.

이은철(2021). 포스트 코로나 시대 신앙교육을 위한 지능형학습플랫폼 모형 구성
연구. **기독교교육논총, 66**, 309－341.

이재경, 권선아(2021). 에듀테크의 현재, 쟁점과 극복방안, 그리고 전망. **전자공학
회지, 48**(4), 44－51.

이찬슬(2020). **4차 산업혁명 시대 인재상 논의에 대한 비판적 연구: 인간교육의 관
점을 중심으로**. 상명대학교 박사학위논문.

최형주, 조진일, 신은경(2022). 포스트 코로나 시대의 교육시설환경 의제 탐색 연
구. **한국교육녹색환경연구원학술지, 21**(1), 11－23.

DQ Institute Global Standard for Digital Intelligence(https://live.dqinstitute.org/
global－standards/2022.6.23.)

Rychen, D. S., & Salganik, L. H. (2003). Highlights from the OECD Project Definition
and Selection Competencies: Theoretical and Conceptual Foundations
(DeSeCo).

World Economic Forum (2016). The Future of Jobs: Employment, Skills and Workforce Strategy for the Fourth Industrial Revolution.

참고영상

세상에 없던 미네르바
https://youtu.be/mC4SJaL7vdA

미래강연 Q-교육혁명 미네르바 스쿨 1
https://youtu.be/yDtDQskrlFQ

자기설계
포트폴리오

01

포트폴리오 이해하기

1) 자기관리역량의 필요성

현대 사회는 대학을 거쳐 사회인으로 거듭나는 대학생들에게 필요한 역량으로 자기관리역량을 언급하고 있다(송홍준, 2021). 자기관리역량은 자신의 전반적인 삶, 학습, 건강, 진로에 필요한 기본적인 능력과 자질을 끊임없이 개발하고 관리하여 변화하는 사회에 유연하게 적응하며 능동적으로 살아갈 수 있는 능력으로 정의한다(교육부, 2017). 즉, 자기관리역량은 학생 스스로 목표를 설정하고 그 목표를 달성하기 위해 정서조절, 시간관리, 건강관리를 할 수 있는 능력이며, 이를 위해 인적, 물적 자원을 잘 활용하는 것까지 포함한다(Pintrich, & Garica, 2012). 자기학습과 경력관리가 필요한 이유는 우리 시대가 그런 인재를 요구하기도 하고, 자기관리역량이 높은 학생들은 행복한 삶을 영위하는 데 도움이 되기 때문이다(송홍준, 2021). 자기관리역량이 높은 학생은 자기관리역량이 낮은 학생에 비해 과제 수행 능력도 뛰어나고, 대학생활의 적응, 대인관계 기술도 높은 것으로 나타나 대학생활을 만족스럽게 한다는 연구 결과가 있다(Tangney, Baumeiser & Boone, 2004). 대학교 생활 동안 자기학습관리와 경력관리를 하게 된다면 졸업 후 자신의 목표를 달성하는 데 수월하게 될 것이며, 경력관리를 통해 자신의 현재를 성찰하고 이를 개선하며 미래의 목표를 향해 대학생활을 알차게 할 수 있다.

대학생의 진로의식에 관한 연구에 따르면 대학생들은 자신의 능력, 성격, 적성, 흥미, 대인관계에 대한 자신의 특성을 현실적으로 정확하게 이해하지 못하고 있으며, 어떤 분야에서 어떤 모습으로 살 것인가에 대한 막연한 생각을 갖고 있다(윤영란, 2007). 이런 막연한 생각을 구체적으로 정리하는 방법으로 포트폴리오 작성을 제안한다. 포트폴리오는 개인의 경력을 잘 정리하여 보여줄 수 있는 도구로서 학생이 목표지향적인 삶을 살아가고 있음을 객관적으로 증명할 수 있다. 또한 학생들은 포트폴리오를 활용해 자신의 학습을 포함한 대학생활 전반적인 영역에서의 성장과 발달, 능력, 진로, 역량 등을 파악할 수 있는 자료로 활용할 수 있다.

포트폴리오는 단순한 자료의 모음을 넘어서 자신의 활동에 대한 전반적인 성찰을 통해 스스로 학습이나 활동 등을 계획하고 주도해 나갈 수 있는데 의의가 있다. 이를 통해 자신에 대해 이해하고 다양한 영역의 자료를 다루면서 자신의 약점과 강점을 생각하고 자신이 인식한 문제를 해결하기 위해 대책을 모색하는 과정에서 객관적인 자기학습관리와 경력관리를 할 수 있다(손영민, 2014). 포트폴리오가 대학생활을 증명하고 자신의 이해 탐색에 도움이 되기에 본 장에서는 포트폴리오를 활용한 자기학습관리와 경력관리를 소개한다.

2) 기록의 중요성

학창시절 학생들은 교육을 포함한 다양한 경험을 교내·외에서 체험하게 된다. 다양한 프로그램에 참여한 학생들은 자신이 원하는 관련 지식·태도·기술을 배우고 습득한다. 이는 대학생활 동안 학습과 경험에 직·간접적으로 영향을 받게 된다. 그런데 프로그램 종료 후 자신의 경험에 대한 느낌이나 내용을 기록하지 않는다면 나중에 무엇을 했고, 어떤 것을 배우게 되었는지

막연하게만 떠올라 정작 필요한 내용들은 망각할 수 있다. 사람은 오랫동안 기억하지 못하는 한계가 있기 때문에 자신의 경험과 생각을 글로 남기는 것은 중요하다(홍국주, 신현아, 2019).

역사를 보더라도 기록을 통해 후손들에게까지 그 당시 상황이 전달되고 있고, 이를 통해 성찰을 하고 미래 계획을 세울 수 있는 것을 보면, 기록이 중요하다는 것을 알 수 있다. 우리나라는 조선왕조실록 등 16건의 유네스코 세계기록 유산을 가진 기록문화 국가이다. 조선시대 다산 정약용은 기록하기를 좋아하고 쉬지 말고 기록하라고 했다. 정약용은 기록 습관 덕분에 500여 권의 책을 저술하였고 지금까지 우리에게 그 지식들이 전달되고 있다. 기억은 흐려지고 생각은 사라지기 때문에 우리가 기록한 것들이 기억이 된다. 적어 두면 존재하게 되고 글은 영원토록 남는다. 기록을 할 때 자신의 이야기뿐만 아니라 자신과 만난 타인의 이야기나 상황도 함께 기록해야 한다. 기록을 통한 성찰은 성장을 위해 필요한 과정이다. 최근 많은 사람들이 글뿐만 아니라 영상 등 다양한 방법을 활용하여 자신의 일상이나 경험을 기록한다. 학생들이 학교생활에서의 경험을 기록으로 남긴다면 개인의 자산이 될 것이다. 자신의 경험을 기록하는 방법으로 포트폴리오, 일기, 브이로그, SNS 등 다양하게 활용할 수 있다.

3) 포트폴리오 의미

포트폴리오는 이탈리아어인 'portafoglio'에서 유래되었고 라틴어인 portere (나르다)와 follum(잎사귀)가 합쳐진 단어이다(조한무, 1997). 현재 사용하고 있는 'portfolio'는 종이를 나르는 서류가방이라는 뜻으로 이는 문서를 모아서 휴대할 수 있는 꾸러미를 지칭한다. 이런 어원에서 파생한 포트폴리오는 특정한 목적을 두고 개인의 경력이나 성과를 정리한 자료집이라고 정의할 수 있다. 포트폴리오는 르네상스 시대 화가들이 자신의 작품 샘플을 고객들에게 보여

주기 위한 용도로 사용되었고, 그 후 예술가나 교사들이 자신들의 교육수준이나 경력, 자질 등을 보여주기 위한 수단으로 사용하곤 했다. 최근에는 구직자들에게 자신의 능력을 객관적으로 증명하기 위한 자료로도 활용된다. 즉, 포트폴리오는 자신의 능력을 설명하거나 소개하기 위한 객관적인 의사소통 도구로 활용되고 있다.

다양한 분야에서 활용되고 있는 포트폴리오 중 이 장에서는 학습포트폴리오에 대해 정리했다. 학습포트폴리오는 장시간에 걸쳐 학생들의 발달과정을 지속적·종합적으로 평가할 수 있도록 모아놓은 모음집이다(조한무, 1997). 대학생들은 학습관리를 통해 자신의 학문분야에서 학업에 대한 뚜렷한 목표와 방향을 설정할 수 있다. 최미나, 노혜란, 김명숙(2005)은 학습 향상을 위해 학습 관련 자료들에 대한 조직적인 수집과 비판적 반성을 도와주는 체계로 학습포트폴리오를 정의했다. 박성희, 배상학(2008)은 학습자가 자신의 학습성과 중에서 가장 큰 강점을 선택하여 발전과정을 한눈에 볼 수 있도록 성과물을 선택하여 정리해 놓은 것을 학습포트폴리오라고 했다. 결국 학습포트폴리오는 학생 스스로 학습에 대해 성찰하고 성장할 수 있도록 체계적인 자료를 수집한 철이라고 할 수 있다.

4) 포트폴리오 활용

포트폴리오는 학생이 스스로 정한 목표를 달성하기 위한 과정과 결과를 정리하는 용도로 활용할 수 있고, 취업 준비를 위한 목적으로도 활용할 수 있다. 학업을 목적으로 작성하는 학생들은 포트폴리오를 채워가면서 학업을 스스로 계획하고 실행하는 주체적인 활동을 하게 되고, 이를 기록하고 성찰하며 목표를 이룰 수 있다. 진로에 방향성을 두고 취업 준비를 위해 작성하는 포트폴리오는 단순하게 자신을 홍보하는 도구로만 사용하는 것이 아니라, 자신의 삶에 대한 성찰과 설계, 그리고 목표한 바를 이루는 과정에서 자신의 위치를 확인해 볼 수 있는 도구로도 활용할 수 있다. 왜냐하면 성인이 된 대학생들은 자신의 삶의 주체자로서 나만의 가치관, 사회적 문제 의식, 직업관 등을 기록하면서 자신의 성장과 변화를 한눈에 살펴보는 것이 필요하며, 이를 통해 발전할 수 있기 때문이다.

이처럼 대학생 포트폴리오는 자신을 알리고 다른 사람들이 나에 대한 정보를 얻고, 개인적인 경험을 공유할 수 있는 긍정적인 역할을 한다. 대학생은 앞으로 대학원 진학, 취업, 프로젝트 발표 등에서 자신이 그동안 그 분야에 얼마나 노력하고 성취해 왔는가를 설득해야 할 기회가 많을 것이다. 따라서 포트폴리오는 개인의 성장 가능성, 삶에서 추구하는 가치, 성향 등을 한눈에 볼 수 있는 도구도 되지만 그동안 목표로 해 온 일에 대해서 본인이 얼마나 노력해 왔는가를 증빙하는 자료가 되기도 한다. 그러므로, 미래의 진로와 취업, 대학원 진학을 위해서 지금부터 대학생활에서 경험하는 학과 공부, 동아리 활동, 진로를 위한 다양한 정보수집, 인턴십, 현장견학 등의 자료를 수집하고 그 자료에 의미를 부여하는 포트폴리오를 준비해서 나 자신의 장점과 강점, 성실함을 실제 자료로 증빙할 수 있도록 준비해 보는 것이 필요하다고 할 수 있다.

5) 포트폴리오 구성 요소

포트폴리오를 작성할 때는 우선 목표설정을 최우선으로 한다. 목표설정은 학업 포트폴리오를 활용하여 자신의 학업 성장을 기록하는 것인지, 취업을 위해 취업 관계자에게 제출할 포트폴리오를 작성할 것인지를 먼저 선택해야 한다. 왜냐하면 목표에 따라 포트폴리오 구성요인의 방향성을 설정해야 하기 때문이다. 이에 맞춰 자료를 수집하고 정리하여 나를 효과적으로 소개하는 데 중점을 두고 작성한다. 이는 포트폴리오의 특성 중 커뮤니케이션 효과 극대화를 위해 포트폴리오를 보는 당사자가 누구인지를 고려하여 작성하는 것이다.

나를 알리는 작업으로 포트폴리오를 작성하기 때문에 누가 볼 것인가에 따라 자신이 보여주고 싶은 영역을 정하고 그에 맞는 자료를 수집할 수 있다. 체계적인 포트폴리오를 구성하기 위해 참고할 수 있는 표를 소개한다.

〈표 3-1〉 포트폴리오 구성 요소

영역	구성 요소	주요 내용
나의 소개	나의 정보	이름, 생년월일, 전공, 연락처 등 개인 신상과 관련된 내용
	이력서 및 자기소개	성장배경, 학창시절, 성격 장단점 등
	자가진단 및 분석 결과	나를 객관화할 수 있는 각종 심리검사 결과 등
	목표관리	장기목표, 단기목표, 학년별 목표 등
학습 관리	교과 학습활동	수강과목 학점, 장학이력 등
	비교과 학습활동	비교과 프로그램 참여 이력 등
	학습계획	학년별 세부 학업계획 및 점검
	학습활동 자료	수강한 교과목 및 학습활동 자료 등
경력 관리	어학 및 자격증 취득	각종 자격증 증빙자료 등
	봉사/연수/인턴십 활동	교내·외 사회봉사, 연수, 현장실습, 인턴십 활동 등
	기타 활동	교내·외 활동 프로그램명, 시작과 종료일, 증빙자료, 참여후기 등
	수상 경력	수상 행사 명, 수상일자, 성격, 종류, 수상여부, 증빙자료, 참여 후기 등
자기 성찰	목표-과정-결과 성찰	학년별 목표, 장기, 단기 세부 목표, 방학계획 등에 따른 수행 결과 성찰
상담 관리	교수 상담	지도교수와 상담, 상담센터 상담 등 내용, 상담일자, 내용 정리
	취업 상담	취업관련 부서를 통한 상담, 상담일자, 내용 정리

위 표에서 확인할 수 있듯이 학창시절 자기관리를 위한 포트폴리오는 크게 5가지 영역으로 관리할 수 있다. 나의 소개에서는 개인 신상과 관련된 내용을 정리하면 되고, 학습 관리에서는 수강하고 있는 과목의 특징, 학점, 장학이력, 비교과 프로그램 참여 등을 정리하면 된다. 경력 관리에서는 어학 및 자격증, 봉사, 연수, 인턴십 활동 등을 정리하는데 이때 반드시 봉사나 연수 활동 기간과 참가 후기를 메모해 두어야 한다. 또한 관련 증빙 수료증이나 서류가 있으면 반드시 챙겨서 포트폴리오에 담아서 보관해야 나중에 서류를 찾는 데 시간을 허비하지 않을 수 있다. 자기 성찰 영역은 목표를 수립하고 이를 실천하며 성찰 결과 잘 수행했는지 확인하는 과정이 필요하다. 이를 표를 활용한 형식으로 활용해도 되고, 자신의 스터디 플랜 같은 다이어리에 메모를 해도 된다. 자기 성찰을 통해 더 발전된 모습을 보여주면 좋다. 마지막으로 상담 관리는 나를 더 잘 알아보기 위해, 그리고 객관적인 나를 돌아보기 위해 전문가와 상담을 실시한 노력을 어필할 수 있다. 상담 관리는 대학 생활 동안 진로 및 학업을 주제로 지도교수와 상담하고, 향후 직업관을 확립하기 위해 취업센터 등에서 전문가와 상담을 했던 노력을 증빙할 수 있다.

6) 학습포트폴리오 구성 요소

학습포트폴리오는 학생들이 학업을 체계적으로 정리하고 성장하기 위해 필요하다. John Zubizarreta(2009)는 학습포트폴리오에 반영되어야 할 주요 요소로 학습에 대한 성찰, 학습의 성과, 학습의 결과물, 학습의 평가, 학습 관련성, 학습 목표, 부록을 제시했다. 학습포트폴리오 구성요소는 다음 표와 같다.

〈표 3-2〉 학습포트폴리오 구성 요소 I

구성요소	세부항목
학습에 대한 성찰	학습에 대한 철학적 성찰, 학습의 의미, 학습의 가치, 학습 절차, 학습 방식
학습의 성과	성적, 강의 계획서, 이력서, 수상, 시상, 인턴십, 튜터링
학습의 결과물	연구보고서, 에세이, 현장체험보고서, 창조적 전시, 공연, 데이터, 스프레드시트 분석, 강의 리스트 서브 목록, 실험실 보고서
학습의 평가	교수 피드백, 강의 성적, 졸업 시험, 실험/자료 평가, 연구프로젝트 결과보고서, 실습보고서
학습 관련성	실무적용, 리더십 경험, 개인적 및 전문적 영역을 위한 학습의 관련성, 윤리적/도덕적 성장, 단체활동, 취미활동, 자원봉사, 학습의 정의적 가치
학습 목표	향상을 위한 계획, 연결, 학습 적용, 피드백에 응답, 출세 야망
부록	선택한 문서

소만섭(2011)은 학습포트폴리오의 구성요소로 자신의 학업관, 수업 교과목 및 환경, 학업 목표 및 방법, 수업 관련 자료, 학업 개선을 위한 노력, 학업 결과물, 학업목표에 대한 성찰, 학업에 대한 성과를 제시했다. 각 구성요소에 따른 주요 내용은 다음 표와 같다. 같은 대학, 같은 학과의 학생들은 대부분 유사한 전공과 교양교과 수강과 비교과 활동, 동아리 활동, 현장실습 등을 경험할 수 있다. 그런데 중요한 것은 대학생들이 경험하는 일반적인 활동 등 속에서 자신이 무엇을 느끼고 배우고 성장했는가에 대한 자신의 목소리(voice), 생각, 성찰이 포트폴리오 속에 포함되도록 하는 것이 중요하다. 즉 포트폴리오는 단순히 자신의 학습이력에 대한 자료를 수집하는 자료철 이상으로 작성자의 특성과 성찰이 포함되어야 한다고 할 수 있다.

〈표 3-3〉 학습포트폴리오 구성 요소 II

구성요소	주요내용
자신의 학업관	• 평소 자신의 학업관, 학업에 대한 소신 • 자신의 전공, 학업 방법에 대한 노하우
수업 교과목 및 환경	• 해당 학기 교과목 및 학업 중 이 수업의 비중 • 전공분야의 담당 교과목 비중 및 교육방향 • 교수의 특성 및 교수 유형 • 수강생들의 특성 및 학습 유형 등
학업 목표 및 방법, 전략	• 명세적이며 구체적인 학업 목표 • 학업 목표달성을 위한 학습 방법 및 전략
수업 관련 자료	• 수업계획서, 수업 자료 목록, 과제 주제 및 목록 • 주요 수업 활동 기록(예 수업시간 중 토론 주제 목록 등)
학업 개선을 위한 노력	• 학업 개선을 위한 워크숍, 학습세미나 등 참석 기록 • 학업에 활용한 학업 개선 방법 • 학업 내용 및 방법 개선의 구체적인 예
학업 결과물	• 과제물(리포트, 발표자료 등) • 평가 문제 및 답안지
학업목표에 대한 성찰	• 전체적인 학업 목표, 구현 방법 및 결과, 수업평가를 종합 분석한 내용 • 다른 교과목과의 관련성에 대한 평가 • 전공 분야 및 다른 교과목 학습과 관련된 단기, 장기 학업의 효과성 검토
학업에 대한 성과	• 학업의 효율성 및 개선에 대해 인정받은 사항(예 성적표 및 교수의 피드백 등)
부록	• 수업 참고 자료(예 주요 담당 교과별 수업 계획서, 유인물 과제, 지침서 등)

위의 2가지 종류의 학습포트폴리오 구성을 살펴보고, 자신에게 맞는 구성요소를 선택하여 나만의 학습포트폴리오를 만들어 본다.

활동 4. 나의 학습포트폴리오(p.58)

02

나만의 포트폴리오 만들기

1) 나만의 포트폴리오 만들기

나만의 포트폴리오를 만들어서 학창시절의 내용을 계속 업데이트하고 수정 보완하기 위해 파워포인트 등으로 작업하는 것을 권장한다. 파워포인트는 언제든 쉽게 편집할 수 있기 때문에 대학생활 동안 자신의 경력을 수정·보완하기 용이하다. 다음 활동지를 참고하여 자신만의 개성 있는 포트폴리오를 만들어 보자.

활동 1 나를 표현하는 매력적인 타이틀 만들기

나를 한 문장으로 표현한다면?

내가 하고 싶은 일과 연관지어 내 이름 삼행시 짓기

내가 가장 좋아하는 것들을 활용하여 나를 표현한다면?

나의 강점은 장점과 다르게 남들보다 특별하게 더 잘하는 일을 말한다. 강점을 찾게 되면 향후 내가 어떤 삶을 살아야 할지에 대한 방향을 잡아 볼 수 있다. 예를 들면, '나는 요리를 남들보다 더 잘하고 간 맞추기를 잘한다.'라고 하면 요리연구가, 요리사, 영양사 등 이와 관련된 직업을 고민해 볼 수 있다. 또 다른 예로 '나는 포토샵 작업을 남들보다 더 빠른 시간에 완성할 수 있다.'라고 할 때, 내가 포토샵 작업을 할 때는 먹는 시간도 아까워서 완성하고 나서 밥을 먹는다든지, 그 시간만큼은 내가 오롯하게 집중할 수 있는 활동이라는 것을 깨닫게 되는 것이 강점을 찾는 데 도움이 된다. 여러분의 강점을 찾기 위해 다음 질문지에 내용을 적어 봅시다.

나는 00000하는 방법을 알고 있다. / 직접 해 본적이 있다.

나는 0000을 이용해서 0000를 잘할 수 있다. / 000을 해결할 수 있다.

나는 현재 0000직업을 갖기 위해 0000를 하고 있다.

나는 0000을 할 때, 질리지 않고 즐겁게 할 수 있다.

출처: 8가지 질문으로 나의 강점 찾기
　　　https://aoptimer.com/나의-강점-찾기/

활동 3 인생에서 가장 인상 깊었던 순간 스토리텔링

인상 깊었던 내 인생의 사건이나 이슈를 작성해 보자.

언제	
어디서	
누구랑	
무엇을	
어떻게	
왜	

위 사건을 통해 내가 깨닫게 된 점이나 내 삶에 영향을 미친 내용을 적어 보자.

5)장의 학습포트폴리오 구성요인을 살펴보고, 자신에게 맞는 학습포트폴리오를 만들어 보자.

✏ 활동 4 나의 학습포트폴리오

구성요소	나의 이야기	개선할 점이나 어려운 점
자신의 학업관		
수업 교과목 및 환경		
학업 목표 및 방법, 전략		
수업 관련 자료		
학업 개선을 위한 노력		
학업 결과물		
학업목표에 대한 성찰		
학업에 대한 성과		
부록		

포트폴리오 구성요소를 통해 자신에 대한 탐색이 어느 정도 정리가 되면, 디지털 도구를 활용하여 포트폴리오를 직접 만들어 본다.

2) 디지털 도구 활용

(1) 미리캔버스

미리캔버스는 저작권 걱정 없이 다양하게 주제별로 제공하고 있는 이미지나 툴을 이용하여 자신만의 스타일로 만들어서 활용할 수 있다. 예를 들면, 유튜브 썸네일을 만들거나, 수업자료, 발표자료 등을 만들 때도 유용하게 활용할 수 있다. 여기에서는 미리캔버스를 활용하여 자신만의 포트폴리오를 만들어 보는 방법을 소개한다. 포트폴리오를 작성할 때 디지털 도구를 활용하는 이유는 다양한 디자인을 손쉽게 편집할 수 있고, 추후 개인 경력을 추가하거나 삭제하기가 용이하기 때문이다. 다음 [그림 3-1]은 디지털 포트폴리오 작성이나 포트폴리오 레이아웃을 만들 수 있는 미리캔버스 첫 화면이다.

〈그림 3-1〉 미리캔버스 첫 화면

• 미리캔버스 사이트 주소 https://www.miricanvas.com/
• 미리캔버스 사용방법 안내 https://www.miricanvas.com/design/v/1t7d1

(2) 망고보드

망고보드는 저작권 걱정 없이 누구나 디자이너가 된다는 슬로건으로 운영되고 있다. 망고보드에서 제공하는 템플릿을 활용하여 디자인을 쉽고 빠르게 완성할 수 있는 장점이 있다. 포트폴리오를 작성할 때 망고보드 템플릿 중 프레젠테이션이나 카드뉴스를 활용하면 내가 전달하고자 하는 내용을 이미지화할 수 있고, 망고보드에서 제시하고 있는 샘플 등을 통해서 디자인적 요소를 보는 감각을 기를 수 있다.

〈그림 3-2〉 망고보드 첫 화면

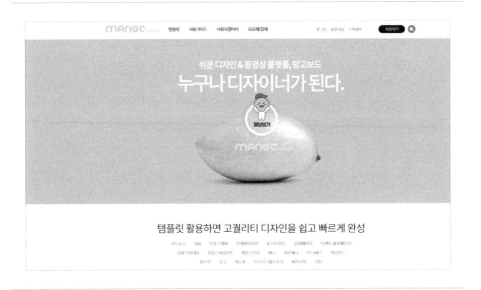

• 망고보드 사이트 주소 https://www.mangoboard.net/index.do
• 망고보드 사용법 안내 https://www.mangoboard.net/guide/11

참고문헌

교육부(2017). **2015 개정 교육과정 총론 해설(고등학교).**

김진숙, 조채영, 김경미, 형정은(2017). 학생포트폴리오 참여 확산을 위한 구성 항목개발 연구. **학습자중심교과교육연구, 17**(1), 673–697.

소만섭(2011). 외국어교육에서 학습포트폴리오 활용의 문제. **독어교육, 50,** 29–51.

손영민(2014). 커리어포트폴리오를 활용한 진로교육프로그램이 대학 저학년 학생들의 진로결정 자기효능감과 진로준비행동에 미치는 효과. **한국교육학연구(구 안암교육학연구), 20**(1), 229–252.

송태인, 이호경(2010). **나만의 포트폴리오 작성법 입학사정관제의 정석.** 미디어숲. 서울.

송홍준(2021). 대학생 자기관리 역량 측정도구 개발 및 타당성 연구. **교육종합연구, 19**(4), 173–193.

윤영란(2007). 대학생의 진로의식에 관한 분석 연구. **교육문화연구, 13**(1), 123–168.

이태현(2015). **2015 학생포트폴리오 작성가이드.** 선문대학교 공학교육혁신센터.

정현선(2012) **IT전공학생의 역량개발을 위한 e포트폴리오 설계 연구.** 한국방송통신대학교 석사학위논문.

조용개(2016). 대학생의 학습이력 및 경력 관리를 위한 e–학생 포트폴리오 시스템 개발과 활성화 방안–S 대학교 개발 사례를 중심으로. **학습자중심교과교육연구, 16**(11), 79–109.

조한무(1997). 포트폴리오 평가 방식을 적용한 체육 수업 과정 분석. **열린교육연구, 5**(1), 21–55.

홍국주, 신현아(2019). **모든 시작하는 사람을 위하여: 시작을 쓰다.** 경기도:플랜비 디자인.

Pintrich, P. R., & Garcia, T. (2012). *Self–regulated learning in college students: Knowledge, strategies, and motivation.* In Student motivation, cognition, and learning (pp. 129–150). Routledge.

Tangney, J. P., Boone, A. L., & Baumeister, R. F. (2018). *High self–control predicts good adjustment, less pathology, better grades, and interpersonal success.* In Self–regulation and self–control (pp. 173–212). Routledge.

Zubizarreta, J. (2009). *The learning portfolio: Reflective practice for improving student learning.* John Wiley & Sons.

효과적인
프레젠테이션

01

프레젠테이션 이해하기

1) 프레젠테이션 목적

세계적인 경영학자인 피터 드러커(Peter F. Drucker)는 인간에게 있어서 가장 중요한 능력은 자기표현이라고 했다(장용진, 2002). 자기표현이 중요해진 현대사회에서는 자신의 의견을 효율적으로 전달하기 위해 프레젠테이션을 한다. 프레젠테이션은 자신의 의견이나 아이디어, 경험, 노하우 등 모든 제반 정보를 상대에게 전달하거나 또는 설득하는 모든 행위이다(장용진, 2002). 하지만 일상생활 속에서 일반적으로 하는 말하기와 같은 의사소통을 프레젠테이션이라고 하지 않는다. 프레젠테이션은 사전에 합의된 시간 안에 청중에게 원하는 목적을 정확하게 전달하고, 청중으로 하여금 판단 및 의사결정을 효과적으로 쉽게 할 수 있도록 유도하는 의사소통이다(박희숙, 2009). 즉 프레젠테이션은 일상적인 말하기와 달리 소통보다는 내용 전달에, 비공식적인 언어가 아닌 공식적인 언어로 청중이 듣고 싶은 이야기를 차별화된 내용으로 구성하여 전달하는 것을 의미한다.

프레젠테이션을 하는 목적은 크게 4가지로 요약해 볼 수 있다. 하나, 청중의 관심을 유도하기, 둘, 청중이 잘 모르는 정보를 전달하기, 셋, 청중으로 하여금 어떤 행동을 결심하게 하기, 넷, 청중에게 즐거움을 주기가 있다. 이러한 프레젠테이션은 일반적인 의사소통의 범주 중 특히 설득이라는 목적을 갖고 있어서 청중을 설득하기 위한 프레젠테이션은 목적을 생각하며 구성 요소를 구조화하는 것이 중요하다(박희숙, 2009). 설득을 위한 프레젠테이션의 구성 요소를 구조화하는 것은 상대방에게 동기를 부여하고 정보를 제공하는 것에 중점을 둔다. 청중이 필요로 하는 정확하고 객관적인 정보를 전달하고 주제와 관련된 개인적인 재미있는 경험담을 통해 공감을 얻는 것이 중요하다. 또, 어떤 문제나 현상에 대해서 비판하는 프레젠테이션을 할 때는 반드시 해결책도 함께 제시하거나 상황을 개선할 수 있는 아이디어를 포함해야 한다(박희숙, 2009).

2) 청중 분석

설득을 위한 프레젠테이션을 하기 전에 청중 분석은 필수요건이다. 그 이유는 청중들은 자신의 개인적인 경험을 통해 습득한 가치관과 지식을 구축하고 있어서 이와 어울리지 않는 가치관이나 지식을 제공하게 되면 청중이 동요되지 않고 설득되지 않기 때문이다. 프레젠테이션은 청중과 발표자 간 상호작용으로 발표자가 목적한 바를 청중으로부터 달성하기 위한 의사소통 도구이다. 이런 이유로 설득을 위한 프레젠테이션에서는 청중 분석을 통해 충분하게 그들의 요구를 검토하고 수렴할 필요가 있다.

청중을 설득하기 위해서 영향을 미치는 요소로는 메시지의 논리와 증거, 발표자의 신뢰성, 청중의 심리적 욕구, 청중의 의견이 있다. 메시지의 논리와 증거를 위해서는 객관적이고 정확한 자료를 충분히 조사해야 한다. 이를 통해 뛰어난 논리성과 증거를 활용하면 발표자에 대한 신뢰가 생기고, 발표자의 신뢰성이 높을수록 설득력도 높아지게 된다. 여기에 덧붙여 청중의 심리적 욕구가 충족되었을 때 설득력이 가장 높아진다. 청중의 심리적 욕구는 그들이 공감할 수 있는 이야기와 보상에 대한 욕구가 충족되었을 때 높아진다. 아래 <표 4-1> 청중 분석 참고자료를 제시한다.

〈표 4-1〉 청중 분석 참고자료

목적	중요 포인트
청중의 규모	• 소수인원: 구체적 테마, 다양한 비주얼, 자료 수시 배포 • 다수일 때: 일반적 테마, 제한된 비주얼, 자료일괄 배포
청중의 수준	• 배경: 청중의 학력, 전공, 경력 • 전문가: 충분한 데이터 준비(설득과 반론 준비) • 일반인: 전문용어의 회피, 신변화제, 사례예시, 테마의 압축
청중의 연령	• 젊은층: 이상주의, 혁신, 자극, 도전, 눈높이 용어, 빠른 말 • 중년층: 실제적, 현실적, 원칙적, 논리적, 보수적, 느린말, 정중한 태도, 존칭어 사용
청중의 성별	• 여성: 경험담, 사례, 감성 • 남성: 논리성, 통계, 데이터, 이성
청중의 반응	• 이해도: 주제 이해도, 이전 프레젠테이션에 대한 반응, 긍정과 부정적 반응 • 호의적: 공평한 대우 • 비회의적: 균형감각, 논리성, 판단금지, 대립금지, 고집금지

출처: 학습(공부)하는 블로그 https://kiyoo.tistory.com/566?category=543923

　　프레젠테이션을 하기 전에 위 자료를 활용하여 청중 분석을 하면 청중에 맞춤형으로 프레젠테이션을 준비할 수 있어 더욱 효과적인 프레젠테이션을 하는 데 도움이 될 것이다.

02

프레젠테이션 설계하기

1) 프레젠테이션 설계

프레젠테이션을 준비할 때 어려운 점은 남 앞에서 이야기하는 상황에 대한 부담감과 어떤 이야기를 해야 할지 모르는 막막함, 준비한 내용을 잘 전달하기 쉽지 않은 미숙함 등이 있다(김지연, 2017). 우리는 이런 어려운 점을 해결하고 효과적으로 자신의 의견을 설득하고 표현할 수 있는 훈련이 필요하다. 자신이 발표할 주제가 정해졌다면 먼저 충분한 자료조사를 통해 논거를 만들고 서론─본론─결론을 생각하며 이야기를 배치해야 한다. 흔히들 하는 실수가 프레젠테이션 슬라이드에 자료를 나열하거나 편집하는 걸로 준비가 끝났다고 하는 것이다. 이는 어떤 점을 이야기 해야 할지 모르는 막막함을 준다. 효과적인 프레젠테이션을 위해 교육과정 개발모형을 접목한 ADDIE 기법을 프레젠테이션에 적용해서 체계적인 프레젠테이션을 설계해 보자. 먼저 그림을 살펴보면 다음과 같다.

Analysis	Design	Develop-ment	Implemen-tation	Evaluation
• 목적/목표 분석(설정) • 청중분석 • 장소분석 (정보수집)	• 주제선정 항목선정 • 내용구성	• 자료작성 • 시각화 • 매체 선정	• (비)언어적 커뮤니케이션 • 정서적설득 • 시청각 기자재 활용 • 질의 응답처리	• Feedback • 반성

출처: 학습(공부)하는 블로그 https://kiyoo.tistory.com/566?category=543923

프레젠테이션을 하는 목적이 무엇이고, 청중은 어떤 사람인지, 장소는 어디인지를 분석하는 것은 중요하다. 프레젠테이션 목적과 청중에 따라 주제를 선정하고 내용을 구성하면 된다. 이를 좀 더 구체적으로 설명하면 다음과 같다.

첫째, 발표하고 싶거나 발표할 수 있는 주제 선정를 선정한다. 주제를 선정할 때는 과제로 제시된 주제가 될 수도 있고, 새롭게 찾아낸 내용도 주제가 될 수 있다. 주제 선정 시 청중이 공감할 만한 주제, 혹은 내용을 바탕으로 찾아봐야 한다.

둘째, 주제와 연결된 자료를 충분하게 검색한다. 도서관에서 책도 찾아보고, 인터넷에서 관련 논문이나 글이나 영상도 찾아본다. 찾아본 자료는 비슷한 것과 대립되는 것 등 분류해서 정리한다. 정리된 내용을 토대로 주제를 뒷받침할 만한 근거들을 나열해 본다.

셋째, 내용 생성하기다. 주제와 연관된 자료를 충분하게 찾았다면 나열된 근거들을 주제를 부각시키기 위해 글로 써 본다. 흔히 이 과정을 생략한 채 프레젠테이션 슬라이드를 만드는 경우가 허다하다. 하지만, 주제와 연관된 글쓰기를 수행해 본다면 우리는 막막함이 사라지는 경험을 할 수 있다. 프레젠테이션을 하기 전에 다음 체크리스트를 확인해 보자.

활동 1 프레젠테이션 주제와 근거 찾기 체크리스트

구분	내용	확인
주제 찾기	• 이 주제에 대한 청중의 반응을 고민해 보았는가?	☐
	• 이 주제는 최근 이슈가 되고 있는가?	☐
	• 이 주제를 발표 했을 때 사회적 변화가 예상 되는가?	☐
	• 이 주제는 우리의 삶에 긍정적인 영향을 미칠 수 있는가?	☐
	• (조별과제일 때) 조원들 대다수가 동의한 주제인가?	☐
근거 찾기	• 주제와 관련하여 가장 최근에 출판된 책은 찾았는가?	☐
	• 주제와 관련된 가장 최근에 발표된 논문 3편 이상을 찾았는가?	☐
	• 주제와 관련된 내용을 최근 언론 자료를 참고하였는가?	☐
	• 주제를 뒷받침할 근거(혹은 정보)가 3개 이상 되는가?	☐
	• 주제와 상반되거나 대립되는 정보도 찾았는가?	☐
	• 주제에 대해 주변 사람들로부터 의견을 들어 보았는가?	☐

주제와 근거를 찾기 위한 체크리스트를 통해 프레젠테이션 주제와 근거를 찾았다면 다음 단계로 효과적인 프레젠테이션 설계를 해야 한다. 프레젠테이션은 시작자료를 제대로 만들고 이를 활용한 발표를 할 때 청중에게 단시간 내에 정확한 내용을 전달하여 의사결정을 하는 데 도움을 준다. 단순하게 프레젠테이션을 만드는 것이 아니라 체계적인 방법과 구체적인 전략을 통해서 프레젠테이션 기획과 디자인을 구성해야 한다.

이를 위해 전달력이 높은 성공적인 프레젠테이션을 하기 위해서는 5가지 플로우(출처: https://youtu.be/msVJX6GUzu4)를 기억하자. 5가지 플로우는 스토리 플로우(story flow), 스피치 플로우(speech flow), 디자인 플로우(design flow), 이미지 플로우(image flow), 청중 플로우(audience flow)이다. 첫 번째 스토리 플로우는 스토리텔링 적용이다. 스토리텔링은 기획단계부터 적용하여 진실한 이야기를 바탕으로 주로 사람을 소재로 진정성 있는 이야기를 발굴하여 청중을 설득하고 공감시켜야 한다.

두 번째는 스피치 플로우이다. 우리가 파워포인트의 슬라이드를 설명할 때 앞에 설명하는 슬라이드 내용과 뒤 이은 슬라이드 내용을 자연스럽게 연결지어 설명하는 것이 중요하다. 한 장 한 장의 슬라이드 내용의 연계성 없이 설명을 하면 청중들은 슬라이드 수에 해당하는 만큼 전혀 별개의 메시지를 전달받는 것이나 다름없다. 따라서 청중의 이해를 돕기 위해 우리가 파워포인트 슬라이드를 넘기기 전에 다음 슬라이드에 대한 언급을 하면서 메시지와 메시지 간의 연계성을 강조하는 것이 바로 스피치 플로우이다.

우리가 프레젠테이션을 할 때에는 앞 슬라이드와 뒤 슬라이드 간의 내용 연계성을 제시해야 하는 경우 또는 다른 이야기로 넘어가야 할 때에 연결 코멘트(bridge comment)가 필요하다. 예컨대, 연결 코멘트는 '지금까지는 일반적인 말하기와 프레젠테이션의 차이점에 대해서 이야기했습니다. 자, 다음에서는 그럼 프레젠테이션을 준비할 때 무엇이 필요한가 살펴보도록 하겠습니다' 이러한 이야기를 하고 다음 슬라이드로 넘어가는 것을 의미한다. 그리고 현재까지 설명한 내용과는 다른 내용을 설명할 때, 또는 다음 장으로 넘어 갈 때에도 이러한 연계 코멘트가 필요하다. 즉, '이 장에서는 프레젠테이션 설계와 개발에 대해서 이야기를 했는데 다음 장에서는 포트폴리오에 대해 설명하겠다'는 식으로 말할 수 있다.

그리고 계속적으로 발표자가 자기 이야기만 모노톤으로 제시하는 것은 청중의 주의집중을 낮출 수 있다. 이야기 도중 잠시 멈춤(pause)으로 강조와 전환을 환기시키는 방법도 있다. 스피치 플로우를 만들기 위해서는 다음 그림과 같이 한 번에 여러 슬라이드 보기를 활용하여 연결 코멘트 위치를 설계하는 방법을 추천한다.

세 번째는 디자인 플로우이다. 디자인은 프레젠테이션에서 시각적인 요소로 청중을 집중하게 하는 데 도움을 준다. 슬라이드 작성 시 글자체는 가독성과 글자체가 주는 감정적 느낌을 고려하여 선택한다. 글자체의 수는 2~3개 이내의 글자체를 사용하여 약간의 통일감을 주는 것이 좋다. 글자의 색은 가독성과 강조성의 여부에 따라 글자와 배경이 대조되도록 표현해야 한다. 글자 간격은 전체적인 슬라이드 페이지에서 균형을 이루도록 하며, 정렬은 주로 왼쪽 정렬을 하여 가독성을 살리는 것이 좋다. 애니메이션은 내용의 전환이 있을 때나 강조할 때 선택적으로 사용하는 것을 권장한다. 너무 많은 애니메이션은 청중의 주의를 분산시켜서 내용에 대한 집중을 방해하기 때문이다. 주로 사용하는 애니메이션은 나타내기 효과, 강조하기 효과, 사라지기 효과 등을 활용한다.

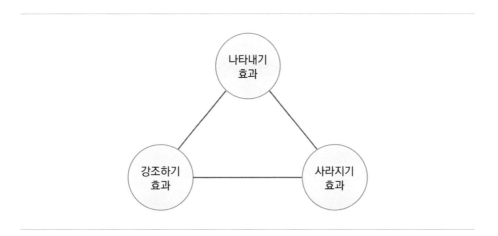

디자인 플로우에서 주의할 사항은 텍스트와 관련 없는 이미지와 동영상을 과다하게 많이 넣지 않는 것이다. 주제와 관련 없는 시각 자료를 많이 넣게 되면 청중의 인지부하(cogmitive load)를 초래하기 때문에 지양해야 한다. 예를 들면 경제 관련 수업에서 주제와 관련 없이 단순하게 발표자가 좋아하는 크리스마스 트리 사진이나, 모든 배경에 하와이 배경을 삽입할 경우, 이러한 이미지들은 청중을 혼란스럽게 한다. 하지만 경제 관련 수업에서 주제와 관련 있는 크리스마스 트리 사진으로 성탄시기의 경제효과를 설명하는 경우에는 효과적일 수 있다.

네 번째는 이미지 플로우이다. 프레젠테이션은 어떤 현상에 대한 설명, 설득, 동기부여, 오락 등을 목표로 하기 때문에 발표자의 이미지를 통해서 전달한 메시지는 청중에게 오랫동안 각인된다.

아래 이미지들은 청중에게 이미지로 각인된 모습들의 발표자들이다. 마이클 샌들의 정의란 무엇인가, 셸리 케이건 교수의 죽음의 심리학 강의, 셸리 케이건은 단상 위에 가부좌로 앉아서 수업을 진행하기로 유명하다. 이 이미지는 청중에게 각인되어서 중요한 메세지가 전달된다. 설민석과 도올 선생의 강의도 칠판을 활용한 수업으로 이미지가 각인되어 있다.

아리스토텔레스는 설득의 3요소로 로고스(logos), 페이토스(Pathos), 에토스(ethos)를 주장했다. 로고스는 상대방에게 명확한 증거를 제공하기 위한 논리를 일컫는다. 아리스토텔레스는 인간은 이성적인 존재이기 때문에 어떤 것들을 결정할 때 합리적인 이치에 근거해서 결정을 한다고 보았다. 그래서 누군가를 설득할 때는 논리와 증거를 갖춰야 한다는 내용이 로고스로 설명된다.

두 번째는 페이토스로 듣는 사람의 심리 상태를 말한다. 상대방의 심리나 감정은 설득에 큰 영향을 미친다. 기쁘고 호감을 느낄때의 판단은 고통과 적대감이 있을때의 판단과 다르다. 예를 들면 우리가 누군가와 만나서 중요한 이야기를 할 때는 오전보다는 점심 이후에 찾아가는 것을 선호한다. 대부분 사람들은 배가 부른 상태에서 더 관대해지기 때문이다. 이런 심리를 고려하는 것이 페이토스다.

세 번째는 에토스로 설득하는 사람의 고유한 성품, 존재감, 전문성, 권위, 신뢰, 열정, 매력, 카리스마, 진실성 등에 의한 설득이다. 아리스토텔레스는 기본적으로 대부분의 사람들은 말하는 사람을 신뢰할 때 설득당할 활률이 높다고 했다. 이는 내가 좋아하는 사람이 하는 이야기라면 어떤 이야기라도 그 사람에게 설득될 수 있다는 것이다. 즉, 인간이 이성적인 존재라기보다는 지극히 감성적이고 충동적인 존재라는 사실을 시사한다. 예를 들면 내가 좋아하는 가수나 연예인이 사회 문제에 관심을 갖고 발언을 하면 나도 함께 사회 문제에 관심을 갖고 실천하게 되는 것처럼 말이다. 아리스토텔레스는 설득의 3요소 중 에토스가 가장 중요하다고 생각했다. 아리스토텔레스는 성공적인 설득을 위해서 에토스, 페이토스, 로고스 순서로 접근해야 한다고 강조했다.

다섯째는 청중과 교감과 유머를 통해 청중을 참여시키는 프레젠테이션을 해야 하는 청중(audience) 플로우이다. 이때 청중 참여를 위해 적절한 질문을 통해 박수를 유도하고, 프레젠테이션 슬라이드 내용을 따라 읽게 하는 방법도 활용할 수 있다. 또한 적절한 소품을 활용하여 청중을 참여시킬 수도 있다. 발표자는 청중의 질문을 받았을 때 질문을 반가워하고 고마워해야 한다. 질문하는 사람을 집중해서 바라보고 경청하며 만약 질문을 제대로 이해하지 못했다면 다시 한번 반복해서 말하게 한다. 질문한 사람에게 감사하고 질문의 가치를 인정해주는 말로 "참 좋은 질문입니다.", "아주 좋은 질문을 해 주셨습니다." 등으로 응대할 수 있다. 발표자는 특정인에게 질문을 받았더라도 답은 청중 전체에 대해서 해야 한다. 만약 답을 모르는 질문을 받았을 경우에는 "좋은 질문입니다. 멋진 대답을 드리고 싶은데 아쉽게도 제가 잘 모르는 문제입니다. 연락처를 주시면 좀 더 알아보고 알려드리겠습니다."라고 하고 반드시 추후에 대답을 해 준다. 아니면, 모르는 답에 대해서 청중에게 질문을 돌리는 방법도 있다. 간혹, 발표자를 시험하려는 질문을 하는 청중이 있는데, 그럴 때는 "아주 흥미있는 부분을 지적하셨는데요, 어떻게 그런 생각을 하게 되었는지 알려주시겠습니까?"라고 되물어 보는 방법도 있다.

2) 발표기술 향상을 위한 3요소

발표기술은 연습을 통해서 누구나 발전할 수 있다. 구두 발표의 3가지 주요 요소로는 Body language, 목소리, 말하는 스타일이 있다. 이 3요소는 훈련을 통해 개선할 수 있는 부분이다. 첫째, Body language는 눈 맞추기, 동선, 제스처 등으로 거울을 보면서 연습을 꾸준히 하면 태도가 좋아질 수 있다. 바람직한 Body language는 눈맞춤을 유지하고 가능한 공간을 활용하여 제스처와 움직임을 보이는 것이다. 제스처도 열린 자세로 팔을 약간 벌리고 받아들일 수 있다는 태도를 보여주는 것이 좋다. 그리고 공간이나 동선을 적극 활용하여 공간언어를 활용할 수 있다. Body language는 발표하는 모습을 비디오로 촬영하거나, 피드백을 받을 수 있는 청중들 앞에서 연습하는 것으로 개선할 수 있다. 다음은 부적절한 바디 랭귀지 모습이다. 이를 참고하여 훈련을 하면 된다.

이미지 출처: https://slidesplayer.org/slide/11324871/

둘째, 목소리는 높이, 속도, 장단, 중요한 단서 발음 등을 훈련할 수 있다. 말하는 스타일은 명확성, 간결함, 구사하는 단어의 다양성 등으로 신문이나 자료를 요약하는 훈련을 통해 개선할 수 있다. 바람직한 목소리는 책을 읽는 듯한 것보다는 자연스럽게 이야기하는 것으로 심호흡을 한 후 목소리를 내는 것이다. 또한, 지나치게 높은 목소리는 피하고 효과적인 메시지 전달을 위해 속도에 변화를 줘야 한다. 그리고 뚜렷하게 강조를 하고 싶을 때는 '멈춤'을 적절하게 이용하여 전달하는 방법도 있다.

셋째, 바람직하게 말하는 스타일은 청중들을 고려한 맞춤식 발표가 되어야 하고, 간단한 단어, 짧은 문장, 보다 많은 반복을 활용하여 내용을 전달하는 것이 효과적이다. 내용을 전달할 때 주의해야 할 점은 특정한 집단에서만 통용되는 언어(jargon)와 전문 용어를 구별해서 사용해야 한다. 말하는 스타일은 발표를 녹음해서 말하는 스타일을 분석하고 검토하거나, 소리내어 말하는 연습을 꾸준히 수행하는 것이 좋다.

3) 효과적인 슬라이드 제작

효과적인 프레젠테이션을 위해 슬라이드를 전략적으로 제작한다. 슬라이드를 제작할 때는 발표를 체계적으로 잘할 수 있는 내용과 내용에 따를 적절한 배치가 중요하다. 이는 발표할 때 기억을 보조해 줄 수 있다. 슬라이드를 작성할 때는 자료의 출처를 명확하게 밝혀서 자료에 대한 신뢰도를 높여야 한다. 앞에서도 언급했듯이 신뢰도가 높은 프레젠테이션은 청중을 설득할 확률이 높다. 다음은 슬라이드를 작성할 때 참고할 내용이다.

- 발표할 내용은 간결하게 작성하기
- 시각 자료(그림, 사진, 표, 차트 등)를 충분히 활용하기
- 다양한 멀티미디어 기능(텍스트, 시각, 청각, 동영상 등) 사용하기
- 지나친 장식 효과(애니메이션, 불필요한 사운드나 시각 자료 등) 자제하기

발표할 내용을 간결하게 작성해야 하는 이유는 슬라이드에 텍스트가 너무 많으면 청중들은 집중력을 상실하기 때문이다. 그래서 하나의 슬라이드에는 하나의 내용을 담는 것이 효과적이다. 이때 글보다는 다양한 이미지나 차트, 표, 수치 등을 담는것도 좋다. 슬라이드를 작성할 때는 발표 장소나 청중에 따라서 폰트 크기를 고려하여 결정해야 한다. 효과적인 슬라이드 제작을 위해 다음의 9가지 단계를 활용할 수 있다.

단계	내용	실천하기
1	슬라이드 한 장에 하나의 목표	슬라이드에서 무엇을 보여주기를 원하는가?
2	강조하거나 새로운 정보는 천천히 등장	새로운 정보를 슬라이드 한 장에 천천히 나타나는 애니메이션을 활용하여 부각시켰는가?
3	내용에 적합한 이미지 선정	요점을 전달하기 위한 가장 좋은 이미지는 무엇인가? 목적에 맞지 않거나 다른 이미지보다 내용과 연결된 차트나 그래프를 사용하였는가?
4	일반적인 레이아웃 디자인	왼쪽에서 오른쪽으로 정보를 읽을 수 있도로 배치했는가?
5	색상을 사용하여 슬라이드 강조 표시	슬라이드에 흑백 외에 2~3가지 보완 색상으로 제한했는가? 중요한 내용은 대담한 색상을 사용하여 요점에 주의 집중시켰는가?
6	가독성이 좋은 글꼴 선택	멀리서도 읽기 쉬운 글꼴을 선택했는가?
7	애니메이션과 특수 효과를 자제하여 사용	움직임 효과보다는 말에 집중해서 작성했는가?
8	슬라이드 최종 점검	프레젠테이션을 시연했는가?
9	동료 피드백 받기	동료들에게 슬라이드를 보여주고, 그들이 무엇을 기억하는지 물어봤는가?

출처: https://ispeakeasyblog.wordpress.com/2011/05/31/steps-in-creating-effective-powerpoint-slides/

4) 효율적인 협업 도구 활용

최근 기술정보 통신의 발달로 학생들은 시간과 공간의 제약 없이 자신이 필요한 정보를 쉽게 습득하고, 스마트폰을 활용하여 언제 어디에서나 타인과 의사소통을 자유롭게 할 수 있게 되었다(오은진, 2019). 이처럼 디지털 기술에 익숙하고, 온라인 상호작용에 흥미를 갖고 있는 학습자들은 상호 소통을 통해 과제를 해결해 나가는 방법의 지식 습득이 더 효과적이다.

학습자의 상호작용과 문제해결을 위한 효과적인 소통 도구로 이 장에서는 구글 드라이브를 활용한 협업을 소개한다. 구글 드라이브는 동시 작성과 편집, 댓글을 통한 상호 피드백이 가능하여 대학생들이 공통 작업을 하기에 적합하다. 구글 드라이브는 개인 단위의 툴로 모두를 위한 온라인 스토리지다. 개인 사용자는 15GB까지 무료로 사용할 수 있고, 용량을 더 원할 경우 유료로 사용 할 수도 있다.

구글 드라이브에 있는 다양한 앱들 중 협업을 위한 구글 프레젠테이션 툴을 구체적으로 알아보자. 구글 프레젠테이션은 이미지 삽입이 쉽고, 링크 검색, 변경 추적등이 가능하여 협업하기에 효율적인 툴이다. 구글 프레젠테이션은 MS사의 파워포인트 기능과 흡사하다. 다른 발표 도구와 비교하여 두드러지는 구글 프레젠테이션의 특징은 다음과 같다.

- Q&A 기능을 이용하여 발표 중에 청중과 소통할 수 있음
- 각 슬라이드를 누가 편집하고 있는지 한 화면에서 한 눈에 확인할 수 있음
- 폰트 사용이 제한되어 있어 문서작성의 통일성을 추구할 수 있음
- 슬라이드 간 전환 또는 객체에 적용할 수 있는 애니메이션의 종류가 적어 심플하게 작업을 할 수 있음
- 텍스트 상자에서 다단을 설정하여 글을 쓸 수 없음

- 음성 입력 가능함
- 편리한 링크 달기 기능 있음
- 클라우드에 안전하게 보관됨
- 다른 포맷으로 변환 저장 가능함
- 별도의 프로그램 설치 없이 사용 가능함
- 다양한 편집 기능 사용 가능함

위의 특징은 일반적으로 흔히 사용하는 파워포인트 기능과 차별화된 기능으로 구글 프레젠테이션을 활용한 협업에 도움이 될 수 있다. 가장 두드러지게 활용할 수 있는 방법은 다음과 같다.

- 조별 발표과제 시 여러 명이 각자 특정 슬라이드를 맡아 작성하고 발표할 때
- 특정 주제에 대한 조사를 하고 빨리 발표자료를 만들어야 할 때
- 학생들이 각자 작성한 내용에 대하여 댓글로 피드백을 주고 받을 때
- 동일한 과제에 대한 활동 과정을 한 번에 모니터링하고자 할 때

이처럼 구글 프레젠테이션은 내 생각뿐만 아니라 동료들의 생각과 발표자료를 한번에 공동작업할 수 있기 때문에 매우 유용하게 활용할 수 있다. 구글 프레젠테이션을 활용하는 방법은 다음 사이트를 참고할 수 있다.

- 구글프레젠테이션사용방법_학교가자 TECH 부트캠프
  https://blog.gogo.school/65

〈그림 4-1〉 구글 템플릿 첫 화면

참고문헌

광주전남권역 대학원격교육지원센터(2021). **한권으로 끝내는 원격수업 가이드북.**
구글 프레젠테이션 매뉴얼(구글 슬라이드) 공개용 버전 문서, https://goo.gl/27sgTU
김지연(2018). 효과적 발표 교육을 위한 '333 말하기'프로그램의 설계: 소통의 경험
　　과 윤리적 발표를 위한 프레젠테이션 지도 방안의 모색. **사고와표현,** 11(3),
　　59-85.
박희숙(2009). **효율적인 설득을 위한 프레젠테이션 디자인 방법론에 관한 연구: 설**
　　득 커뮤니케이션과 메시지 전달을 중심으로. 건국대학교 디자인대학원 석사학
　　위 논문.
오은진(2020). **구글드라이브를 활용한 초등영어 협력 글쓰기에 관한 실행연구.** 서
　　울교육대학교 교육전문대학원 석사학위논문.
장용진(2002). **프레젠테이션 모든 것.** 서울: 청림출판.
학교가자, TECH 부트캠프 [8] 구글 프레젠테이션, http://blog.gogo.school/65
학습(공부)하는 블로그 https://kiyoo.tistory.com/568

참고영상

성공을 위한 프레젠테이션의 5가지 Flow
https://youtu.be/msVJX6GUzu4

자기조절학습

01

자기조절학습
이해하기

1) 자기조절학습의 필요성

미래학자 엘빈 토플러는 그의 저서 미래의 충격(future shock)에서 미래의 문맹은 글자를 읽지 못하는 사람이 아니라 배우는 법을 배우지 못하는 사람을 뜻하게 될 것이라고 보았다. 우리의 삶은 첨단 기기 및 정보 기술의 발달로 급격한 변화를 겪고 있으며, 빠르게 증가하는 정보와 지식은 학습자들에게 보다 신속한 정보의 처리, 습득 및 응용을 요구하고 있다. 이와 같이 빠른 변화, 다양성과 복잡성이라는 구조적 특징을 가진 지식 정보화 사회의 패러다임에서 학습자의 요구에 부응하는 효과적인 교수 학습방법은 교육의 중요한 화두이다. 이러한 측면에서 자기조절학습(self regulated learning)은 학습자들 스스로가 창의적이고 주도적으로 지식과 정보를 습득하고, 문제해결과정에서 자신의 학습능력과 학습방법을 조절하는 주도성을 가진 인재로 거듭나는 데 도움이 될 것이다.

2) 자기조절학습의 개념

자기조절학습은 "학습자가 학습할 때 메타인지적, 동기적, 행동적으로 자신의 학습에 적극적으로 참여하는 학습과정"을 의미한다(Zimmerman, 1989). 자기조절학습은 주도적이면서도 적극적인 참여 측면에서 자기주도적 학습이라고도 볼 수 있고, 이러한 측면에서 자기조절학습과 자기주도학습이라는 용어가 혼재되어 사용되고 있다(김아영, 2014). Knowles(1975)가 정의한 자기주도학습(self directed learning)의 개념을 보면, 개인이 외부의 조력과는 별개로 학습자 스스로 학습 주도권을 가지고 자신의 학습요구를 진단하고, 학습목표를 설정하며, 학습에 필요한 인적, 물적 자원을 확보하고, 적합한 학습전략을 선택, 실행하여, 성취한 학습결과를 스스로 평가하는 과정으로 정의했다. 자기조절능력과 자기주도능력이 높은 학생은 학습에 대한 높은 관심과 긍정적인 믿음을 가지고 있기 때문에 높은 학업성취를 가질 수 있다. 특히 Zimmerman(1989)은 학업성취를 촉진하는 '능동적 촉진자'(active promoter)로서 자기조절의 역할을 강조하였다.

3) 자기조절학습의 중요성

자기조절학습은 학습자가 자신의 학습을 계획, 조절, 통제하면서 학습에 적극적으로 참여하는 학습과정으로 학습자를 주도적이고 적극적인 존재로 본다. 자기조절학습자는 학업성취를 개선하기 위해 동기적, 행동적, 상위인지적 전략을 체계적, 계획적으로 사용한다. 이러한 학습자는 내적으로 동기화되어 있고 흥미롭게 학습에 자발적으로 참여하기 때문에 자기효능감을 가지고 있다. 또한, 목표를 수행하는 데 방향성을 가지고 있으며 새로운 내용을 배우는 것을 두려워하지 않고 실패를 회피하려는 경향이 적은 편이다 (Klassen, 2010). 이러한 학습자는 무엇이든 잘할 수 있다는 낙관적인 자기개념을 가지고 있고, 문제이해력과 실행력 및 자기성찰도 높아 문제해결에 탁월하다(박미호, 2003). 자기조절능력이 높은 학생들은 스스로에 대한 지각능력이 뛰어나 만족스러운 학업성취의 가능성이 높다.

4) 자기조절학습의 구성요인

자기조절학습의 구성요인은 인지조절, 동기조절, 행동조절로 구분할 수 있다(Zimmerman & Martinez–Pons, 1986: Pintrich, 2000; 양명희, 2000; 한미순, 2003).

〈그림 5-1〉 자기조절학습의 구성요인

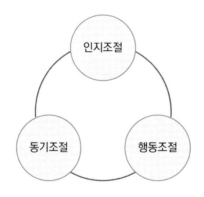

① 인지조절

인지조절은 인지전략과 메타인지전략으로 나누어 볼 수 있다. 인지전략은 시연, 정교화, 조직화로 구성되고(Weinstein, & Mayer, 1986), 시연은 능동적인 암송을 위하여 중요지식을 단기기억 작동체제로 전이하는 전략이다. 정교화는 새 정보를 이전 정보과 관련시켜서 관계성을 이미지로 만들고 이를 장기기억 작동체제로 저장하는 전략이다. 조직화는 주요 학습내용의 중요요소들 간의 관계를 논리적으로 구성하고 심층적으로 이해하는 전략이다.

메타인지는 계획, 점검, 조절로 구성되고(Brown, Collins, & Duguid, 1989), 계획은 어떠한 인지적 전략과 정보를 사용할지를 미리 계획하는 전략이다. 점검은 자신의 인지 상태를 체크하는 전략이고, 조절은 문제되는 학습 행동을 교정하여 학습을 향상시키는 전략이다. 인지전략은 학습내용을 기억하는 전략이라면, 메타인지는 자신의 인지전략을 조절, 검토하는 능력이다.

② 동기조절

동기조절은 학습을 수행하는 능력, 목표 지향성, 학습의욕과 관련이 있고, 타인에 의한 동기 유발보다는 학습자 스스로 유발시킨 동기가 더 지속력이 강하다. 동기와 관련하여 숙달목표는 새롭고 도전적인 지식을 지향하고 완전 숙달을 위해서 능동적으로 노력하는 것이다. 자아효능감은 자신의 능력을 신뢰하고 자신을 효과적으로 조절하고, 성취가치는 주어진 학습을 가치 있게 여기는 능력이다.

③ 행동조절

행동조절은 학습 환경 조성과 실천을 의미하며 학습자의 자기행동 통제력과 시간 활용법, 적절한 순간에 타인의 도움을 요청할 수 있는 결단력 등 학습실천 사항과 관련이 있다. 행동통제는 목표를 정한 뒤에 유혹과 방해물을 제거하고 지속적으로 성취해나가려는 전략이다. 학업시간관리는 효과적인 학습을 위해 시간을 효율적으로 관리하는 능력이고, 도움 구하기는 선생님이나 친구에게 도움과 힌트를 구하는 긍정적인 전략이다.

구성요인			내용
인지조절	인지전략	시연, 정교화, 조직화	학습내용을 기억하기 위해, 구체적이고 체계적으로 구성하여 학습내용을 반복한다.
	메타인지전략	목표설명과 계획	나의 비전에 따라 세부목표를 세우고, 보다 구체적인 학습목표를 세우고 실행 계획을 짠다.
		지속적인 기록과 점검	공부한 내용을 요약, 정리, 점검하는 과정을 거친다.
		자기평가	자기조절학습능력을 점검할 수 있는 검사를 하고, 자신의 검사결과를 분석하여 자신이 능력을 객관적으로 판단하고 조언을 받는다.
동기조절		상호작용과 피드백	동시적, 비동시적 상호작용을 통해, 자신의 학습상황에 대한 피드백을 확인하고 보완한다.
행동조절		학업시간관리 행동통제	자신의 학업시간을 계획하고, 점검하며 조절한다.
		도움 구하기	함께 수강하는 학생 또는 교수자에게 질문이나 피드백을 받는다.

02

자기조절학습능력
증진하기

1) 나의 자기조절학습 점검하기

초등학교부터 고등학교까지 오랜 기간 공부를 해왔지만, 대학의 공부는 이전의 학습보다 더 많은 학생 주도성(student agency)을 요구한다. 학생들은 공부를 통해 자신의 삶에 대한 책임감을 가지고, 나아가 사회의 성장을 이끌어 갈 역량을 키워간다. 자신에게 필요한 자원들을 스스로 찾고 효율적으로 활용해야 한다.

이혜정, 성은모(2011)는 대학에서 우수한 학업성취를 보이는 학습자의 특성을 크게 학습에 대한 가치 신념, 전략적 학습기술, 탐구적 학습전략, 학습몰입 측면에서 살펴보았다. 첫째, 학습에 대한 가치 신념 측면에서 우수 학습자는 공부에 대한 분명한 목표의식, 의지와 신념을 가지고 있다. 둘째, 전략적 학습기술 측면에서 우수 학습자는 시간관리전략과 정서 및 마음관리전략을 통해 학습과정뿐만 아니라 결과에도 긍정적인 영향을 미쳤다. 셋째, 탐구적 학습전략 측면에서 우수 학습자는 개인 수준에서 개별학습을 실시하고, 다양한 사람들과 토의 또는 토론하는 사회적 네트워킹 학습의 과정을 거쳐 질적으로 높은 수준의 지식을 체화한다. 넷째, 학습몰입 측면에서 우수학습자는 학습기술을 내재화하고, 수업시간에 최대한 자신의 모든 역량을 집중함으로써 효율적이고 효과적으로 학습성과를 이끌어냈다.

활동 1. 자신의 학습방식 진단하기(pp.94-100)

대학교에서 성공적인 학습을 위해서는 자신의 학습을 점검하고 관리하는 것에서 출발한다. 학습에 대한 가치 신념, 전략적 학습기술, 탐구적 학습전략, 학습몰입에 대해 자신의 수준을 점검하여, 자신의 학습방식이 어떠한지 살펴보자.

 활동 1-1 "학습에 대한 가치 신념" 점검하기

학습에 대한 가치 신념(value belief about learning)은 학습에 대한 의미, 가치, 목적, 태도, 동기 등에 대한 요인으로 구성되어 있습니다. 아래 문항을 읽고, 자신과 가장 가깝다고 생각하는 정도와 관련하여 해당 번호에 ∨표 해 주세요.

	그렇지 않다			매우 그렇다

1. 대학에서 받은 학점은 내 삶의 성실도를 나타내는 중요한 지표라 고 생각한다.　　　　　1 - 2 - 3 - 4

2. 인생에 있어 대학의 좋은 학점보다 가치 있는 것이 더 많다고 생 각한다.　　　　　1 - 2 - 3 - 4

3. 무슨 일이 있어도 수업은 절대 빠지지 않는다.　　　　　1 - 2 - 3 - 4

4. 즐겁게 공부하면 학점은 당연히 잘 나온다고 생각한다.　　　　　1 - 2 - 3 - 4

5. 수업에 반드시 100% 출석한다는 신념을 가지고 있다.　　　　　1 - 2 - 3 - 4

6. 현재의 공부는 단순히 좋은 학점만을 얻기 위한 노력이라기보다는 미래에 자신이 하고 싶은 일을 위한 투자라고 생각한다.　　　　　1 - 2 - 3 - 4

7. 대학교에서 배우는 지식은 그 범위를 한정할 수 없어 자신이 공부 한 만큼 가진다고 생각한다.　　　　　1 - 2 - 3 - 4

문항 출처: 이혜정, 성은모(2011)

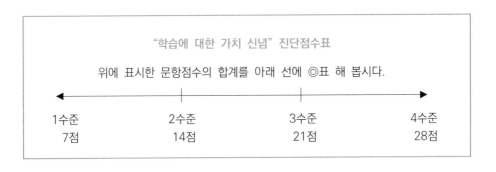

"학습에 대한 가치 신념" 진단점수표

위에 표시한 문항점수의 합계를 아래 선에 ◎표 해 봅시다.

1수준	2수준	3수준	4수준
7점	14점	21점	28점

✏️ 활동 1-2 "전략적 학습기술" 점검하기

전략적 학습기술(strategical learning skills)은 학습자가 학습내용을 습득하고 기억하고 파지하는 인지주의적 학습활동과 이러한 학습활동이 체계적이고 실제적으로 이루어질 수 있도록 하는 행동조절 등에 대한 요인으로 구성되어 있습니다. 아래 문항을 읽고, 자신과 가장 가깝다고 생각하는 정도와 관련하여 해당 번호에 ∨표 해 주세요.

	그렇지 않다			매우 그렇다
1. 과제는 주어진 날부터, 혹은 제출하기 훨씬 전부터 고민하고 준비하는 편이다.	1	2	3	4
2. 자투리 시간(등하교 시간, 공강 시간, 점심시간, 쉬는 시간 등)을 최대한 활용하는 편이다.	1	2	3	4
3. 수업시간 노트 정리 시 요약정리보다는 수업의 모든 내용(강의 내용, 질의응답 내용, 교수자의 농담 등)을 기록하는 편이다.	1	2	3	4
4. 여유시간을 충분히 확보하여 그동안 배운 내용에 대해서 집중적으로 공부를 하거나 배운 내용을 정리한다.	1	2	3	4
5. 그날 배운 내용은 어떻게 해서든 그날 복습한다.	1	2	3	4
6. 과제를 제출하기 전에 최소 2-3회 이상의 수정과정을 거친다.	1	2	3	4
7. 나는 노는 시간까지도 계획적으로 관리하는 편이다.	1	2	3	4
8. 한 주간 배운 내용이나 노트 필기한 내용에 대해서 1~2주 안에 나만의 방식으로 다시 정리한다.	1	2	3	4
9. 수업시간에 항상 앞쪽 자리에 앉으려고 한다.	1	2	3	4
10. 시험시간에 따로 공부하지 않더라도 어느 정도의 성적을 받을 수 있을 만큼 평소에 공부한다.	1	2	3	4

문항 출처: 이혜정, 성은모(2011)

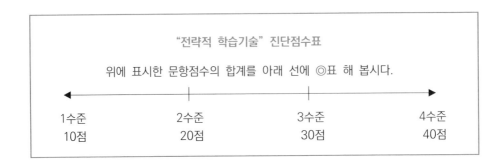

"전략적 학습기술" 진단점수표

위에 표시한 문항점수의 합계를 아래 선에 ◎표 해 봅시다.

1수준	2수준	3수준	4수준
10점	20점	30점	40점

💬 읽을거리

호프스태터의 법칙 Hofstadter's Law

공부를 하거나 취업 준비를 위해 플래너에 일정을 빽빽하게 적다 보면, 열심히 살고 있는 것 같아 뿌듯함을 느끼기도 합니다. 계획대로 일정을 마무리했을 때 그 기쁨과 보람을 떠올리면, 무엇이든지 할 수 있을 것 같은 의지가 끌어오르기도 하겠지요. 하지만 그동안의 경험을 돌아보면, 마무리하려고 했던 날짜에 끝내는 것이 얼마나 어려운 일인지 알 것입니다.

미국의 유명한 인지과학자인 더글러스 호프스태터(Douglas Hofstadter)는 1979년 자신의 저서 《괴델, 에서, 바흐: 영원한 황금 노끈》을 통해 어떤 일을 마칠 때 실제로는 예상보다 더 많은 시간이 드는 현상에 대해, 자신의 이름을 따서 호프스태터의 법칙이라고 불렀습니다. 1994년 캐나다의 심리학자 로저 뷸러(Roger Buehler)는 학위 논문을 쓰는 학생을 대상으로 한 실험에서 호프스태터스의 법칙을 다시 한번 확인했습니다. 학생들은 논문 완성 예상 시간을 최선의 상황에서는 27.4일, 긍정적인 상황일 때는 33.9일, 부정적인 상황에서는 48.6일로 예상했으나 실제 제출한 평균 시간은 55.5일이었습니다. 하지만, 예상한 기간 동안 논문을 다 쓴 학생은 응답자 중 30% 수준이었습니다.

출처: EBS 세상의 모든 법칙- 왜 항상 우리는 시간에 쫓길까?
　　　https://www.youtube.com/watch?v=ED0_PDkE1jI

✏️ 활동 1-3 "탐구적 학습전략" 점검하기

탐구적 학습전략(inquiry learning strategies)은 궁금한 학습내용에 대해 고민하고, 인적 자원과 의사소통을 통해 해결하는 과정이나 방법에 대한 요인으로 구성되어 있습니다. 아래 문항을 읽고, 자신과 가장 가깝다고 생각하는 정도와 관련하여 해당 번호에 ∨표 해 주세요.

	그렇지 않다			매우 그렇다
1. 수업 내용 중 이해되지 않거나 궁금한 것은 친구들에게 물어보고 다양한 의견을 주고받으면서 해결안을 찾는다.	1	2	3	4
2. 나는 새로운 내용을 공부할 때 아는 내용과 모르는 내용을 구분할 수 있다.	1	2	3	4
3. 수업 내용 중 이해되지 않거나 궁금한 것은 무조건 교수에게 묻기 보다는 충분한 고민, 참고문헌 탐색, 친구들과 의견 공유 등과 같은 과정을 거친 후 마지막에 물어본다.	1	2	3	4
4. 어려운 문제 해결을 위해 친구들과 의도적으로 토론하고 협력적으로 논의의 과정을 통해 해결안을 도출하는 것은 매우 중요한 학습 방법이다.	1	2	3	4

문항 출처: 이혜정, 성은모(2011)

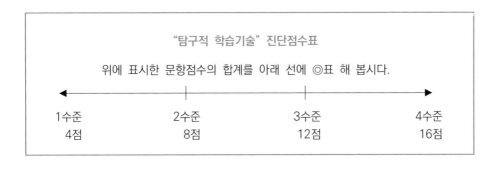

"탐구적 학습기술" 진단점수표

위에 표시한 문항점수의 합계를 아래 선에 ◎표 해 봅시다.

1수준	2수준	3수준	4수준
4점	8점	12점	16점

 활동 1-4 "학습몰입" 점검하기

학습몰입(learning flow)은 학습에 대한 끈질긴 집중과 노력과 학습과정의 단계별 점검 및 평가 등에 대한 요인으로 구성되어 있습니다. 아래 문항을 읽고, 자신과 가장 가깝다고 생각하는 정도와 관련하여 해당 번호에 ∨표 해 주세요.

	그렇지 않다			매우 그렇다
1. 나는 공부나 어떤 일을 할 때 시간 가는 줄 모르고 집중한다.	1	2	3	4
2. 나는 대학에서 배우는 수업내용이 재미있다.	1	2	3	4
3. 간단한 예습을 통해 수업 내용에 대한 질문이나 학습목표를 갖고 수업에 임한다.	1	2	3	4
4. 나는 공부나 어떤 일을 할 때 지루하더라도 해야 할 일이라면 몇 시간씩 앉아서 한다.	1	2	3	4
5. 수강 과목 신청에 있어 어렵더라도 진정 배우고 싶어 했던 과목 위주로 수강신청을 한다.	1	2	3	4
6. 나는 전공지식 이외에 내가 배우고자 하는 학습주제나 또는 문제를 찾아내어 실천한다.	1	2	3	4
7. 학점을 위해 공부한다기 보다는 공부하는 그 과정 자체가 재미있고, 공부하는 과정이 즐겁다.	1	2	3	4

문항 출처: 이혜정, 성은모(2011)

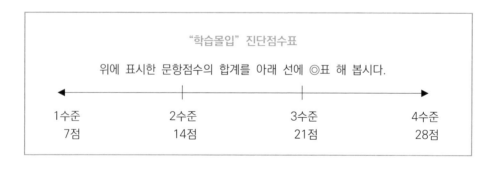

"학습몰입" 진단점수표

위에 표시한 문항점수의 합계를 아래 선에 ◎표 해 봅시다.

1수준	2수준	3수준	4수준
7점	14점	21점	28점

자기조절학습능력 진단결과표

자신의 진단점수표의 점수를 보고 해당되는 수준의 설명을 읽어보세요.

영역	수준	설명
학습에 대한 가치신념	1수준	노력이 필요한 수준으로, 명확한 목표의식과 달성하고자 하는 마음가짐이 다소 부족하므로 이를 보완하여 학습에 대한 가치 높일 필요가 있다.
	2수준	보통 수준으로, 목표의식은 어느 정도 있으나 학습태도에 있어 가치체계를 추구하는 부분에 다소 부족하므로 공부의 이유를 명확히 할 필요가 있다.
	3수준	우수한 수준으로, 목표의식과 학습태도를 갖추었으며 꾸준히 내면화하여 실천적 행동으로 발현되도록 할 필요가 있다.
	4수준	매우 우수한 수준으로, 공부에 대한 목표의식과 의지와 신념이 강하고, 자신만의 학습가치시스템이 내재적으로 형성되어 있다.
전략적 학습기술	1수준	노력이 필요한 수준으로, 학습전략에 대한 이해와 실천이 다소 부족하므로 자기조절학습에 대한 학습전략을 공부하고 꾸준히 실천할 필요가 있다.
	2수준	보통 수준으로, 나에게 적절한 학습전략을 실천하는 데 집중하고, 실질적으로 행동조절을 잘할 수 있도록 역량을 집중할 필요가 있다.
	3수준	우수한 수준으로, 학습전략에 대한 이해와 실천력이 있으므로, 꾸준히 반복하여 습관화할 수 있도록 한다.
	4수준	매우 우수한 수준으로, 학습에 있어 자신의 모든 역량을 집중함으로써 효율적이고, 효과적으로 학습하고 있다.

영역	수준	설명
탐구적 학습전략	1수준	노력이 필요한 수준으로, 학습에서 궁금한 사항이 생겼을 때 적극적으로 탐색하고 해결하려는 자세가 부족하므로 이를 보완할 필요가 있다.
	2수준	보통 수준으로, 궁금한 학습내용에 대해 보다 다양한 인적 자원을 탐색하여 의사소통하려고 노력할 필요가 있다.
	3수준	우수한 수준으로, 궁금한 학습내용을 적극적으로 탐색하고 있으며 직적으로 높은 수준의 내용 체계화를 위해 네트워킹 학습이 필요하다.
	4수준	매우 우수한 수준으로, 지식의 본질을 탐구하기 위해 사회적 네트워킹을 통해 깊이 있게 지식을 체계화하고 있다.
학습 몰입	1수준	노력이 필요한 수준으로, 학습에 있어 집중과 노력이 다소 부족하므로 학습에 대한 마음가짐을 다지고 시간관리에 관심을 둘 필요가 있다.
	2수준	보통 수준으로, 학습에 일정한 시간과 노력을 투자하고 있고 스스로 공부시간을 점검하는 평가 시간을 가져야 한다.
	3수준	우수한 수준으로, 끈질긴 집중과 노력을 하고 있으며 학업수행에 있어서 발생하는 불안요소를 잘 관리할 필요가 있다.
	4수준	매우 우수한 수준으로, 여러 상황에도 갈등 없이 학업에 집중하고 상황에 따라 과제의 강도와 속도를 체계적으로 조절할 수 있다.

2) 나만의 공부습관 만들기

제임스 클리어(James Clear)는 어린 시절 야구훈련 도중 얼굴 뼈가 부서지는 사고를 당했지만, 1%의 성장을 목표로 하는 작은 성공 경험을 꾸준히 쌓아갔다. 6년간의 지속적인 노력 끝에 그는 대학 최고 선수 및 ESPN 전미 대학 대표 선수로 선출되었다. 그는 자신을 성공으로 이끈 습관에 대해 강연하는 자기계발 전문가가 되었고, 뉴욕타임즈의 베스트셀러 작가가 되었다(Clear, 2018). 학생들 중에는 공부 계획을 세울 때 변화된 모습을 상상하며 거창한 계획을 세우고 이내 포기하는 경우가 많다. 하지만, 실천을 미루거나 중도포기 하는 것이 아니라 내가 변화하는 데 필요한 작은 행동을 꾸준히 실천하는 것이 중요하다.

인생에서 어떤 목표들은 이룰 수 없을 것 같아 보이지만, 작은 목표들을 세우고 도달했을 때 스스로 보상하다 보면 인생의 큰 목표에 닿을 수 있다. 뇌과학적으로도 어떤 행동을 의식적으로 반복하다 보면 신경 전달 속도가 빨라지고, 자동적으로 신경 전달 물질이 분비되며 습관회로가 형성된다. 지속적인 반복은 이를 강화시키고 신경 자체가 변해 반영구적 회로가 형성된다. 목표를 달성하기 위해서는 지속적으로 자신의 목표를 상기하고 성공해야 하는 필요성에 대해 동기를 부여해야 한다.

지속적인 학습태도를 습관화하기 위해서는 스스로 보상을 하는 것이 중요하다. 성공적인 행동에는 보상을 받고 그렇지 않은 행동에는 벌칙을 받다 보면, 보상을 받을 수 있는 방향으로 행동이 점차 강화된다. 여기서 보상은 다른 말로 **정적강화**(positive reinforcement)라고도 하며, 공부하는 행동을 증가시키도록 하기 위해 공부하는 행동 후에 긍정적인 자극을 제시하는 것이 이에 해당한다(신현숙 외, 2020). 정적강화는 자기계발, 학교장면에서 교육설계, 조직 측면의 동기 강화 등 다양한 장면에서 활용된다. 예를 들어, 교사들은 발표를 잘했을 때 사탕·초콜릿과 같은 일차적인 보상을 제공하거나, 칭찬이나 스티커와 같은 사회적 인정 같은 이차적 보상을 줄 수도 있다. 조직 측면에서는 정기 상여금이나 인센티브, 주변동료의 긍정적 피드백 등의 정적강화가 있다. 하지만, 정적강화 중에서도 외적 강화보다는 스스로 만족과 보람 같은 내적동기를 찾아가도록 하는 노력이 필요하다.

대학교에서 성공적인 학습을 위해서는 자신의 학습을 점검하고 관리하는 것에서 출발한다. 학습에 대한 가치 신념, 전략적 학습기술, 탐구적 학습전략, 학습몰입에 대해 자신의 수준을 점검하여, 자신의 학습방식이 어떠한지 살펴보자. 그리고 자신이 실천하고자 하는 작은 목표를 세우고, 어떤 보상을 할 것인지 고민해보자.

활동 2. 나만의 공부습관 만들기(pp.102-104)

 활동 2-1 나에게 맞는 공부법 찾기

나에게 맞는 공부법을 찾기 위해서는 자신이 보완하고 싶은 영역과 구체적인 실천 방법을 찾아야 합니다. 우선, 자신의 자기조절학습 수준에 ○표 하고, 가장 먼저 보완하고 싶은 영역 순으로 우선순위를 적어보세요.

영역	나의 자기조절학습 수준				보완순위
학습에 대한 가치 신념	1수준 노력필요	2수준 보통	3수준 우수	4수준 매우우수	
전략적 학습기술	1수준 노력필요	2수준 보통	3수준 우수	4수준 매우우수	
탐구적 학습전략	1수준 노력필요	2수준 보통	3수준 우수	4수준 매우우수	
학습몰입	1수준 노력필요	2수준 보통	3수준 우수	4수준 매우우수	

보완순위에 따른 영역을 적고, 해당 영역을 증진할 수 있는 방법을 고민하여 3가지씩 적어보세요. 학습실천 행동을 3주 이상 꾸준히 실천했을 때, 그 중요도나 난이도에 따라 스스로 해주고 싶은 적절한 보상을 생각해보세요.

보완순위 및 영역	보완을 위한 학습실천 행동	자기보상
1 [　　]		
2 [　　]		
3 [　　]		
4 [　　]		

 활동 2-2 공부하는 습관 들이기

자신이 계획한 학습 실천 행동 5가지를 골라 적고, 실천한 날짜에 ○표 해 주세요. 습관 형성과 관련된 앱을 검색하고, 자신에게 잘 맞는 것을 골라 활용해 보세요.

공부습관	/	/	/	/	/	/	/
	월	화	수	목	금	토	일
1							
2							
3							
4							
5							

공부습관	/	/	/	/	/	/	/
	월	화	수	목	금	토	일
1							
2							
3							
4							
5							

공부습관	/	/	/	/	/	/	/
	월	화	수	목	금	토	일
1							
2							
3							
4							
5							

습관에 대한 앱도 활용해보세요.

챌린저스   습관의 숲   굳잠습관   목표노트   루티너리

---

3) SWOT 분석을 통한 자기이해

　SWOT는 Strength(강점), Weakness(약점), Opportunities(기회), Threats(위협)의 합성어로, SWOT 분석은 SWOT를 이용하여 문제를 분석하는 것이다. 미국의 경영컨설턴트인 알버트 험프리(Albert Humphrey)에 의해 고안된 SWOT 분석은 내부환경을 분석하여 강·약점을 발견하고, 외부환경을 분석하여 기회와 위협을 찾아내어 문제를 분석하는 기법이다. 경쟁자와 비교하여 나의 상황에서 강점과 약점을 파악하여 내부환경을 분석하는데, 강점은 내가 잘하는 것, 좋아하는 것, 몰입할 수 있는 것 등이, 약점은 못하는 것, 싫어하는 것, 따분한 것 등이 이에 해당된다. 자신을 제외한 외부환경을 분석할 때, 기회는 트렌드의 변화나 환경변화를, 위협은 법적 제한이나 제도적 변화를 적을 수 있다.

　전략도출은 내부의 강·약점을 외부의 기회와 위협과 대응시켜 문제해결을 위한 전략을 수립한다. 이때, SO 전략은 강점을 가지고 기회를 살리는 전략, ST 전략은 강점을 가지고 위협을 회피하거나 최소화하는 전략을 수립한다. WO 전략은 약점을 보완하여 기회를 살리는 전략, WT 전략은 약점을 보완하면서 동시에 위협을 회피하거나 최소화하는 전략을 수립한다.

〈표 5-1〉 SWOT 분석과 전략도출의 이해

내부환경 / 외부환경	강점 Strength 잘하는 것, 좋아하는 것 하고 싶은 것, 몰입하는 것	약점 Weakness 못하는 것, 싫어하는 것 하기 싫은 것, 따분한 것
기회 Opportunity 트렌드 변화 환경변화	SO 전략 강점을 가지고 기회를 살리는 전략	WO 전략 약점을 보완하여 기회를 살리는 전략
위협 Threat 법적 제한 제도 변화	ST 전략 강점을 가지고 위협을 회피하거나 최소화하는 전략	WT 전략 약점을 보완하면서 동시에 위협을 회피하거나 최소화하는 전략

이러한 분석방법은 자신의 긍정적이고 부정적인 요인을 객관적으로 파악함으로써 자신의 상황을 제대로 이해할 수 있는 장점이 있고, 약점을 강점으로 전환하는 전략을 세움으로써 약점을 보완하고 강점을 최대한 활용한다는 장점이 있다. SWOT분석과 전략을 도출함으로써 학습자는 객관적인 자기이해를 바탕으로 자기조절학습역량을 증진할 수 있다.

활동 3. SWOT 분석과 전략도출을 통한 자기이해하기(pp.106-108)

 활동 3-1 SWOT 분석하기

SWOT 분석 예시를 참고하여 자신의 강점, 약점, 기회, 위협요소에 대해 생각해보고, 각 요소를 3가지 이상 적어보세요.

	강점 Strength	약점 Weakness	기회 Opportunity	위협 Threat
예시 1	• 집중해서 수업 듣기 • 목적에 맞춰 글쓰기 • 다양한 웹 콘텐츠 개발 • 아이디어 수집력	• 과다하게 신중한 성격 • 내향적 성격 • 술이 약함 • 약한 인맥	• 코로나 • 청년실업 증가 • 비정규직	• 대학에서의 스펙 • 인턴십 참여가 불가능 • 구조조정
예시 2	• 프리젠테이션능력 뛰어남 • 태권도 2단 자격증 보유 • 잔병치레 없이 건강함 • 커뮤니케이션 능력이 뛰어남 (대화 주도 능력)	• 전공 분야 자격증이 별로 없음 • 외국어 능력이 부족함 • 하나의 일을 끈기 있게 하지 못함 • 비명문대, 비인기학과 졸업	• 기업의 입사설명회 • 하반기 취업시장 인력 채용 확대 • 인턴 채용 확대 • 국가 차원의 취업 지원 프로그램 다양화	• 미취업자 증가로 치열한 취업 • 학자금 대출로 인한 자금사정 악화 • 많은 나이로 인한 입사 기회 감소 • 건설회사의 M&A 활성화로 인한 인력 채용 감소

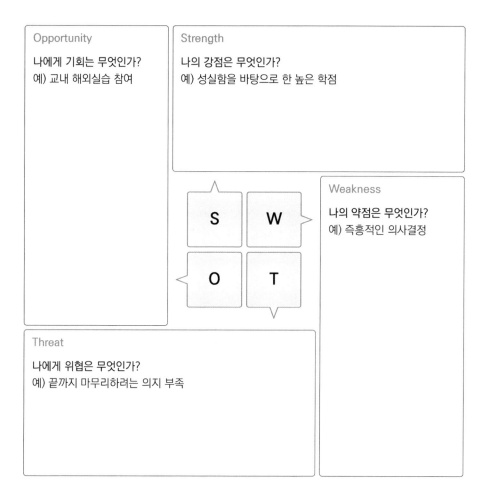

Opportunity

나에게 기회는 무엇인가?
예) 교내 해외실습 참여

Strength

나의 강점은 무엇인가?
예) 성실함을 바탕으로 한 높은 학점

S

W

O

T

Weakness

나의 약점은 무엇인가?
예) 즉흥적인 의사결정

Threat

나에게 위협은 무엇인가?
예) 끝까지 마무리하려는 의지 부족

활동 3-2 SWOT 분석과 전략도출

SWOT 분석 및 전략도출 예시를 참고하여 자신의 전략에 대해 생각해보세요. 환경분석 (SWOT)은 각 항목을 3가지 이상, 전략수립은 항목당 2가지 이상 적어보세요.

내부환경 외부환경	강점 Strength • 탁월한 수준의 외국어(영어, 중국어) • 인터넷 실력	약점 Weakness • 비명문대 출신 • 대학원 진학에 부모지원 어려움
기회 Opportunity • 외국기업 국내진출활성화 • 능력위주의 인사	<u>SO 전략</u> • 외국계 회사에 입사 • 학교 추천 외국계 강소기업 탐색	<u>WO 전략</u> • 학벌보다 능력 중심으로 채용하는 기업에 입사
위협 Threat • 국내 대기업의 신입사원 채용기피→입사확률 낮음 • 명문대 출신 우대	<u>ST 전략</u> • 대기업 포기 • 인터넷 플랫폼 회사 입사 • 진학하여 MBA 취득	<u>WT 전략</u> • 대학원은 우수대학으로 진학 • 장학생으로 2년 지낸 후 국내 경기가 활성화되면 취업 • 선배가 경영 중인 기업, 선배가 많은 기업에 입사

내부환경 외부환경	강점 Strength • • •	약점 Weakness • • •
기회 Opportunity • • •	<u>SO 전략</u> • • •	<u>WO 전략</u> • • •
위협 Threat • • •	<u>ST 전략</u> • • •	<u>WT 전략</u> • • •

참고문헌

EBS 세상의 모든 법칙 제작팀(2018). **세상의 모든 법칙**. 서울: 서울문화사.

김아영(2014). 미래 교육의 핵심역량: 주도성. **교육심리연구, 28**(4), 593~617.

성은모, 최효선(2016). 대학교육에서 성적우수 학습자의 자기주도학습역량 요인 탐색. **교육공학연구, 32**(2), 427−452.

신현숙, 오선아, 류정희, 김선미(2020). **교육심리학:이론과 실제**. 서울: 학지사.

오숙영(2012). PLS 구조방정식 모형을 활용한 부모 SES, 사교육, 자기조절학습능력, 학업성취 간의 관계 연구. **교육문제연구, 42**, 203−243.

이혜정, 성은모(2011). 대학교육에서 대학생 중심의 교수설계를 위한 최우수 학습자의 학습특성 및 학습전략 탐색. **교육공학연구, 27**(1), 1−35.

정애경(2008). **자기조절학습을 지원하는 모바일 연동 학습관리시스템 개발 연구**. 이화여자대학교 대학원 박사학위논문.

조용개, 손연아, 이석열, 이은화, 이희원, 장상필(2017). **대학생을 위한 학습전략 포트폴리오**. 서울: 학지사.

Clear, J. (2019). **아주 작은 습관의 힘** [*Atomic habits: An easy & proven way to build good habits & break bad ones.*]. (이한이 역). 서울: 비즈니스북스. (원전은 2018년에 출판)

Klassen, R. M. (2010). Confidence to manage learning: The self−efficacy for self−regulated learning of early adolescents with learning disabilities. *Learning Disability Quarterly, 33*(1), 19−30.

Knowles, M. S. (1975). *Self−directed learning*. New York: Association Press.

Zimmerman, B. J. (1989). A social cognitive view of self−regulated academic learning. *Journal of educational psychology, 81*(3), 329.

참고영상

tvN 스타특강쇼−금쪽같은 내 청춘, 제대로 즐기고 싶다면 '조절'하세요
https://www.youtube.com/watch?v=NbdJnHgfFs4

호프스테터의 법칙 Hofstadter's Law: EBS 세상의 모든 법칙−왜 항상 우리는 시간에 쫓길까?
https://www.youtube.com/watch?v=ED0_PDkE1jI

학습동기

01

학습동기 이해하기

1) 학습동기의 필요성

OECD 교육 2030 프로젝트에서는 학습의 능동적인 역할을 수행하는 **학생주도성**(student agency)을 미래교육의 중요한 화두로 제시하였다(OECD, 2018). 이후 신종 감염병의 대유행으로 원격교육이 이루어지면서 다시금 학습자의 주도성과 자발성이 학습성과의 중요한 이슈로 주목을 받았다. 학생주도성은 학습자가 자신의 삶과 주변에 영향을 미칠 수 있는 능력과 의지를 가지고, 긍정적인 변화를 위한 목표설정과 성찰을 통해 책임감 있게 행동하는 것을 의미한다(OECD, 2018). 급변하는 미래의 복잡성과 불확실성에 대응하기 위해 교육에서는 변화의 주도성을 갖춘 인재가 필요하다.

주도성을 가진 학습자는 동기수준이 높고, 정서조절 및 행동조절을 잘한다. 특히 학업성취에서 동기는 목표설정, 학습의 지속, 학습의 양과 질에도 영향을 미치고, 학습목표의 종류, 학습과정 내의 보상시스템, 목표의 종류 등이 동기에 영향을 미친다(Covington, 2000). 동기는 학습을 시작하고 유지하는 데 중요한 개념으로, 전미 교육부 장관이었던 터렐 벨(Terrel Bell)은 교육의 핵심요소로 동기의 중요성에 대해 다음과 같이 강조했다.

"There are three things to remember about education. The first is motivation. The second one is motivation. The third one is motivation" (Maehr & Meyer 1997: 372).

2) 학습동기의 개념

동기(motivation)는 'movere(움직이다)'라는 라틴어 동사가 어원으로, 개인이 무엇인가를 시작하고 그 움직임을 유지하며 마무리하는 것을 의미한다. 동기의 사전적인 의미는 '움직일 동(動)'과 '틀 기(機)'로 어떤 일의 원인이나 일을 발동시키는 계기를 말한다. 예를 들어, 운동 후에 목이 마르면 물을 찾아 마시게 된다. 목이 마른 내적 결핍 상황은 물을 찾도록 하고, 그 결핍의 정도에 따라 물을 찾는 행동의 지속성에도 영향을 미친다. 동기는 목표 지향 활동이 유발되고 지속되는 심리적 과정인 것이다.

공부가 잘 되는 날은 공부할 내용이 많아도 빠른 시간에 끝나기도 하지만, 그렇지 않은 날은 같은 학습내용을 여러 번 보아도 이해가 되지 않을 때가 있다. 공부목표를 달성하기 위해 열심히 노력하고, 완벽하게 내용을 익히기 위해 지속적인 노력을 유지할 때, 동기부여가 잘 되어 있다고 본다. 학습동기(academic motivation)는 학습자가 학습을 시작하여 얼마나 지속적으로 그 활동에 임하는지에 관련된 동기이다. 학습동기가 높은 학습자는 학업과제를 이해하는 것을 기뻐하며 학업수행에 대한 보람과 유능감을 느끼고, 도전적인 학업과제를 스스로 선택하고 자발적으로 기꺼이 직면하고자 하는 정서적 상태를 갖는다(김춘경 외, 2016).

3) 학습동기의 중요성

에듀테크의 발전으로 학습자는 많은 양과 빠른 속도로 생산되고 변화하는 학습 콘텐츠를 어떻게 배워야 할 것인지, 지식을 내면화하지 못해 발생하는 학력 저하, 교육매체 및 환경으로 인한 학습격차 등을 경험하고 있다. 최근 교수자와 학습자는 에듀테크의 눈부신 발전 속에서 학습내용 및 생활지도 측면의 상호작용보다 교육매체를 사용하고 활용하는 법을 익히는 데 많은 시간을 투자했다. 우수한 성취를 보이는 학습자는 학습해야 할 내용에 적절한 학습장비를 구비하고 다양한 플랫폼에서 상황에 맞는 교육방법으로 소통하며 학습했지만, 그렇지 못한 학습자들은 상대적 박탈감과 학습된 무기력을 느끼며 학습동기는 낮을 수밖에 없었다.

직업장면에서 성공확률이 아주 높은 일만 하거나 돈이나 처벌 같은 외적인 압력에 따라 일하는 사람이 있는 반면에, 보상수준이 낮고 실패가능성이 높지만 높은 수준의 열정과 강력한 추진력을 가지고 임하는 사람이 있다. 높은 수준의 동기는 도전적인 업무 과제의 성취를 불러오고 이를 통해 자부심과 성공에 대한 희망을 학습하며 이는 이후 과제에서도 추진력으로 작용하는데 이는 학습에서도 마찬가지이다. 학습자체에 대한 흥미나 동기 높은 학생들은 어려운 과제에 도전하는 데 주저함이 없고, 새로운 학습내용을 배우는데도 열정적이다. 또한 학습전략을 적절하게 사용하여 공부할 정보를 효율적으로 처리하며, 결과적인 부분에서도 높은 학업성취도를 보인다.

4) 학습동기의 구성요인

(1) 내재적 동기와 외재적 동기

동기는 행동을 하는 이유가 행동의 내부에 존재하는가 아니면 외부에 존재하는가에 따라 내재적 동기와 외재적 동기로 나뉜다. 내재적 동기(intrinsic motivation)는 행동의 이유가 행동 내부에 존재하고, 행동 자체를 수행하는 데 목적을 둔 동기를 말한다. 예를 들면, 흥미나 만족 등과 같이 스스로 원해서 행동에 참여하는 것을 의미한다. 외재적 동기(extrinsic motivation)는 행동의 이유가 행동 외부에 존재하고, 행동 자체가 아닌 다른 목적을 달성하기 위해 행동하는 동기를 의미한다. 타인의 칭찬, 자격증, 특혜나 물질적인 보상 혹은 타인의 강압과 압박도 이에 해당된다.

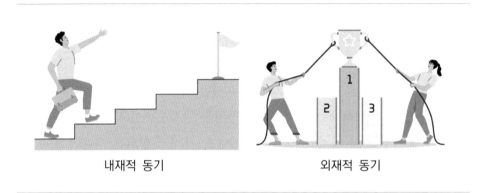

내재적 동기　　　　　　　　　　　外재적 동기

(2) 자기결정성이론

인간은 스스로 원해서 어떤 활동에 참여하고 자율적으로 행동하고자 하는 욕구를 가지고 있다. 자기결정성은 자신의 욕구를 어떻게 충족할 것인지 결정하고, 이를 위해 자신의 의지를 활용하는 과정이다(Deci, 1980). 예를 들어 자신의 욕구가 저절로 해결된다고 가정해보자. 그렇다면 나는 무엇을 할지 결정할 필요가 없어지고, 의지를 가지고 무엇인가 얻기 위해 애쓰지 않아도 된다. 다만, 욕구를 충족해나가는 과정에서 느낄 수 있는 자율성이나 주체성, 욕구를 충족 느낄 수 있는 유능감 등을 느낄 수 없다.

자기결정성이론(self-determination theory)은 자기결정성의 정도에 따라 동기를 설명하는 관점이다. 기존의 동기이론이 내재적 동기와 외재적 동기를 대립적인 개념으로 접근했다면, 자기결정성이론은 자율성의 정도에 따라 연속선상에서 동기를 개념화하였다. 즉, 타인에 의한 제약과 보상에서 점차 개인의 가치와 만족감으로 행동이 변화되는 과정을 거치는 것이다. 자기결정성 정도에 따른 조절양식은 자기결정성 연속선상에서 아래 그림과 같다(Ryan & Deci, 2000).

〈그림 6-1〉 자기결정성 연속선(Ryan & Deci, 2000)

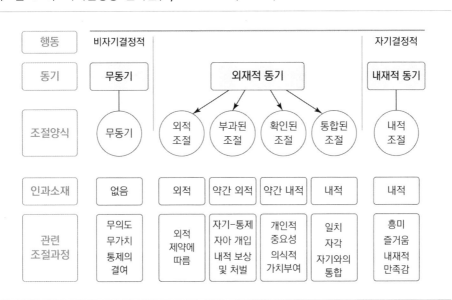

① 무동기(amotivation)

행동하려는 의지가 결핍된 상태로, 행동을 하지 않거나 의도 없이 행동을 한다. 무동기 상태에 있는 학습자들은 과제 수행에 가치를 두지 않으며(Ryan, 1995), 자신이 그 과제를 성공적으로 수행할 것이라고 기대하지도 않는다 (Seligman, 1975).

② 외적인 조절(external regulation)

외재적 동기화 중 낮은 자기결정적 단계로, 외적 제약인 규칙 준수 혹은 처벌회피를 위해 어떤 행동을 하는 것이다. 하지만 무동기 수준의 학생이 외적인 조절 수준의 행동이 보인다는 것은 큰 변화라고 할 수 있다. 예를 들어,

교수가 전공생 전체를 대상으로 팀프로젝트를 구성하여 참여를 강요받아 참여하게 되는 경우 혹은 부모의 지원이나 보상을 받기 위해 열심히 공부하는 경우가 해당된다.

③ 내사된 조절(주입된 조절, introjected regulation)

타인의 의한 압력이 아닌 자신의 내부에서 생기는 죄책감에 기인하여 행동하는 외재적 동기로, 자기 결정성이 어느 정도 반영되어 있다. 자기 자신과 다른 사람들의 인정을 받거나 비판을 회피하기 위한 행동이고, 활동 자체에 즐거움을 느끼는 행동이 아니기 때문에 외재적 동기로 본다. 하지만 조절의 힘이 내부에 있기 때문에 내재적 동기의 측면이 다소 존재한다. 예를 들면, 공부하지 않을 때 느끼는 죄책감 때문에 열심히 공부하는 경우가 해당된다.

④ 동일시된 조절(확인된 조절, identified regulation)

스스로 가치가 있다고 판단한 목표나 중요성에 기초하여 선택하고 행동하는 동기이다. 자기결정적인 요소가 있음에도 외재적 동기로 보는 이유는 그것 자체에 대한 기쁨이나 자기만족보다 어떤 목적을 달성하기 위해 행하기 때문이다(김아영, 오순애, 2001). 예를 들면, 학습내용에 대해 알고 싶어서, 진로에 중요하다고 생각해서 등 행동의 개인적 중요성이나 자신이 설정한 목표를 달성하기 위해 과제를 수행한다.

⑤ 통합된 조절(integrated regulation)

동일시된 조절이 자신의 정체성, 가치, 욕구 등과 조화롭게 통합될 때 발생하는 동기로, 외재적 동기 중 가장 자기결정적이다. 통합된 조절은 강요된 것이 아니라 내면화의 자연스러운 결과이기 때문에 자기반성적 사고가 가능한 청소년기 이후에 획득할 가능성이 있다(Ryan & Deci, 2000). 다시 말해 통합된 조절은 자신의 정체성과 가치에 부합하기 때문에 과제를 수행하는 것으로 과제 자체에 내재한 즐거움의 수준은 아니기 때문에 외재적 동기로 간주한다. 예를 들면, 공부는 나에게 가치 있는 일이고, 사회에 기여하는 사람이 되고자 공부하는 경우가 해당된다.

⑥ 내재적 동기(intrinsic motivation)

내적 즐거움 혹은 재미를 위해 행동하는 수준으로 가장 자기결정적인 동기이다. 이 수준의 학습자는 학습활동을 하면서 얻는 만족이나 즐거움, 재미 등을 위해 과제를 수행한다. 따라서 이들은 도전적인 과제를 선호하고 호기심 때문에 과제를 수행하기도 하고, 과제 수행의 결과는 자신의 내적 기준에 의해 판단하는 경향이 있다.

학습동기 증진하기

내가 세운 목표, 학습결과의 원인, 나의 욕구와 감정들이 동기와 어떻게 연계가 되는지 알아보고, 학습동기를 높이는 활동을 실천해보도록 한다.

1) 학습동기와 목표(참고: 7장 목표설정, 시간관리전략)

목표는 어떤 행동을 하는 의도나 이유가 된다. 학습에서 목표는 학생이 학습활동에 참여하기 위한 동기이고, 학습활동에서 인지, 정서, 행동에 다양한 영향을 미친다(Elliot & Murayama, 2008). 2×2 성취목표 모델에서 목표는 목표지향성에 따라 숙달목표(mastery goal)와 수행목표(performance goal)로 나눌 수 있고, 목표에 따른 접근과 회피성향을 반영하여 아래 표와 같이 분류할 수 있다.

	개인내적기준에 따른 숙달	규준에 따른 수행
Positive(성공접근)	숙달접근목표	수행접근목표
Negative(실패회피)	숙달회피목표	수행회피목표

숙달목표는 학습과제 자체를 익혀서 자신의 유능성을 높이고 도전적인 과제를 성취하는 반면, 수행목표는 자신과 타인을 비교하여 그 유능성을 평가하는 데 주안점을 두는 목표지향성이다. 성공에 대한 접근은 유능하다는 긍정적 평가를, 실패에 대한 회피는 무능하다는 부정적 평가를 피하는 데 주안점을 둔다. 각 목표의 예시는 다음과 같다.

① **숙달접근목표**: 첼로에 대해 더 잘 알고 싶고, 첼로를 잘 다루기 위해 연습한다.
② **숙달회피목표**: 감을 잃지 않을 정도로만 첼로 연습을 한다.
③ **수행접근목표**: 다른 친구들보다 더 높은 실기점수를 받기 위해 첼로 연습을 한다.
④ **수행회피목표**: 다른 친구들 앞에서 창피당하고 싶지 않아 첼로 연습을 한다.

숙달목표는 선호하는 학생들은 어려움에도 불구하고 끈기 있게 목표를 달성하고, 효능감이 높다. 숙달목표는 학업성취에 긍정적인 영향을 미치는 긍정적인 성취목표이고(Elliot, McGregor, & Gable, 1999), 이는 수업 이후에도 학습에 지속적인 관심과 노력을 기울이도록 하여 동기를 높이는 역할을 한다.

활동 1. 나의 학습경험 돌아보기(p.129)

2) 학습동기와 욕구

쉬는 시간 학생들은 간식을 먹기도 하고 화장실을 다녀오기도 하며 미처 마무리하지 못한 과제를 하기 위해 고군분투할 수 있다. 같은 시간에도 학생들 각각은 자신이 원하는 욕구를 충족하기 위해 쉬는 시간을 쓴다. 매슬로 (1943)는 '무엇이 행동하도록 동기부여하는가'라는 질문에 대한 답으로 욕구

(needs)를 언급하며, 5단계의 욕구수준을 처음으로 제안하였다. 또한, 자아실현(self actualization)이라는 개념을 통해 인간의 잠재성과 그 발현에 관한 탐색과 연구를 이어갔다.

매슬로(Maslow) 욕구수준은 결핍욕구(deficiency need)와 성장욕구(growth need)로 크게 나눌 수 있다. 결핍의 욕구는 부족한 것을 충족하려는 욕구이고, 성장의 욕구는 현재 상태보다 더 나은 상태로 성장하고 잠재력을 최고로 발현시키기 위한 욕구이다. 매슬로의 마지막 연구에서는 위계적인 개념을 넘어서 자아실현 이상의 욕구로 초월(transcendence)을 언급하기도 했다(Maslow, 1987).

〈그림 6-2〉 매슬로의 욕구위계

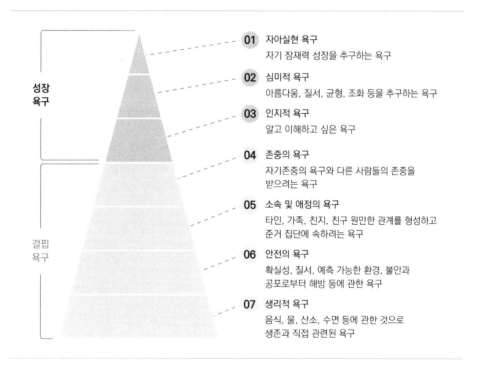

활동 2. 나의 욕구 사다리(p.130)

매슬로의 욕구위계에서 결핍의 욕구는 하위단계의 욕구가 충족될 때 상위욕구가 생기므로, 자신의 욕구를 돌아보고 결핍의 욕구를 충족하도록 노력해야 한다. 반면 성장의 욕구는 완전한 충족이 어렵고, 경험을 통해 꾸준히 확장되고 증가하는 특성을 가지고 있다. 따라서 성장의 욕구를 통해 자신의 잠재력을 끌어올리면서 학습동기를 증진할 수 있다.

3) 학습동기와 귀인

대학생에게 학점은 장학금이나 앞으로 취업에 중요한 영향을 미치기 때문에 중요한 관심사이다. 학생들은 왜 이런 학점이 나왔는지에 대해 물으면 '행운, 어려운 과제, 나의 탁월한 능력, 노력, 상황' 등과 같이 다양한 응답을 한다. 이렇게 학습결과의 대한 원인에 대해 설명하는 것을 귀인이라고 한다. 귀인의 사전적인 의미는 '돌아갈 귀(歸)'와 '원인 인(因)'으로 성공이나 실패의 원인을 찾는 방식을 말한다. 귀인(attribution)은 학습 결과의 원인에 대한 학습자의 믿음이 어떻게 학습동기에 영향을 미치는지에 대한 인지이론이다(Weiner, 1986). 와이너(Weiner)는 사람들이 자신의 실패나 성공의 원인으로 가장 많이 귀인하는 능력, 노력, 운, 과제의 난이도라는 네 가지 요소를 설정했다. 이와 같은 귀인들은 원인의 소재, 안정성, 통제 가능성이라는 3가지 차원의 모형을 기준으로 분류된다.

〈표 6-1〉 귀인과 각 차원과의 관계

원인 ＼ 귀인차원	원인의 소재	안정성	통제가능성
능력	내적	안정적	통제불가능
노력	내적	불안정적	통제가능
과제난이도	외적	안정적	통제불가능
운	외적	불안정적	통제불가능

귀인요소: 노력, 능력, 과제난이도, 운

학생은 좋은 점수 혹은 기대에 못 미치는 점수를 얻었을 때, 그 원인을 능력, 노력, 과제난이도, 운 등으로 돌릴 수 있다.

① 능력: 난 원래 똑똑하고 머리가 좋으니까 100점 맞았지.

② 노력: 수업시간에도 집중하고, 예습과 복습을 열심히 했더니 점수가 잘 나왔네.

③ 과제난이도: 이번에는 선생님이 낸 문제가 많이 쉬워서 점수가 잘 나왔어.

④ 운: 찍었는데 운이 좋아서 다 맞았네.

귀인차원: 원인의 소재, 안정성, 통제가능성

① 원인의 소재(locus of control)

학업의 결과에 대한 성공이나 실패에 대한 책임을 자신의 내적인 요인에 두는지 외적인 요인에 두는지에 대한 것이다. 공모전이나 시험의 결과에 대한 책임을 뛰어난 과제 몰입이나 최선을 다한 성실함 등과 같이 능력이나 노력으로 돌리면 이는 내적 요인이다. 이러한 귀인은 성공하면 무엇이든 할 수 있다는 유능감과 자기존중감이 증가하고 동기가 증진되지만, 실패하면 수치감이나 죄책감 등의 부정적 정서가 증가한다. 이와 달리, 공모전이 운 좋게 친숙한 주제가 선정되거나 실기시험의 어려움 등과 같이 운이나 과제의 난이도로 책임을 돌리면 이는 외적 요인이다. 어떠한 결과에 대한 책임을 과제의 난이도 혹은 운으로 돌리면 이는 외적 요인으로 볼 수 있다. 이러한 귀인은 바람직하지 않은 귀인으로 모두 과제에 대한 노력이 감소하고, 실패할 경우에는 무능감과 좌절감에 빠지게 된다.

② 안정성(stability)

귀인 요소는 시간이 지남에 따라 변하지 않고 안정적이거나 혹은 상황이나 과제에 따라 변화하는지에 따라 안정과 불안정으로 분류할 수 있다. 노력은 자신의 의지에 따라 노력을 기울일 수 있기 때문에 불안정적 요소이고, 운은 미래에 대해 일관된 예측이 어렵기 때문에 불안정적이다. 반면에 능력은 그 수준을 수시로 바꾸기 어렵기 때문에 비교적 고정적이라고 보는 안정적 요인이다. 따라서 자신의 능력이나 시험의 난이도와 같은 안정적 요인에 귀인하면, 미래에 비슷한 과제에서도 같은 결과를 기대할 것이다. 반면 노력과 같은 변화할 가능성이 있는 귀인 요소는 자신의 노력 여하에 따라 변화하는 결과를 기대할 수 있다.

③ 통제가능성(controllability)

원인의 귀속이 자신의 의지나 노력 등에 의해 통제되거나 그렇지 않음에 따라 통제가능과 통제불가능으로 분류할 수 있다. 통제가능성은 행동의 원인이 자신의 노력과 밀접하게 관련되어 있다고 보기 때문에 자신감 및 미래에 대한 기대와 관련된다. 자신의 성공 경험을 통제가능한 요인으로 귀인하면 긍정적 정서를 느끼면서, 추후에도 비슷한 결과를 기대할 수 있다. 하지만 통제불가능한 요인으로 귀인하면 자신의 노력에 상관없이 통제가 불가능하다고 인식할 수 있기 때문에, 막연한 기대만 하거나 학습 동기 유발이 어려울 수 있다.

활동 1. 나의 학습경험 돌아보기(p.129)

와이너의 귀인이론을 통해 자신의 귀인을 점검하고 부적응적인 귀인을 적응적 귀인으로 바꾸면 학습동기를 증진할 수 있다. 특히 귀인은 과제 몰입도, 학습기술의 사용 수준, 자기효능감을 높이기 위해 성취에 대해 노력 귀인을 하는 것이 좋다. 과제에 어려움을 느끼는 학생이나 저성취학생들은 노력귀인을 하고, 학습능력이 향상되면 능력귀인을 하는 것이 동기를 증진하는 데 더 좋다(Schunk, 1984).

4) 학습동기를 위한 정서조절

학생들에게 학습에서 가장 중요한 것이 무엇이냐 물으면 보통은 지적수준이나 학습전략에 대한 부분 등을 주로 언급한다. 정서는 학습을 하는 데 부차적인 것으로 간주되는 경우가 많다. 하지만 중간고사 기간에 전공 프로젝트팀과 큰 다툼이 일어났다면, 아무 일 없는 듯이 도서관에 가서 공부를 하기는 어려울 것이다. 최근의 신경과학자들은 인지와 정서가 분리된 것이 아니고, 정서와 사고가 모두 연결되어 있다고 본다.

학습에서 정서의 역할은 행동의 안내자, 정보처리 과정의 촉진자, 인지−동기−행동의 매개자 역할 등 크게 세 가지로 살펴볼 수 있다(김민성, 2009).

① 행동에 대한 안내자의 역할

학생들은 팀 구성원의 칭찬에 주도적으로 학습에 참여하기도 하고, 전체적인 수정을 요하는 교수자의 피드백에 답답함을 느끼며 과제의 방향을 수정하기도 한다. 이렇듯 정서는 학습동기를 높이기도 하고, 우선순위를 두고 행동하도록 돕는다(Jensen, 2000). 기대나 무력감 같은 정서는 학습자가 인지적 평가의 내용을 의미 있게 받아들이고, 어떠한 행동을 할 것인지에 대한 동기와 선택에 영향을 미친다(Efklides & Petkaki, 2005). 예를 들어, 학습자는 팀 프로젝트에서 어려운 상황이 마무리되었다고 판단할 때 안도감을 느끼고, 이러한 안도감은 인지적 판단과 함께 휴식을 취해도 괜찮다는 정보를 느낌과 감정의 형태로 학습자에게 안내한다. 이와 달리, 학습 과정에서 느끼는 분노나 수치감은 구체적인 문제에 집착하게 만들 수 있고, 외재적 동기에 더욱 의존하게 한다(Pekrun et al., 2002). 학습과정 중 일부 부정적 정서는 일시적 학습 중지이나 중단을 불러올 수 있지만, 자신의 감정을 추스르고 다시 학습과정에 참여하도록 하는 개인 상태에 대한 정보를 제공한다.

② 정보처리 과정의 촉진자 역할

학습에 있어 긍정적 정서는 총체적이고 직관적인 문제해결과정을 촉진시키는 데 반해, 부정적인 정서는 분석적이고 세부적이며 절차적인 유형의 정보를 더 향상시킨다. 예를 들어, 학업성과에 대한 행복감을 느낀 학생은 정보를 회상할 때 전반적인 내용을 더 잘 기억하였고, 이에 반해 분노를 느낀 학생은 이야기의 목표와 관련된 정보를, 슬픔을 느낀 학생은 이야기의 결과와 관련된 내용을 더 잘 기억했다(Levine & Burgess, 1997). 또한 부정적인 기분은 부정적인 사건이나 경험을 우선적으로 떠오르게 하고 세밀한 정보에 주의를 기울이며 절차화되어 있는 방식으로 사고하도록 이끄는 반면에, 긍정적인 정서가 유도된 경우에 개인은 처리해야 할 정보를 전체적인 관점에서 직관적이고 창의적으로 바라보는 경향이 있었다(Bower, 1981).

③ 인지-동기-행동의 매개자 역할

정서는 행동이나 인지적 기능에 직접적인 영향뿐만 아니라 인지 – 동기 – 행동을 매개하는 통합적인 기능을 하기도 한다. 정서는 과잉정당화 효과를 매개하는 요인이 되기도 하는데, 과잉정당화 효과(overjustification effect)는 상금이나 선물 같은 외재적 보상에 대한 기대로 학습과제의 내재적 동기가 감소하는 현상을 의미한다(Pretty & Seligman, 1984). 다시 말해 학습자가 학습에서 긍정적 정서가 유발된 상태라면, 학습과제에 대한 외재적 보상이 주어지는 경우라도 내재적인 동기가 감소하지 않는 것이다. 더불어 긍정적 정서를 가진 학습자는 학습과제에 대한 흥미가 높았고, 학습 과정에 더 노력하겠다는 의지를 보였다. 긍정적 정서는 실제 학기 말로 갈수록 투자한 노력의 양이 높아지는 경향이 있었다(Volet, 1997).

활동 3. 내가 이루고 싶은 BIG3(p.131)

학습자는 학습활동 전 과정에서 다양한 학습정서를 경험한다. 이러한 정서를 잘 조절하면 학습의 효과는 극대화되고 학업적 성공으로 이어진다. 학습자는 자신의 정서를 정확하게 파악하고 높은 자신감과 자기효능감을 유지함으로써 학습동기를 높일 수 있다. 다만, 스스로 제어하기 어려운 정서적인 어려움이 발생할 경우, 대학 내 상담센터 및 전문 상담기관을 활용하여 자신의 정서를 관리할 필요가 있다.

활동 1 나의 학습경험 돌아보기

지금까지 시도했던 자신의 도전들을 떠올려보고 그중 기억에 남는 성
공경험과 실패경험을 적어보세요. 오늘 배운 목표와 연계하여 나는
당시에 어떤 목표를 세웠는지, 귀인과 연계하여 그 이유는 무엇이었
는지 생각해보세요. 또한 성공에 중요한 요소이지만 자신이 가지고
있지 않은 것들을 생각해 보세요.

■ 나의 성공경험 BEST 3	이유
1.	
2.	
3.	

■ 나의 실패경험 BEST 3	이유
1.	
2.	
3.	

■ 지금 내가 가지고 있지 않지만, 꼭 가지고 싶은 능력이나 갖추고 싶은 여건

예) 자신감, 암기력, 체력, 재력, 여유, 외국어 능력, 폭넓은 인간관계 등

매슬로의 욕구이론과 연계하여 자신은 어느 정도 욕구 수준인지 생각해 보세요. 욕구 사다리의 시작부터 차근차근 자신의 욕구가 충족되었는지 혹은 충족되지 않았다면 그 이유가 무엇인지 써 보세요.

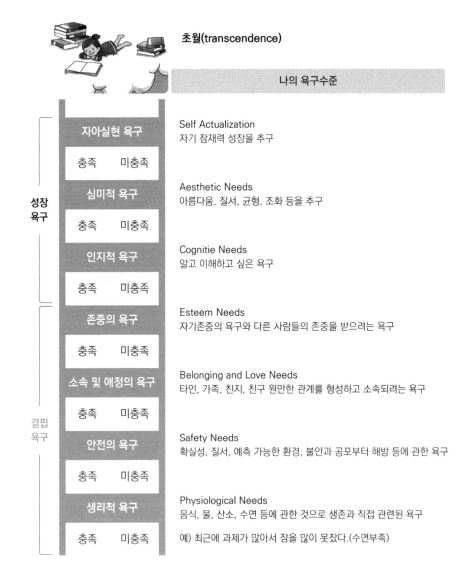

초월(transcendence)

나의 욕구수준

성장 욕구	자아실현 욕구	Self Actualization 자기 잠재력 성장을 추구
	충족　　미충족	
	심미적 욕구	Aesthetic Needs 아름다움, 질서, 균형, 조화 등을 추구
	충족　　미충족	
	인지적 욕구	Cognitie Needs 알고 이해하고 싶은 욕구
	충족　　미충족	
결핍 욕구	존중의 욕구	Esteem Needs 자기존중의 욕구와 다른 사람들의 존중을 받으려는 욕구
	충족　　미충족	
	소속 및 애정의 욕구	Belonging and Love Needs 타인, 가족, 친지, 친구 원만한 관계를 형성하고 소속되려는 욕구
	충족　　미충족	
	안전의 욕구	Safety Needs 확실성, 질서, 예측 가능한 환경, 불안과 공포부터 해방 등에 관한 욕구
	충족　　미충족	
	생리적 욕구	Physiological Needs 음식, 물, 산소, 수면 등에 관한 것으로 생존과 직접 관련된 욕구
	충족　　미충족	예) 최근에 과제가 많아서 잠을 많이 못잤다.(수면부족)

 활동 3 내가 이루고 싶은 BIG3

대학생활 혹은 특정기간 동안 자신이 정말 하고 싶은 일들을 10가지 이상 적어보고, 그중에서 꼭 하고 싶은 3가지를 골라보세요. 이 3가지 해 보고 싶은 일을 성취했다고 상상했을 때, 어떤 감정이 들 것 같은지 그리고 그 이유는 무엇인지 써 보세요.

BIG1   예) 자격증 취득, 배낭여행가기 등
위 목표를 성취했다고 가정하고, 느껴지는 감정을 써 보세요.
그런 감정이 드는 이유를 구체적으로 써 보세요.

BIG2
위 목표를 성취했다고 가정하고, 느껴지는 감정을 써 보세요.
그런 감정이 드는 이유를 구체적으로 써 보세요.

BIG3
위 목표를 성취했다고 가정하고, 느껴지는 감정을 써 보세요.
그런 감정이 드는 이유를 구체적으로 써 보세요.

참고문헌

김민성(2009). 학습상황에서 정서의 존재: 학습정서의 원천과 역할. **아시아교육연구. 10**(1), 73-98.

김아영(2014). 미래 교육의 핵심역량: 자기 주도성. **교육심리연구, 28**(4), 593-617.

김아영, 오순애(2001). 자기 결정성 정도에 따른 동기유형의 분류. **교육심리연구. 15**(4), 97-199.

김춘경, 이수연, 이윤주, 정종진, 최웅용(2016). **상담학 사전**. 서울: 학지사.

신현숙, 오선아, 류정희, 김선미(2020). **교육심리학:이론과 실제**. 서울: 학지사.

조용개, 손연아, 이석열, 이은화, 이희원, 장상필(2017). **대학생을 위한 학습전략 포트폴리오**. 서울: 학지사.

Bower, G. H. (1981). Mood and memory. *American Psychologist, 36,* 123-148.

Covington, M. V. (2000). Goal theory, motivation, and school achievement: an integrative review. *Annual Review of Psychology, 51,* 171-200.

Deci, E. L. (1980). *The psychology of self-determination.* Lexington, MA: Hearth.

Efklides, A., & Petkaki, C. (2005). Effects of mood on students'metacognitive experiences. *Learning and Instruction, 15,* 415-431.

Elliot, A. J., McGregor, H. A., & Gable, S. (1999). Achievement goals, study strategies, and exam performance: a mediational analysis. *Journal of educational psychology, 91*(3), 549-563.

Elliot, A. J., & Murayama, K. (2008). On the measurement of achievement goals: Critique, illustration, and application. *Journal of educational psychology, 100*(3), 613-628.

Elliot, A. J., Murayama, K., & Pekrun, R. (2011). A 3 X 2 Achievement Goal Model. *Journal of Educational Psychology, 103*(3), 632-648.

Jensen, E. (2000). *Brain-based learning: The new science of teaching & training.* San Diego, CA: The Brain Store

Levine, L. j., & Burgess, S. L. (1997). Beyond general arousal: Effects of specific emotions on memory. *Social Cognition, 15*(3), 157-181.

Maehr, M. L., & Meyer, H. A. (1997). Understanding motivation and schooling: Where we've been, where we are, and where we need to go. *Educational psychology review, 9*(4), 371－409.

Maslow, A. H. (1987). *Motivation and Personality* (3rd ed). Harper & Row Publishers.

Maslow, A. H. (1943). Preface to motivation theory. *Psychosomatic medicine. 5,* 85－92.

OECD. (2018). The Future of Education and Skills: Education 2030. OECD.

Pekrun, R., Goetz, T., Titz, W., & Perry, R. P. (2002). Academic emotions in students'self－regulated learning and achievement: A program of qualitative and quantitative research. *Educational Psychologist, 37*(2), 91－105.

Pretty, G. H., & & Seligman, G. (1984). Affect and overjustification effect. *Journal of Personality and Social Psychology, 46*(6), 1241－1253.

Ryan, R. M. (1995). Psychological needs and the facilitation of integrative processes. *Journal of personality, 63,* 397－427.

Ryan, R. M., & Deci, E. L. (2000). Self－determination theory and the facilitation of intrinsic motivation, social development, and well－being. *American Psychologist, 55,* 68－78.

Schunk, D. H., Printrich, P. R., & Meece, J. L. (2013). **학습동기: 이론, 연구 그리고 지원** [*Motivation in education: Theory, research, and applications.*]. (서울대학교 인지학습연구회 역). 서울: 학지사. (원전은 2008년에 출판)

Schunk, D. H. (1984). Sequential attributional feedback and children's achievement behaviors. *Journal of educational psychology, 76*(6), 1159－1169.

Seligman, M. E. P. (1975). *A helplessness: On depression development and death.* New York: freeman.

Volet, S. E. (1997). Cognitive and affective variables in academic learning: The significance of direction and effort in students' goals. *Learning and instruction, 7*(3), 235－254.

Weiner, B. (1986). *Attribution, emotion, and action.* In R. M. Sorrentino & E. T. Higgins (Eds.), Handbook of motivation and cognition: Foundations of social behavior (pp. 281-312). Guilford Press.

어세스타 스쿨 – 공부의 첫 걸음은 학습 동기부터 시작입니다
https://www.youtube.com/watch?v=sVOgJ2pZFIc

EBS특집다큐멘터리 – 동기 2부, 동기없는 아이는 없다
https://www.youtube.com/watch?v=gwMq9lHJQpU&t=875s

EBS 스페셜 프로젝트 – 체인지 스터디 3부 – 보상으로 학습동기 자극하기
https://www.youtube.com/watch?v=cyiz8QG15iU

JTBC 말하는대로 – "하고 싶은 걸 하세요." 대기업을 관두고 맨땅에 헤딩을 하다
https://www.youtube.com/watch?v=6Elm2mChF0s

목표설정,
시간관리전략

목표설정

1) 나의 꿈, 목표의 필요성

우리는 각자 자신의 삶에 대한 목표를 가지고 있다. 생애 목표는 한 개인이 자신의 삶에서 가치 있게 여기고 평생 추구하고자 하는 목표로 삶의 방식과 방향을 결정한다. 목표를 설정한 사람은 목표달성을 위해 행동을 조직화하고, 외부의 강화가 없어도 오랜기간 동안 행동이 지속될 수 있도록 노력한다(Lent, Brown, & Hackett 1994). 즉 개인이 주도적으로 행동에 동기를 부여한다. 이러한 이유로 어떻게 목표를 설정하느냐는 개인이 목표달성을 위해 얼마만큼 노력할지에 영향을 미친다. 목표는 개인의 행동을 조절하는 요인으로, 개인에게 행동 지표를 제공하여 개인이 목표를 달성하기 위한 노력을 기울이고 지속하는 전략을 개발하도록 동기를 부여한다(Locke & Latham, 2002).

목표가 이처럼 중요하지만 실제 많은 사람들이 목표가 없다고 말하기도 하고, 대략적인 목표가 있어도 실제로 글로 작성해 본 적은 없는 경우가 많다. '인생은 속도가 아니라 방향이다.'라는 격언처럼 우리의 인생을 어디로 향하게 할지를 결정하는 데 있어 꿈과 목표는 중요하다. 앞으로 나의 삶이 어떤 방향으로 나아가면 좋을지를 결정하면, 향후 30년, 20년 뒤의 나를 위해 오늘의 내가 어떤 일을 해야 할지 알 수 있게 된다. 예를 들어 10년 뒤에 이루고 싶은 목표를 정하면, 그 목표를 달성하기 위해 1년 뒤의 자신이 무엇을 이루어야 하는지를 정할 수 있다. 이어 1년 뒤의 목표를 달성하기 위해 한 달 뒤의 자신이 무엇을 이루어야 하는지, 한 달 뒤의 목표를 달성하기 위해 1주 뒤의 자신이 무엇을 이루어야 하는지, 1주 뒤의 목표를 달성하기 위해 오늘 자신이 무엇을 해야 하는지를 알게 된다(한재우, 2018).

2) 균형있는 삶의 목표를 세우자

만 19－29세 우리나라 대학생들이 향후 5년 동안 추구하려는 미래목표를 조사하였다. 취업 관련 목표의 빈도가 가장 높았고(68.9%), 경제적 부 관련 목표가 두 번째로 많았으며(10.2%), 교육 관련 목표는 세 번째로 많았고(9.0%), 그 다음 7개 범주(자기, 주택, 가족, 여행, 여가활동, 건강, 인간관계)의 빈도는 낮았다 (신현숙, 2021). 주로 목표설정이 어떤 직업을 가질 것인가에 치중되어 있음을 알 수 있다.

우리는 삶을 살아가면서 특정한 시기나 처한 환경에 따라 다른 역할을 경험한다. Super(1980)는 일반적으로 개인의 삶에서 중요하게 다루어지는 여섯 가지 주요 생애역할을 자녀, 학생, 여가활동인, 시민, 직업인, 부모/배우자/주부로 설명하였다. 각 역할의 비중은 개인의 생애에 따라 변화한다. 개인은 종종 여러 가지 역할을 동시에 수행해야 하는데, 생애 단계와 연령에 따라 역할 수행에 소요되는 시간과 노력의 양은 다양하다. 어떤 역할은 특정 연령대에서 다른 역할보다 더 중요하다. 어떤 경우 개인은 역할 간에 갈등을 겪게 되고, 이로 인해 진로 문제가 발생할 수 있다. 이렇듯 우리의 삶은 여러 역할로 구성되어 있다. 그러므로 인생을 계획하는 것은 직업을 계획하는 것에만 국한되지 않는다. 일, 운동, 종교, 친구, 연예, 여행이나 취미 등 우리의 삶을 이루고 있는 여러 요소를 계획하는 일이다.

인생목표를 건강, 비즈니스, 경제, 가정, 사회, 인격, 학습, 유희로 나누어 세우기도 한다. 건강의 경우 건강에 문제가 있는 사람은 치유에 관해서 건강한 사람이라면 현재 상태를 유지하고 더 좋아지기 위해 무엇을 할까를 생각한다. 비즈니스 영역에는 비즈니스와 관련된 꿈, 희망, 목표를 계획한다. 경제는 개인적인 측면에서 보면 자산 구축하기, 적금 붓기, 대출 갚기 등이다. 가정 영역은 어떤 가정을 꾸릴 것인가에 해당된다. 부모님께 안부 전하기, 가족여행 등이 여기에 해당된다. 사회 영역은 친구 만들기, 동아리 활동하기, 인맥 만들기 등 어떤 인간관계를 맺을 것인가와 관련된 계획이다. 인격 영역은 내가 더 나은 사람이 되기 위해서 어떤 부분을 노력할지에 대한 목표이다. 시간 준수하기, 약속 지키기, 미소 짓기 등이 그 예이다. 학습 영역은 평생학습 시대에서 계속해서 배우고자 하는 내용을 기입하는 것이며, 유희는 여가활동, 취미와 관련된 목표를 말한다(마츠무라 야스오, 2018). 삶의 균형을 맞추기 위해서는 위와 같은 내 삶의 여러 영역에 대해 고민해보고 균형 있는 목표를 설정하는 것이 중요하다.

활동 1. 목표달성을 위한 로드맵(p.153)

3) 성취가능성을 높이는 목표설정

목표의 내용에는 두 가지 주요 차원이 존재하는데, 구체성(specificity)과 난이도(difficulty)이다. 먼저, 목표는 측정 가능하고, 점검 가능하고, 이해되는 기준을 제공하기 위해 구체적이어야 한다(Ruth, 1996). 구체적이고 난이도가 있는 목표를 설정했을 때 "최선을 다하자"와 같은 모호한 목표를 설정했을 때보다 높은 수행을 보였다(Locke & Latham, 1990, 2002).

난이도는 획득될 수행수준으로서, 난이도가 높은 목표는 성취하기에 어려울 수 있으나 도전적인 목표이다(Ruth, 1996). 목표가 어렵고 도전적일수록 쉬운 목표보다 더 많은 노력을 요구하기 때문에 수행수준이 높았고, 동기를 부여하고, 성취를 증가시킨다. 학습자가 달성해야 할 목표가 학습자의 능력에 맞거나 혹은 그 이상일 때 학습자는 더욱 열심히 공부했다. 하지만 쉬운 목표를 세웠을 때에는 수행이 감소했다(Locke et al., 1981 등).

즉 목표는 단순히 열심히 하라는 애매하고 적당한 난이도의 목표보다는 구체적이고 어려운 목표일수록 더 높은 성취행동을 유발할 수 있다. 사람들은 목표를 달성하면 만족감을 느끼게 되고, 목표달성을 실패하면 불만족감을 느끼기 때문에 목표를 잘 설정할수록 목표달성을 위해 노력을 하게 된다(Locke & Latham, 2002).

💬 읽을거리

행동변화를 위한 목표와 계획 세우기

① 간단한(simple) 계획을 세워라.
- 누구도 아니고 바로 내가 쉽게 할 수 있는 행동을 계획하자.
- 어떤 것을 하지 않겠다고 하는 계획은 도움이 되지 않는다. 어떤 것을 하겠다는 계획을 세우자.

② 실현 가능한(attainable) 계획을 세워라.
- 언제, 어디서, 무엇을, 어떻게 할 것인지가 나타나게 계획하자.

③ 측정 가능한(measurable) 계획을 세워라.
- 실천하는 정도를 점수나 숫자로 표시할 수 있는 계획을 세우자.

④ 즉시 시행할 수 있는(immediate) 계획을 세워라.
- 지금 당장 할 수 있고 자주 되풀이할 수 있는 것을 계획하자.

⑤ 자신의 힘으로 할 수 있는(controled by the planner) 계획을 세워라.
- 다른 사람이 하는 것이 아니라 정말로 자신이 할 수 있는 것을 계획하자.

출처: 허일범, 이수진(2011).

목표를 정한 후엔 그 목표에 대해 노력을 유지하려는 결심이 필요하다. 이를 목표전념이라고 일컫는데, 목표전념이란 목표를 성취하기 위해 개인이 얼마나 노력하는지, 열정적인지, 의지적인지를 말한다(Locke et al., 1981). 목표전념은 선택한 목표에 집중하고, 목표를 중요하고 의미 있다고 생각하고, 목표를 달성하기 위해 결심하며, 실패 상황에서도 노력을 유지하려는 정도를 나타낸다. 목표가 구체적일수록 목표에 전념하게 되며, 계속해서 높은 수행이 이루어진다(Wright & Kacmar, 1994). 즉 목표를 설정했다고 해서 수행의 결과가 자동적으로 얻어지는 것은 아니다. 목표설정 후 노력을 지속하고 동기를 유발할 수 있는 다양한 전략들이 목표전념에 영향을 미칠 것이다(6장 참고).

활동 2. 목표의 구체화(p.154)

💬 읽을거리

목표를 세우면 도파민이 증가한다

사람들은 대개 학위 취득이나 승진처럼 장기적이고, 의미 있으며 자신이 성취할 수 있다고 여기는 목표를 이루려 노력할 때 능력을 발휘한다. 그것은 장기목표를 달성했을 때뿐 아니라 성취에 점점 가까이 다가가는 모든 단계에서 도파민이 분비되기 때문이다. 또한 목표를 세우면 전전두피질이 더욱 효율적으로 행동을 조직할 수 있다. 그리고 목표를 세우는 일이 목표를 이루는 것보다 행복에 더 영향을 미친다(MacLeod, Coates, & Hetherton, 2008).

출처: 앨릭스 코브(2018).

시간관리전략

시간은 인간과 떨어져서 독립적으로 사용될 수 없기 때문에 인적자원을 구성하는 하나의 요소이다. 시간의 양은 모든 인간에게 동일하고, 따로 모을 수도 돌이킬 수도 없고, 시간은 기다려주지 않는다. 모두에게 동일한 양의 시간은 개인의 관리 능력에 따라 가치가 달라지며, 시간을 어떻게 사용하느냐는 다른 자원의 사용에 영향을 미치게 된다. 이러한 이유로 시간을 어떻게 관리하느냐는 삶의 질을 결정하는 중요한 요소이다. 학업에 있어서도 마찬가지로 성적우수 대학생들의 자기주도학습역량을 탐색한 연구(성은모, 최효선, 2016)에서 성적우수 학습자는 학업을 지속적으로 수행할 수 있도록 효과적인 학습수행관리전략을 활용하고 있었는데 그중 하나가 시간관리전략이었다.

시간관리는 "목표를 성취하기 위해 자신이 생각하기에 효율적인 방식으로 시간을 사용하는 자기 통제된 시도(Koch & Kleinmann, 2002)" 혹은 "특정한 목적지향 활동을 수행하는 동안 시간을 효율적으로 사용하는 것(Claessens et al., 2007)"으로 정의된다. 시간관리란 좁은 의미에서 비효율적인 요인을 제거하는 면도 있지만 보다 적극적인 의미에서 보면 알맞은 시간에 알맞은 일을 하는 것, 일과 여가에 적절하게 시간을 분배하는 것, 바람직한 목표를 달성하기 위해 계획된 절차를 수행하는 것, 시간을 효율적으로 이용하는 것, 더 나아가 삶의 전반적인 면을 관리하고 통제하는 것이다(김동일·박경애·김택호, 1995).

시간관리의 주요 구성 요소에 대한 합의는 없지만 일반적으로 시간관리는 목표설정 및 우선 순위 정하기, 장단기 계획, 요구 시간 추정하기, 시간 사용 모니터링, 어떻게 시간이 사용되는지를 세밀하게 구조화하거나 할당하는 것 등을 의미한다. 효과적인 시간관리는 변화하는 상황에서도 가치 있는 목표를 추구하는 데 도움이 되는 방식으로 시간을 효율적으로 사용하고 할 일을 미루거나 시간을 잘못 사용하는 것을 방지하는 개인의 능력이다(Claessen et al. 2007, Strunk et al. 2013). 시간관리를 잘하고 있다는 것을 보여주는 전략적 행동에는 플래너 사용하기, 일일계획 지키기, 할 일 목록 작성하기, 시간 사용 일기 작성하기, 알림 메모 작성하기, 마감 시간 설정하기, 시간 낭비 줄이기, 산만함을 줄이는 작업 공간 정리 등이 포함된다(Bond & Feather, 1988). 일반적으로 시간관리 문제는 잘 설계된 프로그램이나 상황에 맞는 지원을 통해 개선할 수 있다(Zimmerman et al. 1994).

1) 사용시간 기록을 통한 시간 활용 상태 파악

자기관찰은 자신이 선택한 행동과 습관을 스스로 자각하게 함으로써 행동변화를 증진시킨다. 이러한 자각을 통해 우리는 문제에 대해 보다 구체적인 정보를 얻을 수 있고 자신의 모습을 객관적으로 볼 수 있다. 자기관찰은 자신의 행동을 관찰하고 관찰된 행동을 기록하는 것이다(정순례, 양미진, 손재환, 2020). 자신의 시간 사용 내역을 기록하는 것은 일종의 자기관찰이다. 귀찮더라도 일주일 정도를 계속해서 기록해야 자신의 시간 사용 패턴을 어느 정도 알 수 있다. 기록한 뒤에는 시간을 사용 분야별로 구분하여 합계를 내어 본다. 이렇게 하면 자신이 어느 곳에 어느 정도의 시간을 사용하고 있는지 파악할 수 있다.

시간을 갖고 자신의 행동을 검토해 본 뒤 구체적으로 시간을 기록하다 보면, 어떻게 시간을 낭비했는지에 대해서도 알게 된다. 사람들은 습관적으로 일하고 동일한 방법으로 반복해서 시간을 낭비하는 경향이 있다. 자신이 어떻게 시간을 낭비하고 있는지를 파악하게 되면 다음번에 그와 같은 행동을 할 때 스스로 개선할 수 있는 가능성이 높아진다. 사용시간을 기록할 때는 큰 활동을 먼저 적고, 큰 활동들 사이에 이루어지는 작은 활동들을 떠올려보자.

활동 3. 사용시간 기록하기(p.155-156)

2) 우선순위 정하기

할 일에 비하여 시간이 충분하다면 고민할 필요가 없겠지만, 대개의 경우 할 일에 비하여 시간이 충분하지 않은 것이 현실이다. 따라서 해야 할 일에 대해 순위를 매기는 것은 중요하다. 우선순위를 매기지 않고 생활하다 보면 중요한 것이 미뤄지게 되기 때문이다. 우선순위를 결정하는 데는 긴급성과 중요성이라는 두 가지 기준이 적용된다. 긴급한 일은 시간과 밀접하게 관계가 있는 일 혹은 즉시 그 일을 하지 않으면 기회를 상실하거나 나중에 해도 소용없는 일이다. 중요한 일은 중장기 목표에 관계되는 일, 급하지는 않으나 실행하지 않으면 나중에 그 가치가 떨어지는 일을 말한다. 여기서 긴급성과 중요성은 자신의 가치관과 원칙, 필요에 따라 다르다.

우리는 시험 준비와 같은 어렵고 중요한 활동을 미루면서도 카톡 답신과 같은 덜 중요하고 단순한 활동에 시간을 허비하곤 한다. 과제 마감을 눈앞에 두고 있음에도 불구하고, SNS 알림을 확인한다. 또 바쁘다고 느끼거나 시간 스트레스를 받을 때는 지금 당장 눈앞에 보이는 일들을 먼저 처리해야 할 것 같은 압박을 느낀다. 안타깝게도 이럴 때 지금 처리하려는 업무의 중요성을 꼼꼼하게 따져보지 못하는 경우가 많다. 그 결과 우리는 어떤 일이 중요한지 따져보지 않고 그 일이 급한지 아닌지만 생각한다. 이런 행동을 '가짜 긴급사태' 효과라 부른다.

일반적으로 가짜 긴급사태들이 시간을 많이 소요하게 한다. 중요하기도 하고 급하기도 한 문제들은 보통 신속하게 처리된다. 중요하지 않고 급하지도 않은 일들은 무시해도 된다. 하지만 정작 가짜 긴급사태 때문에 우리는 중요하지만 긴급하지 않은 일(예 사전 예방 및 준비, 인간관계 구축, 중장기 목표 관련, 운동, 어학공부 등)을 미루게 된다. 그러므로 우리는 중요하지만 긴급하지 않은 일에 우선순위를 두려고 노력해야 한다. 사용할 수 있는 시간이 적더라도 우선순위를 정해야 시간을 내 것으로 만들 수 있다. 주어진 시간 내에 최대한 많은 것을 하기보다 중요한 것을 선별하여 이것을 해내려는 노력이 필요하다.

중요성 ↑

제1구역 중요하면서 긴급한 일들	제2구역 중요하지만 긴급하지 않은 일들
예) 위기상황, 기간이 정해진 일, 내일 치를 시험, 오늘 저녁에 있을 중요한 모임, 예상치 못한 돌발 상황, 마감이 임박한 리포트	예) 장기적 자기계발, 사전 예방 및 준비, 학기말까지 제출할 과제, 1년 남은 자격증 시험, 미래를 위한 학습, 삶의 가치관 및 비전 확립, 대인관계, 어학 공부, 건강을 위한 운동
제3구역 중요하지 않지만, 긴급한 일들	제4구역 중요하지 않으며, 긴급하지도 않은 일들
예) 쓸데없는 간섭들, 중요하지 않은 카톡, SNS 알림, 다른 사람의 사소한 일, 저녁에 잡힌 의미 없는 약속(각종 모임, 동아리 활동)	예) 카톡 혹은 문자 메시지, 지나친 휴식, 과도한 SNS, 스마트폰 게임, 다른 사람 뒷담화 등

← 긴급성

우선순위의 중요성

어떤 시간관리 전문가에 대한 이야기입니다. 하루는 이 전문가가 경영학과 학생들에게 강의를 하면서 자신의 주장을 명확히 하기 위해 어떤 구체적인 예를 들어 설명을 했습니다.

"자, 퀴즈를 하나 풀어 봅시다."

그는 테이블 밑에서 커다란 항아리를 하나 꺼내 테이블 위에 올려 놓았습니다. 그리고 나서 주먹만 한 돌을 꺼내 항아리 속에 하나씩 넣기 시작하였습니다. 항아리에 돌이 가득하자 그가 물었습니다.

"이 항아리가 가득 찼습니까?"

학생들이 이구동성으로 대답했습니다.

"예."

그러자 그는 "정말?" 하고 되묻더니 다시 테이블 밑에서 조그만 자갈을 한 웅큼 꺼내 들었습니다. 그리고는 항아리에 집어넣고 깊숙이 들어갈 수 있도록 항아리를 흔들었습니다. 주먹만 한 돌 사이에 조그만 자갈이 가득 차자 그는 다시 물었습니다.

"이 항아리가 가득 찼습니까?"

눈이 동그래진 학생들은 "글쎄요."라고 했습니다. 그는 "좋습니다." 하더니, 다시 테이블 밑에서 모래주머니를 꺼냈습니다. 모래를 항아리에 넣어 주먹만 한 돌과 자갈 사이의 빈틈을 가득 채운 후에 다시 물었습니다.

"이 항아리가 가득 찼습니까?"

학생들은 "아니요."라고 했습니다. 그는 "그렇습니다."라면서 물을 한 주전자 꺼내서 항아리에 부었습니다. 그리고 나서는 학생들에게 물었습니다.

"이 실험의 의미가 무엇이겠습니까?"

한 학생이 즉각 손을 들더니 대답했습니다.

"당신이 매우 바빠서 스케줄이 가득 찼다 하더라도 정말 노력하면 새로운 일을 그 사이에 추가 할 수 있다는 것입니다."

"아닙니다."

시간관리전문가는 즉시 부인했습니다.
그리고는 말을 이어갔습니다.

"그것이 요점이 아닙니다. 이 실험이 우리에게 주는 의미는.. 만약 당신이 큰 돌을 먼저 넣지 않는다면 영원히 큰 돌을 넣지 못한다는 것입니다."

3) 플래너 혹은 생산성 어플을 활용한 계획세우기

시간관리전략의 수행을 위해서는 도구를 활용하는 것이 중요하다. 학습 플래너는 학습자들이 스스로 자신의 학습 활동을 체계적으로 계획, 조절하기 위해서 활용되는 학습 보조도구이다. 학습플래너는 학생들뿐만 아니라 성인들의 학습 계획과 실행에도 많이 활용되고 있으며 학습플래너의 기본 구성은 플래너별로 다를 수 있지만 대부분 장기 목표, 단기 목표, 주기별 계획, 실행을 위한 시간전략, 자기 점검 등의 내용으로 구성되어 있다.

학습플래너는 학습의 전략을 수립하고 그것을 개인적으로 수행하기 위해서 반드시 필요한 학습전략의 습득 도구로서 활용될 수 있다. 학습플래너의 사용이 학습 행동의 기회 개선과 자기 관찰의 기회를 제공하고 메타인지 조절 능력도 향상시켰다는 연구결과가 있었다. 학습플래너는 학습자가 외현적 학습행동과 학습과정을 점검할 수 있어서 자기주도 학습능력과 학업성취를 향상 시키는 데 도움이 된다(도재우, 양용철, 2011; 하정혜, 윤연기, 김판희, 2014).

플래너를 활용한 시간관리는 주로 월간, 주간, 일일계획으로 구분된다. 각 계획표를 무리하게 적용할 경우 역효과가 나타날 수 있으므로 자신의 성향을 고려하여 적절한 방법을 활용할 수 있다.

(1) 월간계획과 주간계획

월간계획은 플래너 혹은 달력에 이 달의 중요한 일정과 행사를 적어 놓는 것이다. 학사일정을 참조한 시험 기간, 자격증 시험 접수일, 기념일, 생일 등을 기록한다.

사람들이 실제 주간을 단위로 생활하므로 주간계획표는 아주 유용하게 쓰인다. 주간계획표는 일일계획표를 포함하는 경우가 많은데 이처럼 주간계획표와 일일계획표가 함께 있는 것은 일주일과 하루의 계획을 한눈에 파악할 수 있어서 편리하다. 주간계획은 주로 자신의 기본적인 생활들로 칸을 채운다. 주마다 반복적으로 진행되는 수업 일정, 아르바이트 일정, 학원 수강 시간 등을 기록한다. 또한 효율적인 시간관리를 위해 규칙적으로 들이고 싶은 습관을 주간계획으로 기록할 수 있다.

(2) 일일계획

일일계획은 약속이나 그날 해야 할 일들을 적는 것이다. 그날의 수업 일정이나 아르바이트 일정, 식사, 수면 등 고정시간을 배치하고 내가 자유롭게 활용할 수 있는 가용시간을 파악한다. 가용시간 이내에 할 수 있는 계획을 세워야 한다. 계획한 내용을 실행하는 데 필요한 시간이 가용시간을 넘는다면 그 계획은 처음부터 실현될 수 없는 계획이다. 이 때문에 계획을 세우기 전 가용시간을 가능하면 정확히 파악하는 것은 매우 중요하다.

토익책 한 페이지를 푸는 데 시간이 얼마나 걸릴까? 각 과업을 하는 데 걸리는 시간을 근접하게 예상해야 짜임새 있는 계획이 나온다. 가용시간에 맞추어 공부할 내용을 가능한 구체적인 작은 단위로 세분한다. 자신의 공부 패턴을 염두(선호하는 학습습관 고려)해두고 계획한다. 또한 집중력과 과목의 난이도에 따라 공부시간을 배정한다. 여기서 가장 중요한 것은 자신에게 가장 적합한 학습 시간대를 결정하는 일이다.

어렵거나 지루한 과목은 먼저 공부하는 것이 좋다. 대부분의 사람들은 자기가 좋아하는 것을 먼저 하는 경향이 있다. 하지만 가장 어렵다고 느끼는 과목일수록 가장 창조적인 에너지를 필요로 하기 때문에 제일 어려운 과목의 숙제를 제일 먼저 하고 좋아하는 과목은 아껴두었다가 나중에 하는 것이 효과적이다. 학업에서의 성공에 매우 중요한 과제나 매일 해야 할 공부를 뒤로 미루어서는 안 된다. 가장 우선순위가 높은 일은 그날과 전날에 학습했던 내용을 복습하는 것이다.

💬 읽을거리

뽀모도로 기법

공부나 일에 계속 집중하는 건 어려운 일이다. 집중력을 강화하고 업무 효율을 높이기 위해서 사용하는 기법 중 하나가 뽀모도로 기법이다. 1980년대 후반 프란체스코 시릴로(Francesco Cirillo)가 대학생 시절 토마토 모양으로 생긴 요리용 타이머를 이용해 25분간 집중 후 휴식하는 일처리 방법을 제안한 데서 그 이름이 유래했다.

뽀모도로 기법의 원칙은 25분 일하고 5분 쉬는 것이다. 이 25분 동안 한 가지 일에 집중한다. 알람이 울릴 때까지 몰입해서 일을 끝내는 것이 중요하다. 이 기법을 활용하다 보면 자신이 어느 정도 시간에 집중력이 흐려지는지도 파악할 수 있을 것이다. 집중해서 일을 하다 보면 이전보다 훨씬 더 많은 일을 하고 있는 자기 자신을 발견할 것이다. 뽀모도로 기법은 무료 어플리케이션, 함께하는 뽀모도로 유튜브 채널 등을 활용할 수 있다.

(3) 자기평가 및 피드백

일일계획표는 계획표로서와 체크리스트로서의 기능을 해야 한다. 일일계획표에 적은 일들을 하려고 노력하고, 매일 저녁 혹은 아침, 모든 과업이 완수되었는지를 점검해보자. 하루 일과를 마친 후, 성취도와 실행정도에 따라 스스로 자신의 하루를 평가한 후, '자기반성'을 통해 스스로 피드백을 한다. 어떤 것을 하지 않았다며 다음날 그것들을 완수하길 시도한다. 계획을 잘 지킨 자신에게 '자기보상'으로 상을 주는 것도 좋은 방법이다.

(4) 디지털 방식으로 체크하기

시간관리를 다양한 디지털 방식으로 할 수 있다. 엑셀은 모두 칸으로 이루어져 있기 때문에 자연스럽게 시간표의 역할을 해주기도 하고, 계산하기 편하기 때문에 종합점수를 확인하기에도 좋다. 제일 위에는 오늘 해야 할 일을 적는다. 자신이 적은 해야 할 일의 옆칸에는 우선순위를 정하여 적는다. 그 옆에는 해당 계획을 완성하는 데 필요한 시간을 표시하고, 하루 중 언제 할지를 적는다.

앱을 이용해서 시간관리를 하는 것도 가능하다. 무료로 이용할 수 있는 앱으로, 시간표 기능과 할 일 체크를 할 수 있다. 시간관리를 위해 여러 앱을 사용하는 것보다 나에게 맞는 방식 한 가지를 활용하는 것이 좋다(장한별, 2022).

4) 자투리 시간 활용하기

대학생에게 가장 크고 중요한 자투리 시간은 학교를 오가는 시간, 아르바이트를 오가는 시간 등 이동시간일 것이다. 단순한 행동을 하고 있지만 뇌를 쓰고 있지 않다면 이때가 활용하기에 제격이다. 아침에 잠자리에서 뭉그적거리는 10분, 화장실에서 보내는 시간, 전자레인지에 도시락 돌리는 1분도 해당될 수 있다. 아침에 눈떠서 자기 전까지 나의 하루를 돌아보고, 흘려보내고 있는 자투리 시간을 찾아보자.

자투리 시간에 하기 적당한 일들이 있다. 왈츠의 왕이라 불리는 '요한 스트라우스'는 음식을 기다리는 동안 메뉴판 뒤에 떠오르는 악상을 낙서했다고 한다. 그가 500곡이 넘는 왈츠를 작곡할 수 있었던 데는 이때의 메모가 큰 역할을 했다고 한다. 이처럼 자투리 시간은 아이디어를 떠올리거나 계획을 세우기에 좋다. 창의적인 아이디어는 가만히 앉아서 짜내려 하면 잘 안 나오지만, 자투리 시간이나 이동시간에 떠오르는 경우가 더 많다. 듣는 공부를 하기에도 제격이다. 예습, 복습용으로 인강을 듣거나 어학 듣기 공부를 할 수도 있다. 팟캐스트를 통해 관심 있는 분야의 방송을 듣는 것도 좋다. 책 등을 읽는 것도 괜찮지만 암기하기에도 딱이다. 스마트폰의 단어장 애플리케이션으로 영어단어나 외워야 할 것들을 암기할 수도 있다(장한별, 2022).

리포트를 오늘 안에 다 써야 한다는 생각으로 꾸물거리기보다는 리포트 작성에 필요한 논문 세 편을 찾아 복사하겠다는 식으로 세부적이고 구체적인 계획을 세운다. 계획이 구체적이 될수록 하루 일과 중에서 통학버스나 지하철을 타는 등, 짧은 시간을 활용할 수 있는 경우가 많아진다. 버스 기다리는 시간 5분, 치과에서 기다리는 시간 20분, 다음 강의 기다리는 시간 10분, 이런 기다리는 시간을 더해 보면 상당한 시간이 되므로 이런 조각 시간들을 활용할 수 있도록 간단한 학습 과제를 준비해 다니도록 한다. 예를 들어, 작은 메모지에 공식, 정의 같은 것들을 적어 다니다가 아무 데서나 꺼내 본다. 또 다음 강의를 기다릴 때나 아르바이트 중 휴식시간이 생기면 강의 노트를 보고 복습하거나 독서한 것에 대해 간단한 필기를 한다. 15분 정도의 시간이면 이미 들은 강의를 충실히 복습하는 데 충분한 시간이며 준비만 되어 있다면 5분이라도 알차게 활용할 수 있다.

📩 읽을거리

시간 발견하기: 시간 풍요 체크리스트

아래에 나열된 활동들은 당신의 시간을 풍요롭게 하고 행복도를 높일 수 있다. 다음의 활동들을 당신의 하루에 추가해보자.

당신에게 5분이 있다면
- 당신이 끝내야 하는 작은 일들을 정리해서 하나씩 지워나간다.
- 당신에게 중요한 사람이지만 한동안 연락하지 못한 사람에게 메시지를 보낸다.
- 휴가가 며칠 남았는지 확인한다.

당신에게 10분이 있다면
- 긴장을 풀어주는 자연 풍경 동영상을 감상한다.
- 동료나 가족, 친구에게 감사의 이메일, 문자를 보낸다.
- 일기를 쓴다.

당신에게 30분이 있다면
- 자연 속에서 산책한다.
- 창의적인 활동을 한다. 예 그림그리기, 글쓰기, 액세서리 만들기, 뜨개질 등
- 책을 읽는다.
- 명상을 한다.
- 15~30분 정도의 짧은 조깅을 한다.

오후 시간이 통째로 주어진다면
• 새로운 것을 배운다.
• 주변 사람들을 돕는 일에 시간을 쓴다.
• 여행계획을 세운다.

출처: 애슐리 월런스(2022).

활동 4. 일일계획 및 자기평가(p.157)

5) 미루지 않기

꾸물거리고 있다는 생각이 들자마자 과제에 바로 착수한다. 시작하는 것이 어렵게 느껴진다면 목표치를 낮추자. 예를 들어 영어 공부가 하기 싫을 때, 책상에 앉아 영어 문장 두 개만 외우겠다고 목표치를 낮춘다. 그것도 내키지 않는다면 지난 시간에 공부한 부분을 한번 쭉 읽어보겠다고 목표치를 낮춘다. 정말 그것조차 귀찮다면 책상에 앉기만 하자고 목표치를 낮춘다. 이렇게 계속 목표치를 낮추다 보면 '하기 싫다'라는 저항감이 사라지는 순간이 온다. 한꺼번에 일을 다 하려고 하지 않고, 과제를 분할하여 할 수 있는 선에서 조금씩 해두면 자기도 모르는 사이에 전체 일이 완결되어 있다.

선호하는 일이 싫어하는 일의 보상이 되도록 하는 '프리맥(premack)의 원리'를 활용해 볼 수 있다. 예를 들면 '50분 동안 과제를 완성한 다음에 내가 좋아하는 게임 30분 해야지.' '자격증 기출문제 10문제를 푼 다음에 내가 좋아하는 라면을 먹어야지.' 등이다.

활동 1 목표달성을 위한 로드맵

시기	달성하고자 하는 목표			
구분	직업 또는 일 (비즈니스, 경제)	대인관계 (가족, 사회)	취미 (건강, 유희)	사회적 기여 (인격, 학습)
졸업 후 10-20년				
졸업 후 5-10년				
졸업 후 1-3년				
대학졸업 까지				
올해				

활동 2 목표의 구체화

앞서 작성했던 영역별 삶의 목표를 다시 한번 살펴보고 1년 후의 내가 어떤 모습이 되어 있을지를 구체적으로 그려보자. 그리고 그 목표를 달성하기 위한 구체적인 행동 계획을 세워보자. '위염탈출'이라는 목표를 세웠다면 '커피 대신 하루에 한 번은 허브차 마시기' '식후 1,000걸음 이상 걷기'와 같은 아주 단순하고 구체적인 행동 계획을 세워보자.

구분	구체적 행동계획
직업 또는 일 (비즈니스, 경제)	
대인관계 (가족, 사회)	
취미 (건강, 유희)	
사회적 기여 (인격, 학습)	

활동 3 사용시간 기록하기

1) 시간일기 쓰기

	월	화	수	목	금	토	일
05-06							
06-07							
07-08							
08-09							
09-10							
10-11							
11-12							
12-01							
01-02							
02-03							
03-04							
04-05							
05-06							
06-07							
07-08							
08-09							
09-10							
10-11							
11-12							
12-01							
01-02							
02-03							

2) 시간일기를 바탕으로 활동마다 사용한 시간을 분류해서 분석하기

활동	월	화	수	목	금	토	일	총합	평균
수면									
식사									
세면									
이동시간									
강의									
아르바이트									
자기 공부									
운동									
친구									
가족									
여가(TV, 게임 등)									
생각나지 않는 시간									
총합									

활동 4 일일계획 및 자기평가

월	"꿈이 있는 사람은 지치지 않는다"						
	나의 각오:						
날짜	/	/	/	/	/	/	/
일일계획 및 우선순위							
실천 확인							
자투리 시간 계획							
자기평가							

참고문헌

김동일, 박경애, 김택호(1995). 청소년 시간, 정신에너지 관리연구: 프로그램 종합
  보고서. 한국청소년상담복지개발원.

도재우, 양용칠(2011). 행동조절 촉진전략을 반영한 학습플래너가 자기조절학습기
  능의 향상에 미치는 효과, **사고개발**, 7(2), 1−17.

댄자르라(2015). **파이브**. AngleBooks.

마츠무라 야스오(2018). **만다라트 실천법**. 한원형, 조혜숙 옮김. 시사문화사.

성은모, 최효선(2016). 대학교육에서 성적우수 학습자의 자기주도학습역량 요인 탐
  색. **교육공학연구**, **32**(2), 427−452.

신현숙(2021). 목표달성을 추구하는 대학생들의 지각된 진로 불확실성, 심리적 적
  응과 미래목표, **인문사회21**, **12**(5), 1−16.

앨릭스 코브(2018). **우울할땐 뇌과학**. 심심.

장한별(2022). **나는 대학생활이 처음인데요**. 더문.

정순례, 양미진, 손재환(2020). **청소년상담 이론과 실제**. 학지사.

하정혜, 윤연기, 김판희(2014). 행동점검플래너를 적용한 학습전략프로그램이 학습
  부진학생의 자기주도적 학습능력과 학업성취에 미치는 영향. **교육심리연구**,
  521−537.

한재우(2018). **혼자하는 공부의 정석**. 위즈덤하우스.

허일범, 이수진(2011). **이젠 내 힘으로 공부할 수 있어요**. 한국학술정보.

Bond, M. J., & Feather, N. T. (1988). Some correlates of structure and purpose
  in the use of time. *Journal of Personality and Social Psychology, 55*(2), 321
  −329.

Claessens, B. J. C., van Eerde, W., Rutte, C. G. and Roe, R. A. (2007). "A
  review of the time management literature", *Personnel Review, Vol. 36 No.
  2*, pp. 255−276.

Koch, C. J., & Kleinmann, M. (2002). A stitch in time saves nine: Behavioural
  decision−making explanations for time management problems. *European
  Journal of Work and Organizational Psychology, 11*(2), 199-217.

Kurt, D. & Z. Uçanok(2019). An investigation of developmental goals and
  well−being in emerging adulthood, *Current Approaches in Psychiatry,
  11*(1), 118−135.

Lent, R. W., Brown, S. D., & Hackett, G. (1994). Toward a unifying social cognitive theory: Career and academic interest, choice, and performance. *Journal of Vocational Behavior, 45*, 79−122.

Locke, E. A., & Latham, G. P. (1990). A theory of goal setting and task performance. Englewood Cliffs, N.J.: Prentice Hill.

Locke, E. A., & Latham, G. P. (2002). Building a practically useful theory of goal setting and task motivation: A 35−year odyssey. *American Psychologist, 57*, 705−717.

Locke, E. A., Shaw, K. N., Saari, L. M., & Latham, G. P. (1981). Goal setting and task performance: 1969-1980. *Psychological Bulletin, 90*(1), 125-152.

Ruth, W. J. (1996). Goal setting and behavior contracting for students with emotional and behavioral difficulties: Analysis of daily, weekly, and total goal attainment. *Psychology in the Schools, 33*, 153−158.

Schmitz, B., & Wiese, B. S. (2006). New perspectives for the evaluation of training sessions in self−regulated learning: Time−series analyses of diary data. *Contemporary Educational Psychology, 31*(1), 64-96.

Strunk, K. K, Cho, Y. J., Steele, M., & Bridges, S. (2013). Development and validation of a 2 × 2 model of time−related academic behavior: Procrastination and timely engagement. *Learning and Individual Differences 25*, 35-44.

Super, D. E. (1980). A Life−Span, Life−Space Approach to Career Development. *Journal of Vocational Behavior, 16*, 282−298.

Wright, P. M., & Kacmar, K. M. (1994). Goal specificity as a determinant of goal commitment and goal change. *Organizational Behavior and Human Decision Processes, 59*(2), 242-260.

Zimmerman, B. J., Greenspan, D., & Weinstein, C. E. (1994). *Self−regulating academic study time: A strategy approach.* In D. H. Schunk & B. J. Zimmerman (Eds.), Self−regulation of learning and performance: Issues and educational applications(pp. 181−199). Hillsdale, NJ: Erlbaum.

김경일 아주대학교 심리학과 교수 세바시 강연
https://www.youtube.com/watch?v=yUt9ACfZz7o

큰돌과 작은 돌
https://www.youtube.com/watch?v=zo6qdQct2UE

지식채널e 1초
https://www.youtube.com/watch?v=upz5LVI_Ls4

주의집중과
기억력 향상

01

주의집중 향상

1) 집중력과 주의집중

주의집중력은 '주의력'과 '집중력'의 합성어로, 필요한 정보나 중요한 자극에만 주의를 기울이는 능력인 주의력과 그 주의를 다른 정보나 자극으로 돌리지 않고 계속 유지하는 능력인 집중력의 의미를 결합한 것으로 주위의 자극에 주의를 기울이고 이것을 지속적으로 유지할 수 있는 힘이다(최정윤, 2019). 즉, 일정 시간 동안 지속적으로 한 곳에 모든 마음을 기울이고 몰입하는 능력으로 해석할 수 있다. 따라서 공부할 때의 주의집중은 주변에서 어떤 일이 일어나든지 의식적으로 자신의 주의력을 학습에만 기울이는 능력이라 할 수 있다. 학업성취가 높은 학생들은 주의집중력이 탁월하며 짧은 시간 동안 많은 양의 학습을 완벽하게 효율적으로 수행할 수 있게 된다. 반면, 주의집중력이 부족한 학생들은 학업 중 딴 생각을 하거나 외부의 환경에 지나치게 반응하는 등 같은 양의 학습에 많은 시간을 소요하여 낮은 성취를 보인다.

이러한 주의집중을 구성하는 하위 요인에 대하여 Posner와 Rafal은 지속적 주의, 선택적 주의, 처리 능력으로 보았고, Morgan은 선택 능력, 지속 능력, 배분 능력으로 나누었다. 그리고 Goleman는 자기 통제력을 중요한 요인으로 보았는데, 자기통제력이란 집중을 방해하는 다른 자극을 통제하고 일정한 시간 동안 과제를 해결해야 할 경우 속도와 정확성을 고려하여 효율적으로 과제를 수행하는 조절요인이다(최정윤, 2019). 이와 같은 내용을 바탕으로 주의집중에 대한 핵심요소를 다음과 같이 정리할 수 있다(오현숙, 2002).

첫째, 자기 통제력이다. 사고의 상위 개념으로, 이는 정보처리이론의 모형에 따르면 메타인지에 해당한다. 즉, 자신의 사고를 모니터링하면서 집중에 방해가 되는 자극들은 통제하고 적절히 조절한다. 그리고 정해진 시간 동안 과제를 해결해야 할 때 정확성과 속도를 고려하여 효율적으로 과제를 해결해 내느냐와 관계되는 요소이다.

둘째, 선택적 주의집중력이다. 다양한 외부 자극 중에서 필요한 자극을 선택하여 처리함으로써 제한된 시간 내에 얼마나 많은 과제를 해결하였는가를 나타내는 용량과 관계된다.

마지막으로 지속적 주의집중력이다. 이는 특정한 자극에 대해 주의력을 계속 유지하는 것으로 선택된 다양한 자극의 통합과 각성, 뇌 에너지 활성수준과 연관되어 있다.

주의집중은 우리가 정보를 처리해 나가는 과정에서 가장 처음에 일어나는 처리 단계이다. 감각기관을 통해 들어오는 수많은 자극들 중에서 선별적으로 부적절한 자극을 차단하는 가운데 지속적으로 집중하여 정확하고 빠르게 분석하는 능력이라고 할 수 있다. 그리고 이러한 주의집중력은 단일 요소로 구성된 것이 아니라 자기통제력, 선택적 주의집중력, 지속적 주의집중력의 요소들로 구성되어 있는 복합적인 기능이므로 주의집중력의 향상을 위해서는 이 세 가지 구성요소들이 서로 유기적으로 통합되어 조화, 균형을 이루어야 한다.

2) 인간의 정보 처리 원리와 주의집중

주의집중을 이해하기 위해서는 인간이 외부의 다양한 정보를 두뇌에서 어떻게 입력, 처리, 저장 및 인출하는가에 대한 원리를 이해할 필요가 있다. 심리학자 Atkinson과 Shiffrin(1968)은 인간의 두뇌활동을 컴퓨터의 정보처리 과정에 비유하여 아래와 같은 정보처리이론의 모델(information processing model)로 설명한다.

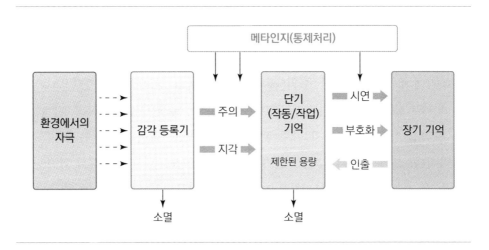

정보처리이론에 따르면 정보의 저장, 인지적 과정, 메타인지의 세 가지 구성요소를 가지고 있다. 정보의 저장은 정보를 저장하는 곳으로 감각기억, 단기기억, 장기기억으로 이루어진다. 인지적 과정은 정보를 한 저장소에서 다른 저장소로 옮기는 과정으로, 이 과정에서 주의집중, 지각, 시연, 부호화, 인출 등이 일어난다. 그리고 메타인지는 인지적 처리 과정에서 스스로 통제하고 조정하는 체제로 정보처리 과정 전체에 영향을 미친다.

따라서 학습은 감각기억에 들어온 정보 중에서 주의를 기울인 일부 정보만 단기기억으로 전달하고 부호화를 통해 장기기억으로 저장하는 과정을 통해 이루어진다. 또한 학습은 저장되어 있는 정보를 회상하여 문제해결을 위해 사고하고 추론하면서 기억을 한층 강화하고 확장하는 일련의 정보처리 활동이라고 볼 수 있다. 인간의 정보처리 기제를 이해하기 위해 각 구성 요소들의 특징을 간략히 살펴보면 다음과 같다.

(1) 감각등록기(sensory register)

감각등록기는 외부 환경으로부터 눈이나 귀와 같은 감각수용 기관을 통해 정보를 최초로 저장하는 곳이다. 감각등록기는 자극 정보를 아주 정확하게 저장할 수 있고 용량이 매우 크지만 저장 시간이 매우 짧다는 특징을 갖는다. 시각 정보는 약 1초, 청각 정보는 약 4초 정도 저장된다고 알려져 있다. 감각등록기에 유입된 자극 중 주의(attention)를 기울인 정보만 단기기억으로 넘어가고 나머지는 모두 사라지게 된다. 예를 들어, 불빛이 순간적으로 나타났다가 사라질 때 어둠 속에서 아주 짧은 시간 동안 지각이 지속되는 것과 같은 기억이다. 그래서 감각기억을 '상(像) 기억'이라고도 부른다. 따라서 학습한 내용을 잘 기억하기 위해서는 처음부터 주의를 기울여서 입력시켜야 하고, 방해되는 정보는 무시해야 한다. 즉, 정보가 감각등록기에서 단기기억으로 전달되기 위해 끊임없이 입력되는 정보를 효율적으로 선택하는 훈련이 필요하다. 즉, 주의를 분산시키는 방해요인을 줄이고, 주의를 환기할 필요가 있다.

(2) 단기기억(short-term memory)

단기기억은 작업 또는 작동기억(working memory)이라고도 한다. 단기기억은 정보가 머무르는 일시적인 곳이라는 의미에서, 작동기억은 인지과정이 작동하는 장소라는 의미에서 붙여진 명칭이다. 단기기억의 가장 큰 특징은 정보의 양과 지속시간에 제한이 있다는 점이다. 성인의 경우 보통 5~9개의 정보가 약 20초 동안 저장될 수 있다. 하지만 시연 또는 되뇌기(rehearsal)라는 반복적 연습을 통해 유지 기간을 연장할 수 있으며, 정보를 장기기억으로 옮길 수 있다. 또한 작동기억의 용량의 한계를 극복하고 학습자가 인지적 부담을 줄이기 위해서는 청킹(chunking), 자동화(automaticity)와 이원적인 처리(dual coding processing)를 활용할 수 있다.

청킹은 분리되어 있는 낱개의 정보를 의미 있는 단위로 조합하여 큰 묶음의 단위로 처리하는 것을 말한다. 예를 들어, 전화번호의 무의미한 숫자 11개를 하나씩 처리하기 보다는 '3개-4개-4개'의 3묶음의 덩어리로 나누어 처리하면 11개의 단위정보가 3개의 단위정보로 처리되기 때문에 단기기억의 제한된 용량을 훨씬 효율적으로 활용할 수 있다. 또 다른 예로는 '커피, 사과, 연필, 콜라, 수박, 바나나, 지우개, 녹차, 포도, 우유, 가위'라는 단어를 동시에 보여주고 몇 초 후에 단어를 확인해 보면 기억나지 않는 단어들이 많다. 그러나 음료(커피, 콜라, 녹차, 우유), 과일(사과, 수박, 바나나, 포도), 문구류(연필, 지우개, 가위)로 분류하여 묶어 외우면 쉽게 외우고 작동기억의 인지자원을 덜 사용하게 될 것이다.

자동화란 작동기억에 주의나 정신적 노력을 기울이지 않고 무의식적으로 정보를 처리할 수 있는 상태를 말한다. 어떤 기능에 대해 자동화가 이루어지면 신속하고 의식적인 인지자원을 거의 활용하지 않아도 된다. 예를 들어 구구단을 외웠기 때문에 곱셈과 나눗셈 그리고 그 이후의 수학문제 해결에 있어 수를 곱하고 나누는 과정에 작동기억의 인지자원을 사용하지 않고 보다 더 중요한 과제 해결에 작동기억의 인지자원을 효율적으로 활용할 수 있다. 자동화는 학습장면뿐만 아니라 일상생활에서도 매우 유용하다. 예를 들어, 초보운전자는 많은 인지자원을 총동원하여 전진하는 운전에만 집중하지만, 능숙한 운전자는 기본적인 운전 기술이 자동화되어 있기 때문에 다양한 운전 상황의 환경을 고려하면서 도로의 문제 상황에 대처할 수 있다.

마지막으로 이원적 처리는 작동기억이 시각정보와 음성정보를 처리하는 두 가지 채널이 있지만 서로 연결·통합되기 때문에 한 가지 형태로 제시하는 것보다 둘을 함께 제시하는 것이 보다 효과적이다. 따라서 텍스트로 주어진 학습을 할 때 사진, 도표, 그래픽 등의 시각 자료를 동시에 제공하면 인지부담을 낮추고 기억과 회상에도 매우 효과적이다.

(3) 장기기억(long-term memory)

감각등록기와 단기기억은 비교적 가까운 과거에 경험한 것을 기억한다. 일반적으로 기억에 대해 이야기를 할 때는 장기기억에 저장된 내용을 말한다. 장기기억은 무한한 정보를 영구적으로 저장할 수 있다. 그렇다면 학생들이 '머리가 꽉 차서 더 이상 들어가지 않는다.'라는 표현은 무엇을 의미하는가? 이는 장기기억의 용량이 부족하다는 의미가 아니라 더 이상 주의를 기울이지 못하는 것을 의미한다. 장기기억은 개인의 경험에 대해 심상형태로 저장하는 일화기억과 개념, 원리, 규칙 등의 일반적인 지식을 개념망의 형태로 저장하는 의미기억(선언적 기억), 그리고 일을 어떻게 수행하는가를 자극과 반응의 복합체로 저장하는 절차적 기억의 형태로 저장한다. 장기기억은 컴퓨터의 하드디스크라고 볼 수 있다. 컴퓨터에서 어떤 파일을 찾지 못하는 것처럼 장기기억에 정보를 저장했지만 인출하지 못하는 경우가 있다. 이것을 설단현상(tip of tongue phenomenon)이라고 한다. 설단현상이 일어나는 이유는 장기기억에 정보를 저장할 때 적절하게 부호화가 되지 않았기 때문이다. 부호화란 단기기억에서 장기기억으로 정보를 이동시키고 장기기억 속에 존재하는 기존의 정보에 새로운 정보를 연결하거나 연합시키는 것을 뜻한다. 장기기억에 의미 있게 부호화하기 위해서는 조직화(organization), 정교화(elaboration), 활성화(activation)의 전략을 활용할 수 있다. 조직화는 순서를 조합하고 새로운 정보를 위계적으로 범주적으로 연결하는 것이고, 정교화는 기존의 인지구조에 새로운 지식을 추가하여 연결함으로써 인지구조를 확장하는 것이다. 그리고 활성화는 실제적인 일화를 연결하거나 자주 반복하면서 네트워크를 건

고히 하는 전략이다. 예를 들어 공부를 할 때 학습내용을 큰 그림을 그리면서 세부적인 내용을 공부하거나 위계적인 관계를 관련 지어 공부를 하는 것이 조직화의 예라면, 기존에 학습한 내용에 새로운 내용을 추가하여 알고 있는 지식을 확장하는 것이 정교화이다. 장기기억의 네트워크가 좀 더 복잡해지고 촘촘해지는 것이 정교화이다. 활성화는 학생들이 학습한 내용을 자주 복습하게 되면 자주 활용되는 신경망에 뇌혈류가 모이게 되고 네트워크가 더 견고해지는 것을 말한다. 그러므로 학습 후 오랫동안 방치하면 이러한 네트워크 연결이 끊기기 때문에 장기기억에서 작동기억으로의 인출이 실패하게 되는 설단현상이 나타나는 것이다(신현숙 외, 2020).

(4) 메타인지(meta-cognition)

발달심리학자 플라벨(John. H. Flavell)에 의해 만들어진 용어로 '메타인지'는 자신의 생각에 대해 판단하는 능력으로 상위인지, 초인지라고도 한다. 따라서 메타인지는 자신의 전체적인 인지과정을 통제하고 조절하는 것으로 학생들의 학업성취에 매우 유의미한 영향을 미친다. 즉, 글을 읽으면서 이 내용이 자신에게 쉬운지 어려운지를 파악하고 스스로 주의집중하고 시연하도록 한다면 바로 메타인지가 작동하고 있는 것이라고 할 수 있다. 이처럼 메타인지는 공부를 하는 과정에서 어떤 작업을 하는 과정에서 내가 어떤 부분을 알고 모르는가를 판단하고 적절한 학습전략을 세우고 실천하고 평가하는 것을 의미한다.

3) 주의집중에 영향을 미치는 방해요인

우리의 학습과정에서 주의집중에 영향을 미치는 방해요인들에 대하여 이해할 필요가 있다. 왜냐하면 학습할 때 주의집중을 저해하는 요인을 파악하여 해당 요인을 통제하거나 조절할 수 있기 때문이다. 주의집중에 영향을 미치는 대표적인 요인은 다음 네 가지로 분류할 수 있다.

(1) 외부 환경적 방해요인

학습을 하려는 상황에서 주변 환경, 특히 책상이 정리되지 않았을 때 주의집중이 저하된다. 왜냐하면 계속 정리가 안 된 다양한 물건들에 신경이 쓰이기 때문에 학습에 투입되어야 할 주의력이 분산되기 때문이다. 특히, 어려운 과제를 할 때는 인지적 부담이 되기 때문에 우리는 충동적으로 쉬고 싶다는 생각이 들게 되고 그때 눈에 띄는 물건들이 있다면 그곳에 나의 주의를 분산하는 요소가 되는 것이다. 환경적 요인에는 정리되지 않는 공간뿐만 아니라 주변 사람들의 방해, 불쾌한 환경, 소음 등이 있다.

(2) 내부 심리적 방해요인

주의집중에 불안, 우유부단함, 과도한 의욕, 학습된 무기력, 개인적 혼란이나 걱정, 실천력 부족 등으로 개인의 심리적인 상태가 집중에 영향을 미치게 되는 것이다. 이러한 심리적 요인은 다른 요인보다 주의집중에 영향력이 크지만 스스로 인지하지 못하는 경우도 있다. 따라서 집중력이 떨어졌을 때 심리적인 원인을 반드시 확인할 필요가 있다.

(3) 신체적 방해요인

대표적인 예로는 수면 부족과 피로감이 있다. 특히, 주의집중력은 어떤 과제나 활동에 있어서 신체적으로 많은 에너지를 소비하기 때문에 신체적인 피로감과 수면부족은 물리적으로 집중력을 떨어뜨리는 주된 원인이 된다.

(4) 학습전략의 부재 요인

끝내지 않은 과제의 누적 상태, 짧은 시간에 과도한 학습량 설정, 무분별한 계획과 일정 조정 등이 있다. 수행해야 할 여러 가지 과제에 대한 우선순위를 정하거나 계획하기, 변화가 생겼을 때 조정하기 등이 제대로 이루어지지 않을 때 집중력이 저하되게 된다. 많은 학생들이 이러한 집중을 위한 전략적 처리를 원활하게 하지 못해 발생되는 집중력 저하를 경험하고 있다.

💬 읽을거리

> 우리는 주의력 위기를 겪고 있다. 많은 이들이 대체로 그 원인을 테크놀로지라는 맥락에서 찾는다. 주의산만이 모두의 문제가 된 지금, 관건은 내면이 분산되는 이 주의산만의 시대에서 일관된 자아를 유지할 수 있느냐다. 여기서 '자아'는 이리저리 휘둘리지 않고 확고한 목표와 꾸준한 계획에 따라 행동할 수 있는 주체를 뜻한다. 주의력은 정신생활의 토대이기에, 주의력 위기 문제가 널리 인식된다는 것은 사회 전체가 아주 오래된 물음을 새로 던져야 한다는 뜻이다. 인간으로 살아간다는 것은 어떤 의미인가?
> 무엇에도 집중하지 못하는 현대인의 주의력 위기는 결국 우리가 개인으로서의 자율과 주체성을 잃어버릴 위기에 빠졌다는 뜻이기도 하다.
>
> 출처: 당신의 머리 밖의 세상 - 몰입을 방해하는 시대에 대한 보고서, 원저자 매슈 크로퍼드, 노승영

4) 주의집중 향상 전략

주의집중을 향상시키기 위해서는 먼저 주의집중을 위한 방해요인을 조절하고 집중을 위한 전략을 활용하는 것이다. 이와 관련하여 몇 가지 전략을 소개하고자 한다.

(1) 주의집중을 높이는 물리적 학습 환경을 만든다.

공부하는 스타일이 각기 다르듯 개인에게 적당한 환경 또한 모두 다르다. 조용하고 막힌 공간을 원하면 도서관에서, 편안하고 자유로운 공간을 원한다면 집에서, 혼자서 강의하듯 하고 싶으면 빈 강의실에서 등 자신에게 맞는 최적의 공간을 찾는 것이 필요하다.

학습이 잘되는 공간 찾기

공부하기에 적절한 장소는 보다 효과적으로 집중하고 보다 쉽게 학습할 수 있게 해준다. 개인차가 있지만 대부분의 학생들에게는 도서관이 제일 좋을 것이다. 처음에는 도서관이 너무 조용하다고 느껴질 수도 있지만 쾌적하고 넓은 공간, 주변의 공부하는 학생들이 주의집중을 높일 수 있는 좋은 환경이다. 그리고 공부하기에 좋은 장소로 학과 공부방이나 동아리 공부방, 강의실이 포함된다. 집에서 공부가 잘되는 공간을 구성하기 위해서는 방의 출입구가 시야에 들어오도록 배치하는 것이 좋다고 한다. 출입구가 뒤에 있으면 언제 누가 들어오는지 알 수 없기 때문에 오히려 산만해지기 쉽다. 또한 직사광선은 집중력을 떨어뜨리고, 직접 머리에 내리쬐면 멍해지기 쉽다. 따라서 외부 자극의 영향이 덜 미치는 장소에서 공부하는 것이 좋다.

조용한 환경

학습에 방해되는 소음들을 차단한다. 학습할 때 음악을 듣는 것에 대한 다소 논란이 있으나, 가사가 있는 음악은 인지활동을 방해하게 되므로 공부하는 동안 음악을 듣고 있으면 집중력이 약화된다는 사실을 기억하고 가능한 소음이 없는 조용한 장소에서 공부해야 한다. 학습의 효율을 높이기 위해 음악이 필요하다면 가사가 없고, 속도가 느린 음악을 듣는 것을 제안한다(백순영, 2016). 그리고 음식을 씹는 ASMR만 있는 것은 아니다. 공부를 위해 ASMR을 사용할 수도 있다. 필기소리, 바람소리, 화장실 환풍기 소리, 비 내리는 소리, 파도 소리, 귀뚜라미 소리 등 자신의 취향에 맞는 음악을 틀어놓고 공부하는 방법이다. 대학생들 중에는 약간의 소음이 있는 카페나 외부 장소를 선호하는 경우가 꽤 있는데 이와 비슷한 흐름이라고 볼 수 있다.

자신이 편안하게 여기는 장소의 소리를 듣다 보면 심적으로 안정될 수 있다. ASMR 영상의 사운드는 일종의 백색소음이다. 한국산업심리학회에 따르면 백색소음은 집중력을 47.7%, 기억력을 9.6% 향상시키고, 스트레스를 27.1% 감소시키는 효과가 있다고 한다. 다만 전자기기를 통해 자연음이 아닌 디지털 사운드를 오래 듣다 보면 오히려 두통과 스트레스를 유발할 가능성이 있으며 볼륨이 큰 상태로 듣다 보면 청각을 해칠 수도 있으므로 주의해서 사용한다(장한별, 2022).

학습만을 위한 책상으로 변신

시각적으로 방해되는 요소를 최소화하라. 책상은 공부하는 공간이 되어야 한다. 책상에는 주의를 집중하는 데 방해가 될 만한 물건들은 멀리 배치하는 것이 좋고, 책상 앞의 벽에도 아무것도 없는 것이 좋다. 특히, 책상 위 컴퓨터나 음향기기는 과감히 다른 곳으로 옮기도록 한다. 전등, 책이나 노트 필기 도구 외에 책상 위에는 어떤 것도 있어서는 안 된다. 시간을 알 수 있도록 시계를 놓아두라(Luckie & Smethurst, 2002).

편안한 의자

가능한 편안한 의자에 앉아서 바른 자세로 학습해야 한다. 피로는 집중력을 떨어뜨리는 주된 신체적 방해요인이다. 편안한 의자에서 바른 자세로 공부한다면 피로하지 않게 시간을 보낼 수 있다. 하지만 간혹 너무 편한 의자에 앉아서 공부하는 것은 나태한 학습을 유도할 수 있다. 따라서 편안한 마음으로 공부하되, 집중할 때는 어느 정도 긴장을 하면서 올바른 자세로 학습할 필요가 있다.

(2) 주의집중을 위해 학습 시간을 조절한다.

학습의 마감시간을 정한다.

구체적인 목표와 마감시간을 정해놓고 공부를 하면 긴장감도 생기고 집중력이 높아진다. 마감시간은 가급적 본인이 생각한 것의 70~80%로 설정한다. 여유 있게 하는 공부는 긴장감을 낮춰 주의집중을 저해시킨다. 그러나 학습 시간의 양에만 집중하여 자칫 학습의 질에 소홀해서는 안 된다. 즉, 가급적 짧은 시간에 정확히 학습이나 과제를 완료할 수 있도록 하는 것이 핵심이다. 이때 자신의 집중력에 대해 스스로 평가하여 점수를 부여하고 기록해 두는 것도 효과적이다.

나의 최적의 학습시간을 찾는다.

개인마다 집중이 잘되는 시간이 다르다. 어떤 사람은 새벽과 오전, 다른 사람은 오후나 저녁 시간에 더 잘 집중한다. 집중이 잘되는 시간에는 다른 시간보다 시간 효율성이 높기 때문에 성과가 매우 높다. 따라서 자신의 최적의 학습시간을 파악하고 그 시간에 학습하는 것이 좋다. 그러나 늦은 저녁까지 공부를 하고 다음날 일과 시간에 졸려 수업을 제대로 듣지 못하는 것은 바람직하지 못하다. 수업시간을 집중하지 못하는 것은 오히려 단점이 훨씬 크기 때문이다. 따라서 수면시간과 최적의 학습시간을 조절하여 최상의 컨디

션으로 다음날 수업에 참여하도록 하는 것이 바람직하다.

(3) 한 번에 한 가지씩만 해낸다는 원칙을 세운다.

데이비드(2009)는 '멀티태스킹(multitasking)은 없다'라고 하며 동시에 여러 일을 하는 것이 가능해 보이지만 여러 일을 번갈아가며 하는 스위치 태스킹 (switch tasking)이라고 보았다. 일의 전환 속도가 빨라서 동시에 하는 것처럼 보인다는 것이다. 멀티태스킹은 집중력을 저하시키는 활동으로 하나의 과제를 수행하는 것보다 과제수행 반응시간과 기억력 저하로 과제 수행에 부정적인 영향을 미친다(조재춘, 2011; 이상민 외, 2013). 이는 인간의 단기기억 처리 능력과 지속 시간에 제한성을 가지고 있기 때문에 새로운 정보가 단기기억(작동기억)에서 처리할 수 있는 용량을 넘게 되면 인지 과부하(cognitive overload)로 이어져 장기기억에 저장되지 못하고 소멸하게 되기 때문이다.

(4) 몰입(Flow)하며 공부한다.

공부를 하거나 책을 읽을 때 그 일에 몰입하게 되면 자신도 모르는 사이에 무아지경에 빠지게 되는 경우가 있다. 이런 때는 특별히 집중을 해야겠다고 생각하지 않는데도 자연스럽게 집중이 이루어지고 있는 것이다. 이것을 다른 말로 하면 하나의 흐름(flow)을 탔다고 할 수 있는데 이런 흐름을 타게 되면 자신이 의식하지 못하는 사이에 많은 것을 해낼 수가 있다. 흐름은 하는 일에 대해 즐거움과 기쁨을 느끼고 있는 때에 일어나기도 하고, 과거나 미래를 생각하지 않고 오로지 현재에만 의식을 집중하는 가운데 생길 수도 있다(황농문, 2007). 공부를 할 때 이런 흐름을 타게 되면 그 효율은 극대화될 것이다. 몰입은 학습자의 수준에 맞는 난이도와 적절한 목표가 있을 때 몰입을 쉽게 할 수 있으며 이때 학습자의 사전지식을 고려한다면 효과적인 학습 결과를 얻을 수 있다.

5) 수업시간 집중 전략

수업은 학생들에게 가장 비중이 큰 시간이며, 학습의 성과를 극대화하기 위해서는 무엇보다 수업시간에 집중하여 학습한 내용을 이해하는 것이 필수적이다. 그리고 수업시간에 집중하는 것은 자연스럽게 반복학습을 하도록 하며, 시험문제 예측을 도와준다. 수업시간 집중은 대면 수업뿐만 아니라 비대면 온라인 수업에 특히 중요하다. 대면 수업은 교수자와 동료 학생들이 한 공간에서 상호작용할 수 있는 학습 환경이지만, 비대면 온라인 수업은 학생 스스로 온전히 집중을 해야 하기 때문이다. 대면 수업과 비대면 온라인 수업에서 학생들의 강의집중도를 비교한 연구(권소희 등, 2021)에서 대학생의 온라인 강의집중도는 대면 강의집중도보다 통계적으로 유의하게 낮았고, 학생 중 61%가 온라인에 비해 대면 강의 시 집중도가 높다고 응답하였다. 따라서 온라인 수업에서 집중하기 위해서는 대면 수업에서와 같이 원격의 교수자, 동료학습자 또는 가상의 콘텐츠와 상호작용성을 가정하고 능동적으로 수업에 참여함으로써 수업 실재감을 높이는 것이 중요하다.

(1) 바른 자세로 앉는다.

수업시간의 자세는 매우 중요하다. 자세가 흐트러지면 집중력에도 방해가 된다(이재현 외, 2017). 따라서 구부정하지 않고 허리를 편 상태로 의자 깊숙이 앉도록 한다. 이는 집중력을 높일 뿐 아니라 건강에도 매우 유익하다. 특히, 비대면 수업에서 나의 모습이 보이지 않거나 제한되기 때문에 눕거나 의자 끝에 기대어 앉는 등의 올바르지 못한 자세로 수업에 참여하는 학생이 많다. 이는 수업에 대한 마음가짐과 집중력을 방해하게 된다.

(2) 중요한 내용을 파악하며 수업을 듣는다.

대면 수업과 비대면 수업 모두 교수자는 교재를 중심으로 중요한 내용은 강조하며 수업을 진행한다. 따라서 학생은 중요한 내용은 무엇인지, 이해가 되지 않는 부분은 무엇인지를 파악하려는 수업 중 노력이 필요하다. 이러한 노력의 일환으로 수동적으로 보거나 듣기만 하는 수업이 아니라, 중요한 내용을 메모하고 정리하는 등의 능동적으로 수업에 참여함으로써 수업에 대한 집중력을 높일 수 있다. 그러나 비대면 동영상 수업은 대면 수업에 비해 다양한 주변 환경에 영향을 많이 받고 수업과 관련 없는 다른 행동을 보이는 특성이 두드러진다. 비대면 수업 상황에서 확대된 학습자의 주도권과 자율권이 오히려 집중력의 저하로 인해 낮은 학업성취 또는 중도탈락의 부정적인 결과를 나타내고 있는 것이다. 따라서 동영상 수업을 들을 때는 반복적으로 교수자의 설명을 들으며 중요한 내용을 정리하는 적극적인 수업 참여 노력이 매우 중요하다.

(3) 적극적으로 질문한다.

수업시간 교수자의 설명을 듣다 보면, 어느 순간 집중력이 낮아진다. 이때 효과적인 방법 중 하나는 수업시간에 배우고 있는 내용에 대해 질문을 하는 것이다. 물론 교수자에게 질문하는 것이 가장 좋지만 스스로에게 질문을 하고 수업을 들으면서 답을 찾는 것도 집중력을 높이는 데 매우 효과적이다. 스스로에게 질문을 사용하는 방법은 정보처리이론에 따르면 아는 것과 모르는 것을 구별하고 모르는 것에 대한 답을 찾는 과정에서 메타인지를 촉진하기 때문이다.

활동 1. 집중력과 기억력 향상을 위한 해결책 탐색하기(p.184)

활동 2. 나의 집중력 향상을 위한 전략 점검하기(p.185-186)

기억력 향상

1) 기억과 망각

앞서 살펴보았듯이 정보처리이론에 따르면 단기기억에서 주의가 이루어지지 않거나 부호화 되지 못한 기억은 모두 소멸된다. 따라서 학습할 때 주의집중은 필수적인 요소이며, 단기기억에서 효율적이고 효과적으로 정보를 처리하고 시연과 부호화를 통해 장기기억으로 저장해야 한다. 또한 장기기억에 저장된 정보도 자주 인출하여 사용하지 않으면 망각된 것과 같이 기억하지 못하게 된다. 망각은 인지과정의 자연스러운 현상이지만 기억을 인출하려는 노력을 하면 할수록 기억이 오래 지속된다. 즉, 학습한 내용을 오랫동안 기억하고 싶으면 기억을 자주 인출해야 한다. 이때 메타인지를 활용하여 입력된 정보의 저장, 처리, 인출의 과정을 효율적으로 모니터링하고 조절함으로써 기억을 최대화하고 망각을 최소화해야 할 것이다.

2) 효과적인 기억 전략

인간의 정보처리 원리를 바탕으로 학습과 기억에 효과적인 전략을 몇 가지 소개하고자 한다.

(1) 반복을 통한 기억 전략

시연은 학습할 내용이나 자료를 기억할 수 있을 때까지 반복해서 기억하는 것이다. 시연에서 가장 중요한 원리는 정보에 대한 기억이 시연하는 반복의 횟수에 영향을 받는다는 것이다. 일정한 간격을 두고 하는 분산된 반복이 한 번에 몰아서 하는 집중 반복보다 효과적이라고 한다(Karpicke & Bauernschmidt, 2011). 또한 독일의 심리학자 에빙하우스(Ebbinghaus, 1885)는 '기억에 관하여'라는 책에서 실험을 통해 인간의 기억을 유지하려는 시도가 없을 때 시간이 지남에 따라 기억이 남아있는 정도를 망각곡선으로 제시하였다. 인간의 기억은 아래의 <그림 8-1>과 같이 학습 후 10분부터 망각이 시작되

〈그림 8-1〉 에빙하우스의 망각곡선

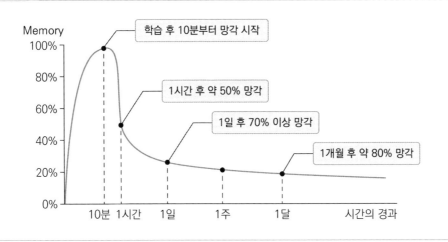

고 1시간 후면 약 50%가 망각되고, 1개월이 지나면 약 20% 정도만을 기억하게 된다. 따라서 망각의 속도를 극복하려면 시간이 흘러 망각되기 전에 학습내용을 반복해야 한다. 반복은 망각의 속도를 늦추고 오랫동안 기억하게 하는 방법으로 반복의 횟수가 많을수록 효과적이다.

따라서 아래의 <그림 8-2>와 같이 10분 이내, 24시간 이내, 일주일 이내, 한 달 이내 반복을 하면 기억에 남아있는 정보의 양이 많아진다. 즉, 오랫동안 기억할 수 있다.

<그림 8-2> 에빙하우스 반복곡선

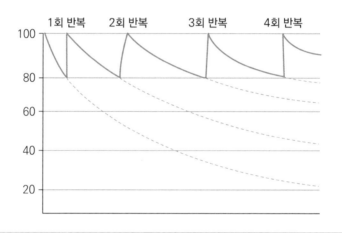

이러한 에빙하우스의 망각곡선에 근거한 반복 횟수와 시기에 있어서는 학습자의 개인차가 존재하며 학습내용에 따른 차이가 존재하기 때문에 학자마다 다소 다른 견해가 있으나 학습에 있어서 반복의 효과에 대해서는 이견이 존재하지 않는다.

(2) 부호화를 통한 기억 전략

장기기억에서 효율적으로 정보를 인출하기 위해서는 단기기억에서 부호화가 선행되어야 한다. 이에 Eggen과 Kauchak(1992)는 정보의 유의미성을 높여 처리과정을 촉진하기 위한 수단으로 능동성, 조직화, 정교화 그리고 기억술 네 가지를 제안하였다(박숙희, 염명숙, 2017).

(가) 능동성(activation)

능동성이란 학습자가 학습에 능동적으로 참여할 때 학습은 더욱 촉진되고, 학습한 내용은 의미 있는 부호화 과정을 거쳐 장기기억으로 저장될 확률이 높아진다. 특히, 실제적인 과제를 통해 학습 활동을 하는 것이 보다 효과적이다. 아래의 <그림 8-3>은 미국 MIT대학 사회심리학자 Lewin이 NTL(the National Training Laboratories)에서 발표한 것으로 학습 효율성 피라미드를 보면, 강의 듣기, 읽기, 시청각 수업듣기, 시범강의 보기의 수동적 참여보다, 집단 토의, 실제 해보기, 서로 설명하기의 능동적으로 참여한 학습방법을 활용했을 때 평균적인 기억이 훨씬 높다는 것을 알 수 있다. 특히, '서로 설명하기' 방법은 90%로 기억에 매우 효과적이다.

〈그림 8-3〉 학습 효율성 피라미드

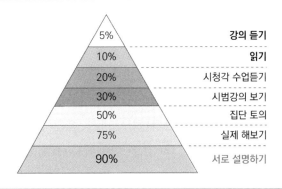

5%	강의 듣기
10%	읽기
20%	시청각 수업듣기
30%	시범강의 보기
50%	집단 토의
75%	실제 해보기
90%	서로 설명하기

출처: NTL, National Training Laboratories

(나) 조직화(organization)

조직화는 학습내용을 보다 쉽게 이해할 수 있도록 내용 요소들 간의 관계를 논리적으로 구성, 위계화시키는 전략이다. 조직화 전략은 중요한 학습내용을 확인하고 학습내용의 한 부분과 다른 부분을 연결 짓고 관련 짓도록 도와준다.

- 개요 잡기: 수업 교재의 큰 제목과 소제목을 확인하고, 중요한 키워드나 밑줄 그은 내용이나 필기한 내용을 간단히 제목 아래에 적는다. 큰 제목, 소제목과 관련된 내용을 정리하다 보면, 전체적인 학습내용의 구조를 이해할 수 있다.
- 표와 차트: 표와 차트는 개념들 간의 관계를 볼 수 있도록 도와준다. 개념들을 서로 비교하거나 비유할 때 특히 유용한 전략이다. 그리고 자원들을 활용하여 작문할 때도 도움이 된다.
- 개념도: 개념도는 여러 개념들 간의 관계를 보여주는 그림이다. 개념을 중심으로 도식화하여 정리함으로써 학습내용의 핵심 개념을 빠르게 파악하고 기억할 수 있도록 도와준다. 개념도는 주제의 요소가 어떻게 구성되고 있는지 보여준다.

(다) 정교화(elaboration)

정교화는 학습하고 있는 내용들 간의 관계를 개념적으로 좀 더 풍부하게 연결하여 학습자료에 대한 이해를 향상시키는 전략이다. 정교화의 목적은 단순한 기억을 넘어 학습내용을 이해하는 것이다.

- 요약하기: 요약하기에서 핵심은 중요한 것이 무엇인지를 파악하고 많은 양의 학습내용을 적은 양으로 줄이는 것이다. 교재에서 각 문단별로, 강의에서는 교수님의 설명 내용이 바뀌는 부분에서 짧게 요약한다.
- 부연하기: 학습한 내용을 자신의 말로 다시 진술해 보는 것이다. 이해한 것을 설명하는 데에는 좀 더 깊은 이해력을 필요로 한다. 부연방법은 구체적인 사례를 들어보거나, 친구와 짝을 지어 공부한 내용을 서로 질문하고 대답해 보는 것이다.

- 유추와 일반화: 이미 알고 있는 학습내용과 현재 학습한 내용을 관련시키는 것이다. 두 학습내용에 대한 유사점을 발견하고 그 학습내용에 대한 일반화를 발전시킨다. 예를 들어, 축구와 야구의 유사점을 생각해 볼 때, 상대편보다 더 많은 점수를 얻은 팀이 이긴다는 공통점을 확인하였다면, 공으로 하는 다른 운동 경기에도 그 공통점을 일반화시킬 수 있다.

(라) 기억술(mnemonic)

조직화와 정교화로 부호화하기 어려운 내용에 유용하게 적용할 수 있는 전략이다. 기억술은 학습내용에 존재하지 않는 연합을 만들어 부호화하는 것을 의미한다. 즉, 새로운 것과 기존의 것 사이에 인위적인 연결고리를 만들어준다. 대표적인 기억술은 두문자어법, 장소법, 핵단어법, 걸이단어법, 운율붙이기법, 덩어리짓기법, 이미지 연상법 등이 있다. 이 중 대표적인 사례를 살펴보면 아래와 같다.

- 두문자어법: 암기해야 할 내용의 첫 글자를 따서 단어나 문장으로 만드는 방법이다. 예를 들어, 조선시대 27대 임금을 기억할 때 '태, 정, 태, 세, 문, 단, 세, ...'로 첫 글자를 따서 기억할 수 있다. 또는 미술의 발달 유파인 '고전파 – 낭만파 – 자연파 – 사실파 – 인상파 – 신인상파 – 후기인상파'의 순서를 외울 때, '옛날 낭자가 사인으로 신호를 보냈다'로 기억하는 방법이다.
- 장소법: 고대 그리스 시대에서도 사용했던 기억술로서, 특정한 장소를 떠올린 다음, 기억해야 할 내용들의 목록을 장소의 특정 위치와 연관시켜서 배치하여 기억하는 방법이다.
- 이미지 연상법: 외워야 할 것에 대한 이미지를 떠올려 외울 것들을 머릿속에 생생한 이미지로 연결하는 방법이다. 예를 들어, bear라는 단어를 외울 때, 곰이 무언가를 베어 먹는 이미지를 상상하는 것이다.

활동 3. 효율적인 기억력 향상을 위한 부호화 전략 연습하기(pp.187-192)

활동 1 집중력과 기억력 향상을 위한 해결책 탐색하기

아래의 지문에 제시한 상황에 대한 각 물음에 대한 답을 작성하여 보시기 바랍니다.

> 안녕하세요. 저는 한국대학교 2학년 홍길동입니다. 저는 수업시간과 시험공부를 하는 데 있어 <u>10분 이상 의자에 앉아 있기가 매우 힘듭니다.</u> 제 친한 친구는 도서관에 자리를 잡으면 한 시간 이상 앉아서 책을 볼 수 있다는데 저는 의자에 앉아 있기가 매우 힘들고, 아니 뭔가에 집중해서 읽거나 쓰는 것이 사실 힘이 듭니다. 지난번 학교에서 실시했던 MLST 검사결과를 보니 저는 이해전략보다 기억전략이 더 낮았습니다. 저는 머리 좋다는 소리는 많이 듣는데 그에 반해서 성적은 잘 나오지 않은 것 같습니다.
>
> 그리고 사실 저는 수업시간에 교수님 이야기를 들을 때 이해는 하는 것 같으나 그 내용을 <u>오래 기억하지 못하는 것 같습니다.</u> 그 이유가 뭘까요? 왜 수업시간만 오면 힘들고 잠이 올까요? 제가 수업시간에 주의집중 못 하는 제 내부적 원인은 무엇일까요? 그리고 외부적인 원인은 무엇일까요? 여러분은 주의집중을 높이기 위해서 어떤 방법을 쓰시나요? 어떤 수업내용을 오래 기억하기 위해서는 어떤 전략을 쓰시나요? 노트정리는 어떻게 하시나요?

1. 현재 홍길동 학생이 해결해야 할 문제는 무엇이라고 생각합니까?

| |
| |

2. 홍길동 학생의 주의집중이 산만해지는 원인은 무엇이라고 생각합니까?

내부적인 원인		외부적인 원인	

3. 홍길동 학생의 주의집중과 기억력을 높이기 위한 방법은 무엇이 있을까요?

| |
| |

활동 2 나의 집중력 향상을 위한 전략 점검하기

여러분이 평상시 사용하고 있는 집중력 향상을 위한 전략을 확인해 보세요.

구 분	NO	내 용	O / X
시연 전략	1	공부하면서 중요하다고 생각되는 부분에 밑줄을 친다.	
	2	암기할 때 노트와 책을 여러 번 반복해서 읽는다.	
	3	중요한 내용과 관련 있는 핵심 단어를 찾아 암기하려고 노력한다.	
	4	중요한 내용의 목록을 만들고 그 목록을 암기한다.	
	5	암기할 때 노트를 소리내어 읽거나 속으로 읽기를 여러 번 반복한다.	
	6	중요한 내용은 책에 있는 그대로 노트에 옮겨 적으면서 공부한다.	
	7	시험에 나올 것 같은 것은 모두 암기하려고 노력한다.	
조직화 전략	1	공부하면서 핵심적인 내용과 부수적인 내용을 구별한다.	
	2	기본 개념에 따라 교재의 전체 내용을 작은 부분으로 나누고 각 부분이 어떤 관련이 있는지 이해하려고 한다.	
	3	공부한 내용을 한눈에 보기 쉽고 또 이해하기 쉽게 하기 위해 간단한 도표나 그림으로 옮겨 본다.	
	4	강의를 듣거나 교재를 읽을 때, 나의 생각을 조직화하도록 돕는 내용이나 자료에 밑줄을 긋는다.	
정교화 전략	1	책에 있는 내용과 강의 내용을 연결해 본다.	
	2	이전에 알고 있던 내용과 강의 내용을 연결해 본다.	
	3	교재나 강의를 통해 배운 내용 중에서 중심개념을 찾아 간단히 요약해 본다.	
	4	교재 내용을 전체적으로 이해하기 위해 강의시간에 배운 내용과 혼자서 공부한 내용을 종합해 본다.	
	5	현재 강의시간에 배운 내용과 다른 강의시간에 배운 내용을 관련 지어 본다.	
	6	공부하면서 중요한 개념이나 아이디어를 잘 정리해 둔다.	

구 분	NO	내 용	O / X
	7	다른 강의 시간에 배운 내용이라도 지금 하고 있는 공부에 적용해 보려고 한다.	
	8	공부할 내용이나 공부한 내용을 요점 정리해 둔다.	
	9	공부할 때 읽은 내용에서 요점들을 짧게 요약하거나 강의의 개념들을 적어본다.	

여러분의 집중을 방해하는 요인과 집중을 위한 환경을 조성하는 방법에 대하여 살펴보았습니다. 여러분이 평소 공부할 때 또는 지금 공부시간에 방해 요소를 스스로 점검해 보고, 개선하기 위한 실천 사항을 정해 봅시다.

	나의 공부 방해요인은?	집중을 위해 개선 방법?
외부 요인		
내부 요인		

공부할 때 나의 집중력 향상을 위해 실천 약속하기

활동 3 효율적인 기억력 향상을 위한 부호화 전략 연습하기

〈연습 1〉 다음 내용을 읽고 학습한 내용을 효율적으로 이해하고 기억하기 위해 학습 파트너와 조직화와 정교화 전략을 활용하여 정리해 봅니다. 이때 마인드맵 프로그램을 활용하면 효율적으로 작성이 가능합니다.

'식욕'은 음식을 먹고 싶어 하는 욕망으로, 인간이 살아가는 데 필요한 영양분을 얻기 위해서 반드시 필요하다. 식욕은 기본적으로 뇌의 시상 하부에 있는 식욕 중추의 영향을 받는데, 이 중추에는 배가 고픈 느낌이 들게 하는 '섭식 중추'와 배가 부른 느낌이 들게 하는 '포만 중추'가 함께 있다. 우리 몸이 영양분을 필요로 하는 상태가 되면 섭식 중추는 뇌 안의 다양한 곳에 신호를 보낸다. 그러면 식욕이 느껴져 침의 분비와 같이 먹는 일과 관련된 무의식적인 행동이 촉진된다. 그러다 영양분의 섭취가 늘어나면, 포만 중추가 작용해서 식욕이 억제된다.

그렇다면 뇌에 있는 섭식 중추나 포만 중추는 어떻게 몸속 영양분의 상태에 따라 식욕을 조절하는 것일까? 여기에서 중요한 역할을 하는 것이 혈액 속을 흐르는 영양소인데, 특히 탄수화물에서 분해된 '포도당'과 지방에서 분해된 '지방산'이 중요하다. 먼저 탄수화물은 식사를 통해 섭취된 후 소장에서 분해되면, 포도당으로 변해 혈액 속으로 흡수된다. 그러면 혈중 포도당의 농도가 높아지고, 이를 줄이기 위해 췌장에서 '인슐린'이라는 호르몬이 분비된다. 이 포도당과 인슐린이 혈액을 타고 시상 하부로 이동하여 포만 중추의 작용은 촉진하고 섭식 중추의 작용은 억제한다. 반면에 지방은 피부 아래의 조직에 중성지방의 형태로 저장되어 있다가 공복 상태가 길어지면 혈액 속으로 흘러가 간(肝)으로 운반된다. 그러면 부족한 에너지를 보충하기 위해 간에서 중성지방이 분해되고, 이 과정에서 생긴 지방산이 혈액을 타고 시상 하부로 이동하여 섭식 중추의 작용은 촉진하고 포만 중추의 작용은 억제한다. 이와 같은 작용 원리에 따라 우리의 식욕은 자연스럽게 조절된다.

그런데 우리는 온전히 영양분 섭취만을 목적으로 식욕을 느끼는 것은 아니다. 예를 들어, '스트레스를 받으니까 매운 음식이 먹고 싶어.'처럼 영양분의 섭취와 상관없이 취향이나 기분에 좌우되는 식욕도 있다. 이와 같은 식욕은 대뇌의 앞부분에 있는 '전두 연합 영역'에서 조절되는데, 본래 이 영역은 정신적이고 지적인 활동을 담당하는 곳이지만 식욕에도 큰 영향을 미친다. 이곳에서는 음식의 맛, 냄새 등 음식에 관한 다양한 감각 정보를 정리해 종합적으로 기억한다. 또한 맛이 없어도 건강을 위해 음식을 섭취하는 것과 같이, 먹는 행동을 이성적으로 조절하는 일도 이곳에서 담당하는데, 전두 연합 영역의 지령은 신경 세포의 신

호를 통해 섭식 중추와 포만 중추로 전해진다.

   한편 전두 연합 영역의 기능을 알면, 음식을 먹은 후 '이젠 더 이상 못 먹겠다.'라고 생각하면서도 디저트를 먹는 현상을 쉽게 이해할 수 있다. 흔히 사람들이 '이젠 더 이상 못 먹겠다.'고 생각하는 이유는 실제로 배가 찼기 때문일 수도 있고, 배가 차지는 않았지만 특정한 맛에 질렸기 때문일 수도 있다. 그런데 이런 상황에도 불구하고 디저트를 먹는 현상은 모두 전두연합 영역의 영향을 받는다. 먼저, 배가 찬 상태에서는 전두 연합 영역의 영향으로 위(胃) 속에 디저트가 들어갈 공간을 마련할 수 있다. 전두 연합 영역의 신경 세포가 '맛있다'와 같은 신호를 섭식 중추로 보내면, 거기에서 '오렉신'이라는 물질이 나온다. 오렉신은 위(胃)의 운동에 관련되는 신경 세포에 작용해서, 위(胃)의 내용물을 밀어내고 다시 새로운 음식이 들어갈 공간을 마련하는 것이다. 다음으로, 배가 차지 않은 상태이지만 전두 연합 영역의 영향으로 특정한 맛에 질릴 수 있다.그래서 식사가 끝난 후에는 대개 단맛의 음식을 먹고 싶어 하게 되는데, 이는 주식이나 반찬에는 그 정도의 단맛을 내는 음식이 없기 때문이다. 따라서 우리가 "디저트 먹을 배는 따로 있다."라고 하는 것은 생물학적으로 충분히 설득력 있는 표현이 되는 것이다.

출처: 2021년 6월 EBS 비문학 독서 지문

※ 알마인드는 무료 소프트웨어로 대표적인 마인드맵을 작성에 유용한 프로그램입니다.

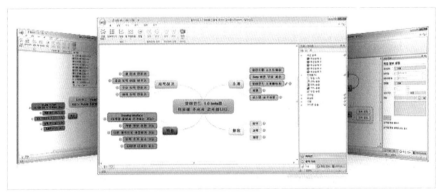

※ 알마인드 다운로드는 https://www.altools.co.kr/Download 를 참고하시고 간단한 사용법은 아래와 같습니다.

---

1. 새로 만들기를 클릭하면 테마 맵과 템플릿 맵 두 가지 중 원하는 맵의 모양을 선택합니다.

2. [중심 토픽]을 클릭하고 내용을 작성합니다. 세부 설정사항은 오른쪽 메뉴를 설정합니다.

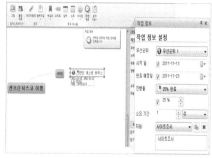

3. 내용에 따라 [하위 토픽]과 [독립 토픽]을 클릭하여 내용을 작성합니다.

4. 관계선을 클릭해서 [토픽]과의 관계에 따른 모양을 선택합니다.

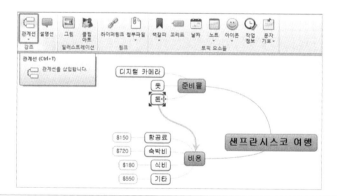

5. 다른 파일로 변환하려면, [다른 이름으로 저장] 〉 [파일형식]을 적절하게 선택하고 저장하면 됩니다. doc, ppt, jpg, 등 다양하게 변환이 가능합니다.

〈조직화와 정교화 전략을 활용하여 지문내용을 이해하고 기억하기〉

〈연습 2〉 여러분은 영어공부를 위해 단어 암기를 해 본 경험이 많을 것입니다. 어떻게 효과적으로 암기할 수 있을까요? 먼저, 알고 있는 단어와 모르는 단어를 구별합니다. '안다'는 기준은 참고하시기 바랍니다. 그리고 약 5분 동안 암기하고 몇 개를 맞추었는지 확인해보세요. 그리고 학습 파트너와 함께 기억술을 활용하여 암기해 보시기 바랍니다.

1	obstacle	장애, 장애물
2	interactive	상호 작용하는, 쌍방향의
3	profoundly	깊이
4	territory	영토, 영역
5	scent	향기, 냄새
6	forearm	팔뚝
7	hind	뒤의, 후방의
8	outcast	버림받은 사람
9	reserved	내성적인, 떼어 둔, 예약한
10	adore	아주 좋아하다
11	infection	감염, 전염
12	patrol	순찰하다
13	resolution	결심, 해상도
14	geology	지질학, 지질
15	document	문서, 서류, 기록하다
16	assume	추정하다
17	awkward	어색한, 서투른
18	troop	무리, 군대
19	contemporary	현대의, 동시대의
20	fracture	골절, 부수다

1단계: 아는 단어와 모르는 단어를 구별하세요.

※ '안다'는 것은 단어를 보았을 때 확실한 뜻이 바로 기억나는 것을 기준으로 합니다.

2단계: 기억술을 활용합니다.

※ 기억술은 두문자어법, 장소법, 핵단어법, 걸이단어법, 운율붙이기법, 덩어리짓기법, 이미지 연상법 등이 있습니다. 이 중 선택하여 장기기억으로 의미있는 부호화를 해 보시기 바랍니다. 단, 이외 효과적인 방법이 있다면 활용해 보십시오.

참고문헌 ──

권소희, 김신영, 김지현, 김은빈, 정연우, 권나영, 권혜영, 박시은, 변혜원, 박슬기 (2021). 대학생의 온라인 강의 학습행태, 온라인 강의 시 학습자 특성, 학습만족도, 교수-학생 상호작용에 따른 온라인 강의 집중도. **경북간호과학지, 25**(2), 53-53.

데이비드 크렌쇼(2009). **멀티태스킹은 없다.** 아롬미디어.

마음과배움연구소(2013). **Lamp workbook part3 CE: 집중력향상 프로그램.** 마음과 배움연구소.

박숙희, 염명숙(2017). **교수-학습과 교육공학.** 학지사.

백순형, 이문영(2016). 집중력 검사 FAIR 를 통한 음악의 빠르기와 주의 집중력의 관계 연구. **한국엔터테인먼트산업학회논문지, 10**(4), 17-23.

신수범(2020). 온라인 수업에서 주의 집중을 저해하는 요인과 해결방안. **창의정보문화연구, 6**(3), 159-168.

신현숙, 오선아, 류정희, 김선미(2020). **교육심리학.** 학지사.

오세은(2011). **주의집중향상전략 프로그램이 주의력결핍 우세형 ADHD 아동의 주의집중력 및 학습태도에 미치는 영향.** 석사학위논문. 서울대학교 교육대학원.

이상민, 이주환, 한광희(2013). 멀티태스킹에서 자발적 과제전환에 의한 인지적 이득과 손실. **인지과학, 24**(1), 71-93.

이재현, 방요순, 황민지, 손보영(2017). 감각통합 운동프로그램이 발달지연 아동의 자세조절 및 균형과 주의집중력에 미치는 효과. **한국엔터테인먼트산업학회논문지, 11**(2), 111-126.

이지은(2019). **국내 초등학생의 주의집중력 향상 프로그램 효과에 대한 메타분석** 제주대학교 석사학위논문.

이혜정, 성은모(2011). 대학교육에서 대학생 중심의 교수설계를 위한 최우수 학습자의 학습특성 및 학습전략 탐색. **교육공학연구, 27**(1), 1-36.

임규혁, 임웅(2000). **교육심리학.** 학지사.

장한별(2022). **나는 대학생활이 처음인데요.** 더문.

조재춘, 임희석, 윤성현(2011). 멀티태스킹이 학습자에 미치는 영향 비교분석. **한국인터넷정보학회 학술발표대회 논문집,** 347-348.

최정윤(2019). **주의집중훈련이 초등학생의 주의집중력과 수업집중력, 자기조절학습 능력에 미치는 영향.** 석사학위논문. 서울대학교 교육전문대학원.

황농문(2007). 몰입 — 인생을 바꾸는 자기혁명. 랜덤하우스코리아.

Karpicke, J. D., & Bauernschmidt, A. (2011). Spaced retrieval: absolute spacing enhances learning regardless of relative spacing. *Journal of Experimental Psychology: Learning, Memory, and Cognition*, 37(5), 1250.

Luckie, W. R. & Smethurst, W. (2002). **학습의 기술: 대학에서의 공부전략**. 한순미역. 학지사.

Shavinina, L. V. (2009). *International Handbook on Giftedness*. New York: Springer.

Skyrme, D. J. (1997). *Knowledge networking: Creating the collaborative enterprise*. UK: Butterworth — Heinemann.

참고영상

EBS 왜 우리는 대학에 가는가 5부. 말문을 터라: 유대인의 학습법과 메타인지
https://www.youtube.com/watch?v=nttlAfVQT6w

김경일 교수 인지심리학 메타인지의 힘
https://youtube.com/watch?v=ZRERbeg4A7A

생각하는 나를 생각하라?! 20대가 세상을 빠르게 학습하는 방법 '메타인지'
https://www.youtube.com/watch?v=GJLicvz8WKk

에빙하우스의 망각곡선
https://www.youtube.com/watch?v=XEAjCBC—XNw

개별학습과
협동학습

개별학습

1) 개별학습의 개념

개별학습은 학습자의 특성을 고려하여 각각의 학습자에게 최적의 학습 환경을 조성하여 학습의 모든 요소를 학습자의 특성에 맞게 조정하는 학습방법을 말한다. 학습에서 개인차 변인으로는 학업성취도, 흥미, 학습유형, 학습동기, 문제 해결 방법, 준비도 등이 있다. 즉, 개별학습은 학습에서 개인차 변인을 반영한 개인 맞춤형 학습방법인 것이다. 개별학습은 20세기 초 미국에서 학습자의 학습 능력에 따라 교과별로 서로 다르게 진급하도록 하는 버크(Burk)의 시도에서 출발하였고, 1960년대의 스키너(Skinner)의 프로그램 학습이 발표된 이후 관심이 증가하였다. 현재는 컴퓨터의 기술과 인터넷이 발달되면서 다양한 온라인 학습 플랫폼과 콘텐츠 활용하여 개별학습 환경을 제공하고 있다(박숙희, 염명숙, 2017).

2) 개별학습의 특징

개별학습의 가장 큰 장점은 학습자의 특성과 학습 수준을 고려한 개인 맞춤형 학습이기 때문에 학습 속도를 조정하여 완전학습이 가능하다는 것이다.

그리고 학습의 주도권이 학습자에게 주어지기 때문에 학습에 대한 책임감과 문제해결력을 함양하여 학습에 대한 독립심을 신장시킬 수 있다. 따라서 개별학습은 집단 학습에 비해 학업성취도에 매우 긍정적 효과를 나타낸다. 그러나 개별학습은 동료학습자와의 사회관계가 부족하고 학교 현장에서는 구현하기가 어렵고, 컴퓨터와 인터넷의 테크놀로지를 활용하는 경우 초기 개발과 지속적인 관리에 막대한 비용이 소요된다는 단점이 있다.

대학에서의 학습방법은 학문분야에 따라 다소 차이가 있으나, 학습자 스스로 학습을 수행해야 하는 비중이 매우 높다. 따라서 대학생들은 자신에 맞는 학습을 주도해나가는가에 대한 방법과 교수자, 멘토 또는 테크놀로지를 통한 적절한 도움 구하기 전략을 이해하는 것이 중요하다.

3) 개별학습의 전략: 계약학습

계약학습(contract learning)은 교수자와 학습자 간의 학습계약을 토대로 이루어지는 개별학습 형태이다. 즉, 학습자의 학습에 대한 요구 진단, 학습목표 설정, 학습을 위한 인적 및 물적 자원 파악, 적절한 학습전략의 선택 및 실행, 학습결과에 대한 평가 등을 다른 사람의 도움을 받거나 혹은 받지 않고 개인이 주도권을 가지는 과정을 말한다. 계약학습은 고립화되는 개인학습이 아닌 교수자나, 멘토, 튜터, 자원 인사, 동료, 교재, 교육기관 등 다양한 형태의 조력자들과의 협력하에 이루어지며, 학습자 자신이 학습을 계획, 실행 및 평가 등의 일차적인 책임을 지는 형태가 특징이다. 계약학습을 실시하기 위한 기본 요소 7가지는 다음과 같다(유승우 등, 2017). 계약학습은 학습 그 자체를 계약하는 방식으로, 학습자가 7가지 요소를 반영하여 계획서를 작성한 다음 교수자 또는 멘토로 하여금 동의를 얻어 계획서를 수정 및 보완하여 최종 계약을 맺고 학습을 수행한다. 계약학습은 학습자가 명시화된 계약을 통해 학습에 대한 '자기주도성'을 갖고 '자기관리'를 하며 외부의 협력과 조력을 받아가며 학습을 하는 것이다.

요소	내용
학습목표 설정	• 학습방향을 분명히 제시할 수 있는 목표 설정 • 일반적 목표와 구체적인 목표로 나누어 설정함
학습내용 선정	• 목표설정에 따른 교과목이나 특정 분야의 학습 범위 설정
학습방법 선택	• 학습내용을 습득할 수 있도록 학습자가 구체적인 학습방법을 선택 • 교수자 또는 멘토는 적절한 학습방법에 대한 여러 가지 대안 제시
학습자원 구하기	• 교과서, 참고도서, 학술지, 신문 등의 인쇄매체 학습자원 활용 • 관련 분야 전문가 또는 현장 실천가 등의 인적자원 활용 • 교수자 또는 멘토는 학습자의 적절한 자원 선택과 활용 방법에 대한 안내
성취 증거 제시	• 학습목표를 달성하기 위해 얼마나 또는 어떻게 노력하였는가의 증거 제시 • 성취분석노트, 보고서, 독서카드, 학습기록 등 다양한 방법으로 성취 증거를 제시할 수 있음.
성취도 평가 기준 설정	• 학습목표달성 여부와 정도의 평가기준 제시 • 성취 증거의 점수나 질적 평가 방법 등을 구체적으로 설정
기간, 서명, 교수자 등 동의	• 계약서의 효력을 갖기 위해 구체적인 계약 기간 설정 • 학습자 서명 및 도움을 제공하는 교수자나 멘토 등의 서명

활동 1. 계약학습을 통한 학습 계획 세우기(p.213)

협동학습

1) 협동학습의 개념

협동학습이란 학습자들의 공동의 학습목표를 달성하기 위해서 서로 도와가며 학습하는 구조이다. 즉, 협동학습은 '전체는 개인을 위하여, 개인은 전체를 위하여'라는 철학의 관점으로 집단 구성원 간의 상호의존성을 바탕으로 하고 있다. 따라서 경쟁적 학습이나 개인학습에서는 일부 학생들만이 성공기회를 갖고 참여하는 것에 비해 협동학습은 대부분의 학습자들이 성공 경험을 갖게 됨으로써 학습에 대한 소외감이나 적대감을 해소하고 공동의 목표를 향해 함께 협력하는 태도와 능력을 향상시킬 수 있다. 존 듀이는 시카고 대학의 실험학교에서 '인간이 협동적으로 사는 것을 학교를 통해 배우지 않으면 안 된다.'고 하며 학교생활을 통해 서로 협동하고 조력하는 풍토를 만들고자 하였다. 또한 1970년대 미국이 존스홉킨스 대학의 사회교육조직센터는 다양한 인종이 모여 있는 교실에서 상호 협력적인 협동학습이 학업성취뿐만 아니라 사회성 발달에 효과적이라는 것을 알게 되었다. 우리나라에서도 1980년대 후반에 열린교육과 함께 소개되었고 협동학습의 효과성에 대해 다양하게 연구하고 있다.

2) 왜 협동학습을 해야 하는가?

대학생이 싫어하는 수업 활동 중 하나는 소집단 활동이다. 소집단 활동은 다양한 구성원들과 공동으로 과제를 해결해야 하기 때문에 서로 과제를 할당하고 시간 조정해야 하며 생각과 의견을 조율해 나가야 하기 때문에 사회적 기술도 필요로 한다. 그러나 공동의 과제를 해결하는 사람의 수가 증가할수록 1인당 기여도는 감소하기 때문에 사회적 태만(social loafing)을 일으킨다. 사회적 태만은 다른 구성원에 비해 더 많은 일을 하고 있다고 느낄 때, 개인의 공헌도가 분명하게 드러나지 않을 때, 과정의 결과에 대한 책임이 분명하지 않을 때 스스로의 노력을 줄이며 불공평한 상황에 대처하고자 하는 현상으로 소집단 활동이 갖는 구조적 문제라고 할 수 있다(유지원, 2017).

그러나 대학생 성적우수 학습자의 주요 핵심 학습전략은 지식본질탐구학습전략이 있었다(이혜정, 성은모 2011). 지식본질탐구 학습전략의 기본은 자신이 알고자 하는 지식이 무엇이며, 자신이 해결하고자 하는 핵심적인 문제가 무엇인지 그 근원을 철저히 파헤쳐 이해하려는 학습전략이라 할 수 있다. 이를 Shavinina(2009)는 본질접근식 사고라 일컬으며, 사물에 대한 본질, 즉 근원에 대한 호기심을 바탕을 이를 집중적으로 이해하려는 사고활동이라는 것이다. 이는 개인수준에서 개별학습을 실시하고, 다양한 사람들과 토의 또는 토론하는 사회적 네트워킹 학습의 과정을 동시에 거친다. 이러한 사회적 네트워킹 학습의 전략은 배워야 하는 지식에 대해서 보다 더 생각할 수 있고, 자신이 부족한 점이 무엇인지를 파악할 수 있고, 다른 사람의 의견을 들으며 새로운 정보를 찾을 수 있으며, 다른 사람들과 대화와 논의를 과정 속에서 자신의 지식이 구조화되고 체계화되게 안내한다(Shavinina, 2009; Skyrme, 1997). 결국 사회적 네트워킹 학습은 단순히 더 많은 양의 정보만을 습득하는 것이 아니라 질적으로 보다 높은 수준의 지식을 체화하는 학습전략이 되는 것이다. 따라서 개별학습을 확장하여 사회적 네트워킹을 통해 협력하여 문제를 해결하는 경험을 다양하게 제공하는 교육환경을 만들어가는 것이 무엇보다 중요하다.

협동학습을 해야 하는 또 이유로는 우리 사회가 요구하는 인재상에서 답을 찾을 수 있다. 대한상공회의소 고용노동정책(2018)에 따르면, 국내 100대 기업이 요구하는 인재상에서 가장 중요한 능력이 과거에는 '창의성'과 '도전정신'이었다면, 이제는 '소통과 협력'인 것이다. 즉, 사회의 변화에 민감한 기업들이 구성원들이 갖추어야 할 중요한 역량으로 '직무 전문성'보다도 '소통과 협력'을 보다 중요하게 인식하고 있다는 것이다. 또한 2021년 채용트랜드 인재상에서도 볼 수 있듯이 창의성과 도전정신보다는 긍정적이고 소통과 협력, 책임감, 성실성 및 도덕성을 갖춘 융합형 인재를 선호한다는 것이다. 따라서, 학생들은 사회가 요구하고 있는 역량을 갖추어야 하며, 이를 위해서 혼자서 고립된 학습보다는 협동학습을 통해 학업적 성과와 더불어 다양한 특성의 학습자와의 상호작용을 통해 소통과 협력 능력을 함양하는 것이 바람직하다고 볼 수 있다.

순위	2008	2013	2018
1	창의성	도전정신	소통·협력
2	전문성	주인의식	전문성
3	도전정신	전문성	원칙·신뢰
4	원칙·신뢰	창의성	도전정신
5	소통·협력	원칙·신뢰	주인의식
6	글로벌역량	열정	창의성
7	열정	소통·협력	열정
8	주인의식	글로벌역량	글로벌역량
9	실행력	실행력	실행력

*지난해 매출 기준으로 100대 기업 조사

출처: 대한상공회의소

2021년 채용트랜드 인재상의 변화(코로나19 이후)

2001년 창조형 인재	2011년 전략형 인재	2021년 융합형 인재
창의성	도전정신	긍정성
전문성	주인의식	소통 협력
도전정신	전문성	책임감
소통 협력	창의성	성실성
글로벌 역량	원칙 신뢰	도적성

출처: http://www.jobkorea.co.kr/goodjob/tip/view?news_No=18864&schCtgr=0&Page=1

3) 성공적인 협동학습을 위한 조건

존슨과 존슨(1987)은 협동학습을 성공적으로 달성하기 위해서 갖추어야 할 요소를 아래와 같이 5가지를 제시하고 있다(박숙희, 염명숙; 2017).

(1) 긍정적인 상호의존성

집단의 구성원은 자신의 수행이 다른 구성원에게 도움이 되며, 또 다른 구성원의 수행이 자신의 수행에 도움이 된다는 것을 인식해야 한다. 따라서 구성원 모두가 서로 협력하여 같은 목표를 향해 나아간다는 긍정적인 상호의존성이 필요하다.

(2) 면대면을 통한 상호작용

집단 구성원이 서로 얼굴을 마주 대하며 관심을 가지고 서로 개방적이며 허용적인 태도를 보여 주어 심리적으로 일체감을 가지는 것이 필요하다. 또한 대면의 상호작용을 통해 학습과제를 신속하고 정확하게 완성할 수 있다.

(3) 개별적인 책무감

집단 구성원이 각자의 수행이 집단 전체의 수행 결과에 영향을 주며, 또 집단 전체의 수행은 구성원 각자의 수행에 다시 영향을 준다는 서로간의 책무성이 필요하다.

(4) 사회적 기술

집단 구성원 간에 원만한 인간관계를 위해 사회적 기술이 필요하다. 집단 내의 상호작용은 문제를 해결하는 과정에서 서로를 신뢰하고 의지하게 하며, 이러한 과정 속에서 의사소통 기술도 발달시킨다.

(5) 집단의 과정화

집단 구성원 모두가 학습활동에 참여하는 과정을 통해 협동학습에서 요구되는 원칙과 기술을 익혀야 한다. 또한 모든 구성원에게 진행되고 있는 활동에 대한 피드백을 제공해야 하고, 효과적인 문제해결 방법에 관한 메타인지 전략을 사용하도록 한다.

4) 협동학습의 유형과 전략

협동학습은 교수적 측면에서 성취과제분담학습(STAD), 직소(Jicsow), 팀보조개별학습 등 다양한 형태가 있다. 이러한 유형은 교수자의 입장에서 보다 효율적이고 효과적으로 수업을 운영하는데 초점이 맞춰지기 때문에, 여기에서는 학습자에 초점을 맞추고 학생들이 활용할 수 있는 대표적인 협동학습 유형에 대하여 살펴보고자 한다.

(1) 스터디 파트너와 함께 하는 '하브루타(havruta)'

하브루타는 유대인들의 전통적이고 독특한 교육방식으로 1:1로 짝을 지어 질문하고 대화하며 토론하고 논쟁하는 학습방법을 뜻한다. 하브루타는 자

〈그림 9-1〉 예시바 대학생들의 하브루타

신만의 생각, 새로운 생각, 그리고 타인과 다른 생각을 하게 만들어 준다는 점에서 생각하는 힘을 기르는 데 매우 효과적인 학습방법이다(허영주, 2016). 하브루타는 질문으로 시작해서 질문으로 끝난다. 따라서 질문이 좋아야 토론이 제대로 이루어질 수 있고, 사고를 보다 깊게 할 수 있다. 특히, 스터디 파트너가 또래 동료학습자의 경우는 유사한 인지능력, 문화적 정서적 공감, 친숙함 등으로 심리적 저항감이 적고 내용을 쉽게 이해할 수 있는 장점이 있다.

〈그림 9-2〉 학습효과 피라미드

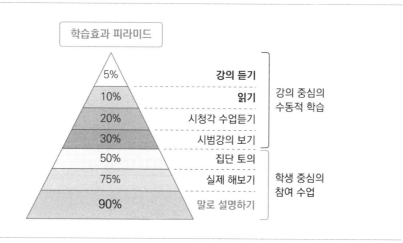

위 학습 피라미드(learning pyramid)는 다양한 방법으로 공부한 다음에 24시간 후에 남아 있는 비율을 피라미드로 나타낸 것이다. 말로 설명하는 것이 가장 효과가 높다는 것을 알 수 있다. 즉, 스터디파트너와 함께 대화하며 토론과 논쟁을 하는 학습자 중심의 하브루타는 고등 사고력을 향상시킬 뿐만 아니라 학업성취에도 매우 긍정적인 효과를 기대할 수 있다.

하브루타를 효과적으로 활용하기 위해 대표적인 학습모형은 '질문 만들기' 하브루타와 '친구 가르치기' 모형이다. 이 두 모형은 스터디파트너와의 활동뿐만 아니라 학습들 그룹과의 모둠 활동과 교수자와 상호작용도 포함된 하브루타 방법이다.

쉬우르(Shir)가 교수자와의 상호작용하는 활동으로 학생들끼리 질문, 대화, 토론 및 논쟁 이후에 교수자가 전체 학생과 질문, 대화, 토론을 하면서 학생들이 생각하지 못한 부분에 대해 좀 더 심화된 사고를 이끌어내는 과정이 된다.

〈표 9-1〉 '질문 만들기' 하브루타 학습 모형

단계	활동	내용
1	질문 만들기	• 교재, 인쇄물을 읽고 또는 제시된 그림, 이슈거리 및 영상을 보고 질문을 만들기
2	짝 토의	• 만든 질문을 2명의 학생이 짝지어 토의하기 • 여러 질문 중에서 최고의 질문을 짝과 함께 선정하기
3	모둠 토의	• 최고의 질문으로 모둠별(4~6명)으로 토의하기 • 최고의 질문을 뽑아 토의하기 • 토의 내용을 정리하기
4	발표	• 각 모둠별로 발표하기
5	쉬우르	• 교수와 전체 학생들과 함께 최고의 질문에 대한 토의하고 정리하기

〈표 9-2〉 '친구 가르치기' 하브루타 학습 모형

단계	활동	내용
1	내용 공부하기	• 교재 범위를 둘로 나누기 • 각자 맡은 부분을 철저하게 공부하기 • 이해 못 한 내용을 중심으로 질문 만들기
2	친구 가르치기	• 한 명이 먼저 학습한 내용을 가르치기
3	배우면서 질문하기	• 배우는 친구는 배우면서 치열하게 질문하기
4	입장 바꾸기	• 입장을 바꾸어 상대방 친구가 가르치기 • 배우면서 치열하게 질문하기
5	이해 못 한 내용 질문하기	• 서로 토의하면서 이해 못 한 내용을 정리하기
6	집단 토의하기	• 이해 못 한 내용을 중심으로 질문하고, 정리하기
7	쉬우르	• 교수와 전체 학생들이 함께 토의하고 정리하기

활동 2. 하브루타 학습을 위한 활동지(p.214)

(2) 창의적 아이디어나 해결책을 도출하기 위한
'브레인스토밍(brainstorming)' & '브레인라이팅(brainwriting)'

두뇌(brain)에 폭풍(storm)을 일으킨다는 뜻으로 오스본(Osborn)에 의해 창안된 소집단 토의 방법이다. 이는 창의적인 아이디어를 얻기 위해 한 주제에 대해 다양한 아이디어를 공동으로 내놓은 방식으로 집단 사고를 통해 사고의 확산을 추구하는 방법이다. 다음은 브레인스토밍의 4가지 기본규칙이다.

첫째, 질보다는 양을 우선한다. 다양하고 많은 아이디어가 산출될수록 문제에 대한 해결 가능성이 높아진다는 생각으로 발상의 다양성을 끌어올리는 규칙이다.

둘째, 판단의 지연으로 비판과 비난을 자제한다. 브레인스토밍 중에 제시된 아이디어에 대한 비판은 추후의 비판적 단계까지 보류하고, 아이디어를 확장하고 더하는 데에 초점을 둬야 한다. 비판을 유예하는 것으로 참여자들은 자유로운 분위기 속에서 다양하고 독특한 생각들을 꺼낼 수 있게 된다.

셋째, 자유로운 사고를 지향하며 특이한 아이디어를 환영한다. 많고 좋은 아이디어 목록을 얻기 위해서 엉뚱한 의견도 적극 수용한다. 엉뚱하고 새로운 관점을 통해서 더 나은 답을 줄 수 있는 새로운 방법이 떠오를 수 있다.

넷째, 아이디어를 결합하고 개선한다. 아이디어의 결합을 통해 시너지 효과를 얻을 수 있다. 즉, 아이디어들을 연계시키는 것으로써 더 뛰어난 성과를 얻을 수 있는 것이다.

브레인스토밍의 수행 절차는 다음과 같다.

먼저, 논의할 주제를 선정하고, 참여 학생 중에서 사회자와 기록자를 선정한다. 사회자는 참여 학생들에게 논의할 주제에 대해 생각할 시간을 주고 위 4가지 규칙을 바탕으로 브레인스토밍을 진행한다. 기록자는 참여 학생들에게 나온 아이디어를 기록한다. 모든 학생이 볼 수 있는 칠판, 화이트보드 등을 활용하는 것이 바람직하다. 이때 4가지 규칙 이외 추가적으로 지켜야 할 규칙을 정할 수 있으나 지나치게 많은 규칙은 자유로운 사고를 방해할 수 있으므로 주의한다.

그리고 주제에 대한 다양한 아이디어를 생성하도록 한다. 브레인스토밍은 창의적인 아이디어를 산출하거나 문제해결을 위한 것이기 때문에 적극적으로 참여하여 아이디어를 생성하도록 촉진한다.

충분한 아이디어가 생성되었다면, 아이디어를 분류하고 정리한다. 이때 분류기준이 다양할 수 있으므로 구성원과 논의하며 분류기준을 세우도록 한다. 아이디어의 분류와 정리가 끝났다면, 아이디어를 평가한다. 아이디어를 평가할 때 비판적으로 하나 또는 다수의 현실성 있는 아이디어를 선정하고 추가적인 아이디어를 제안하여 최종 주제에 맞는 창의적 아이디어 또는 해결책을 선정한다.

아이디어를 산출하는 과정에서 브레인라이팅(brainwriting)을 활용할 수 있다. 브레인라이팅은 구성원들 상호 간에 대화나 토론 없이 의사결정이 이루어지는 기법으로 상호작용을 하는 집단 내에서 함께 작업하는 사람들보다 다른 작업을 하는 사람들로부터 더 많고 좋은 아이디어를 얻을 수 있는 장점이 있다. 이때 아래의 그림과 같이 포스트잇(Post-it Note)이나 온라인 잼보드를 활용할 수 있다.

〈그림 9-3〉 오프라인 포스트잇 활용

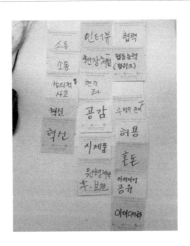

<그림 9-4> 온라인 잼보드 활용

(3) 함께 학습하기(learning together)

미국 미네소타 대학의 존슨과 존슨(Johnson & Johnson, 1987)에 의해 개발된 협동학습 유형으로 5~6명의 이질적인 구성원이 모여 주어진 과제를 협동적으로 수행하는 방법을 말한다. 수업 활동으로 이루어지는 '함께 학습하기'는 과제, 보상과 평가가 모두 집단으로 이루어지는 협동학습 모형이다. 그리고 일반적인 학습 절차는 먼저 집단별 과제를 부여하고 학습한 이후, 개별적 시험이나 보고서를 작성한다. 그리고 시험이나 보고서의 평가 결과를 집단별 평균 점수를 산출하여 개인 점수를 부여하게 된다. 단, 집단 평균 외에 모든 구성원이 정해진 수준 이상에 도달했을 때 보너스 점수를 부여할 수 있다. 대학 수업에서 '함께 학습하기'는 가장 보편적으로 활용하고 있는 협동학습 모형이다.

그러나 대학에서 학습자가 능동적으로 학습목표를 설정하고, 학습목표를 달성하기 위해 집단을 구성하여 협력적으로 학습을 수행하는 경우가 많다. 이는 학습자 중심의 '함께 학습하기'로 일반적으로 스터디 그룹을 만들어서 운영하게 된다. 한편, 온라인을 활용하여 불특정 다수와 함께 학습할 수도 있다. 혼자 공부하면 집중력을 유지하기가 어렵고 스터디 그룹을 만들어 운영하는 것도 번거로운 경우 활용할 수 있는 전략이다.

(가) 스터디그룹 운영하기

스터디그룹을 운영하게 되면 혼자 학습하는 것보다 학습하고자 하는 의욕을 높일 수 있고, 짧은 시간에 다양한 정보를 습득할 수 있다. 또한 습득한 정보와 지식을 보다 명확하게 정리할 수 있다는 장점이 있다. 이러한 스터디 그룹을 운영함에 있어서 고려사항은 다음과 같다.

- 모임의 구성은 서로 신뢰할 수 있고 책임감이 있는 구성원으로 정한다. 그리고 각 구성원의 장단점과 기대 사항을 서로 파악한다.
- 공동의 목표를 분명하게 설정한다. 스터디그룹을 통해 무엇을 얻고자 하는지에 대한 명확한 공동목표가 있어야 한다. 그리고 이를 실천하기 위한 세부적인 목표를 설정하는 것이 바람직하다.
- 스터디그룹의 운영과 목표에 필요한 역할을 규정하고 역할분담은 구성원의 특성을 고려하여 논의한다. 반드시 역할을 고정할 필요는 없으며 서로 돌아가면서 역할을 맡는 것도 좋다.
- 스터디그룹의 운영 규칙을 정하고, 지키지 않았을 때 어떻게 할 것인지를 사전에 함께 정한다. 특히, 시간에 대해서는 보다 엄격하게 규칙을 정하는 것이 바람직하다.
- 구성원들이 자유롭게 자신의 견해를 제시할 수 있는 민주적인 분위기를 형성해야 한다. 의견 제시, 토론 등의 과정에서 모든 사람들이 적극적으로 참여하는 분위기가 되어야 한다.
- 긍정적 상호작용을 위한 태도를 실천한다. 이는 다른 구성원의 의견을 경청하고, 분석과 비판을 하되 건설적 방향으로 제시한다. 또한 자신의 의견은 간결하고 명확하게 전달하며 자신의 생각만을 고집하지 않는다.

최종결론에는 모두가 동의하도록 노력한다.

(나) 온라인을 활용하여 함께 학습하기

'온라인'으로 불특정 다수와 함께 하는 공부도 가능하다. '열정을 품은 타이머'와 같은 어플은 실행 중에 다른 앱을 사용하지 못하게 하는 스톱워치를 사용할 수 있다. 특히 그룹기능을 이용하여 현재 누가 공부하고 있는지를 확인할 수 있다. 실시간으로 다른 사람들의 공부시간과 내 공부시간을 비교할 수도 있고 공부순위표도 공개되어 경쟁심을 통해 동기를 유발한다.

다른 사람이 공부하는 모습을 보면서 공부하는 경우도 있다. 몇몇 유튜버들이 공부하는 모습만 올렸는데도 많은 학생들이 공부할 때 해당 동영상을 플레이한 경우가 있었다. 이런 방식은 스터디 윗 미(study with me)와 같은 실시간 유튜브 방송으로 진화하였다. 공부하는 누군가를 보며 실시간으로 함께 집중해서 공부한다. 서로의 모습을 다함께 볼 수 있도록 zoom 등의 온라인 플랫폼을 활용하여 '온라인 독서실'을 운영하기도 한다. 세계 각국 사람들이 참여하는 국경 없는 온라인 독서실 '스터디 스트림(study stream)' 등을 이용할 수 있다.

SNS 공부 계정을 개설하는 것도 도움이 된다. 공부에 대한 기록과 정보 교환의 목적으로 일상을 올리는 개인 계정과 다른 별도의 SNS 부계정을 개설하는 경우도 있다. 예컨대 공스타그램(공부＋인스타그램)에는 자신의 공부계획에 따른 성취도나 필기한 노트 등을 공유한다. 계획과 시간 기록을 SNS에 남겨서 어필하고 팔로워들에게 응원을 받기도 한다. 학업과 대외활동 관련 SNS부계정을 만들어 운영하면 나만의 포트폴리오를 알릴 수 있고 성취를 보고 서로 응원하며 동기부여를 받을 수 있다. 다만 팔로워를 만들고 SNS를 운영하는 데 지나치게 많은 시간이 소요되지 않도록 조절할 수 있어야 한다(장한별, 2022).

(4) 협동학습을 할 때 활용할 수 있는 온라인 플랫폼 또는 소프트웨어

COVID-19 이후 온라인 강의와 재택근무로 인해 학습과 의사소통할 수 있는 온라인 플랫폼이 다양하게 등장하였다. 온라인 플랫폼은 비대면 상황에 활용하기 용이하도록 개발되었으나 대면 수업이나 과제 활동에서도 보조적으로 활용되어 앞으로의 확장성과 활용도가 훨씬 더 높아질 것으로 예상된다. 현재 협동학습을 위한 매우 다양한 온라인 플랫폼과 소프트웨어 등이 개발되어 있다. 그중 대학생들에게 가장 대중적으로 사용되는 어플은 카카오톡이다. 텍스트 기반의 의사소통뿐 아니라 이미지, 텍스트 파일 공유, 음성회의 등의 다양한 기능이 있기 때문이다. 한편 협동학습의 목적에 방법에 따라 특화된 기능이 요구되는 경우가 있다. 이때 사용할 수 있는 온라인 플랫폼 중 대표적인 몇 가지를 소개하고자 한다.

이용 목적	온라인 플랫폼 또는 소프트웨어
클라우드 서버로 자료 공유	구글 드라이브(Google Drive), 네이버 클라우드(Naver Claude), 원라이브(OneDrive), 드롭박스 (Droupbox) 등
회의 시간이나 일정 관리	구글 캘린더(Google Calender), 두들(doole), 네이버웍스 캘린더 (Naver Works Canlender) 등
실시간 화상회의 기반 의사소통	줌(Zoom), 미트(Meet), Webex(웹엑스), 미트(Meets) 등
브레인스토밍 또는 의견수렴	패들릿(Padlet), 잼보드(Jamboard), 마인드마스터(Mindmaster), 알마인드(Almind) 등

✎ 활동 1 계약학습을 통한 학습 계획 세우기

요소		내용
계약기간		년　월　일　~　년　월　일　（　　　일）
학습목표 설정	일반적 목표	
	구체적 목표	
학습 내용		
학습 방법		
학습자원 구하기	물적 자원	
	인적 자원	
성취증거 제시방법		
성취 평가기준		

위 계약 내용에 따라 성실히 학습을 수행할 것을 계약합니다.

계약일:　　　　　년　　월　　일

계약자(학습자):　　　　　　서명

조력자:　　　　　　　서명

※ 단, 스스로 계약학습을 진행할 경우 "조력자" 역시 본인일 수 있습니다.

활동 2 하브루타 학습을 위한 활동지

하브루타 터디파트너	학습자1		학습자2	
학습주제				
학습내용				
학습목표				
질문 만들기	※ 학습 주제에 대한 학습목표를 달성하기 위해 의문사항을 기재하세요.			
하브루타를 통해 알게 된 것				
하브루타를 통해 더 알고 싶은 것				
하브루타를 통해 느낀 점				

활동 3 스터디그룹 운영을 위한 시뮬레이션

스터디그룹 목적					
모임일시 및 장소		일 시		장소	
단계	내용	실제 적용방안 탐색			
그룹 구성	적절한 인원 구성 (2~5명)	이름	장/단점	모임에 대한 기대사항	
운영 논의	목표 및 산출 결과물 논의	학습목표:			
		기대되는 결과물:			
	역할 결정	이름	역할	책임사항	
			팀리더	모임진행, 운영 평가	
			서기	자료정리, 진행시간 점검, 운영 평가	
			총무	연락, 장소 및 시간 확정, 운영 평가	

		과정	소요시간	활동 및 결과
	그룹 운영 규칙 결정 (시간/역할 등)			
진행	세부 활동 진행 계획 (1회 기준 사례)	오늘 기대 결과물 공유	3분	• 쉬운 과제 3개 해결 • 어려운 과제 3개 해결
		구체적 스터디그룹 활동	40분	• 각 구성원이 쉬운 문제 하나씩 풀어 설명 • 문제해결방법을 아는 학생 중심으로 어려운 문제를 같이 품
		질의응답	20분	• 스터디그룹 활동 시 해결되지 않은 내용에 대해 서로 질의응답
		다음 모임 상의	10분	• 다음 모임 주제, 구체적인 운영방식에 대해 논의 및 합의
		오늘 모임 평가	10분	• 시간계획을 좀 더 잘 지키자 • 오늘 해결해야 할 문제를 하나 해결하지 못했다.
평가	과정 및 결과에 대한 평가 (전체적 평가)			

참고문헌 ─────────────────────────────────────

대한상공회의소 고용노동정책(2018). **100대 기업이 원하는 인재상 보고서**: 대한상
  공회의소.

박숙희, 염명숙(2017). **교수-학습과 교육공학**. 학지사.

유승우, 임형택, 권충훈, 이성주, 이순덕, 전희정(2017). **교육방법 및 교육공학**. 양
  서원

유지원(2017). 대학 학습공동체에서 팀 성취목표지향성, 사회적 태만, 팀 상호작용
  이 학습공동체 활동성과에 미치는 영향. **열린교육연구, 25**(4), 191-216.

이혜정, 성은모(2011). 대학교육에서 대학생 중심의 교수설계를 위한 최우수 학습
  자의 학습특성 및 학습전략 탐색. **교육공학연구, 27**(1), 1-35.

장한별(2022). **나는 대학생활이 처음인데요**. 더문.

조용개, 손연아, 이석열, 이은화, 이희원, 장상필(2017). **성공적인 대학생활을 위한
  학습전략 포트폴리오**. 학지사.

허영주(2016). 하브루타 활용 수업이 개인 및 집단창의성에 미치는 영향. **교양교육
  연구, 10**(3), 73-106.

Johnson, D. W., & Johnson, R. T. (1987). *Learning together and alone:
  Cooperative, competitive, and individualistic learning*. Prentice-Hall, Inc.

참고영상 ─────────────────────────────────────

하브루타 공부법
https://www.youtube.com/watch?v=2zjYrUV_rZs&t=2s

학습을 위한
능동적 읽기와
듣기

01

능동적 읽기

'능동적'이라는 단어의 반대말은 '수동적'이라는 단어이다. 그렇다면 이 둘은 어떻게 다를까? '능동적'과 '수동적'이라는 단어의 사전적 의미를 보자. '능동적'이란 단어의 사전적 의미는 힘이나 작용을 스스로 일으키는 것을 의미한다. 반면, '수동적'은 자발성이 없이 남의 힘을 받아 움직이는 것을 의미한다. 그러므로 능동적 읽기는 스스로의 힘을 바탕으로 읽기를 수행하는 것으로 읽기뿐만 아니라 책에 메모를 하고, 중요한 구절에 밑줄을 긋는 등의 적극적인 행위가 포함되는 읽기 행위를 의미한다고 할 수 있다.

능동적인 읽기란 읽고 있는 내용에 대하여 스스로 질문하고 그 답을 찾는 적극적인 행위이다. 능동적인 읽기는 무조건적인 텍스트 읽기가 아닌 이해를 하면서 읽어야 한다는 것이다. OECD(경제협력개발기구)에서 실시한 문해력 조사 결과에 따르면 우리나라는 OECD 회원국 평균 22%와 큰 차이가 나 OECD 조사국 중 최하위로 드러났다(민현식, 2008). 이는 우리나라 국민 중 글을 읽고 이해할 수 있는 비율이 낮다는 의미이다. 글을 읽고 이해한다는 것은 아무런 생각 없이 무조건 읽는다는 것이 아니라, 그 의미가 무엇인지 그것이 기존에 내가 알고 있는 것과 어떤 차별성이 있는가를 생각하고 정리하면서 읽어야 한다는 것이다.

대학에서는 주어진 정보를 습득하여 이해하는 수준을 넘어서서, 다양한 영역을 아우르며 창의적인 문제를 해결할 수 있는 수준의 배경지식이 필요하다. 학습자는 글을 읽을 때 메모를 하기도 하고, 밑줄을 긋는 등의 과정을 통해 내용을 이해하고, 기억하며 사전지식을 바탕으로 새로운 정보를 재구성하는 과정을 거친다. 따라서 전공과 교양을 아우르는 폭넓고, 깊이 있는 독서 능력을 필요로 한다.

1) 능동적 읽기의 중요성

글을 읽는다는 것은 사고 행위의 전단계로, 읽기는 자신의 문제를 인식하고, 그 문제를 해결하기 위해 시작된다(심영덕, 2014). SNS에 올라오는 글을 읽을 때에는 피곤함이나 사고의 적극적인 행위가 수반되지 않는다. 그러나 전공 서적을 읽거나 리포트를 작성하기 위한 참고문헌을 읽거나 관련 인터넷 자료를 읽을 때에는 다르다. 왜냐하면 후자의 읽기를 수행할 때 뇌는 매우 복잡한 일을 수행하기 때문이다. 읽고 있는 자료가 문제와 관련이 있는 자료인지, 정확한 자료인지, 이 내용이 문제해결을 위해 적절한 내용인지, 기존에 알고 있는 내용과 무엇이 다른지 등에 대하여 뇌는 실시간으로 판단하고, 관리하는 다중작업을 수행한다. 그러므로 효과적으로 읽기 위해서는 그에 따른 적절한 전략이 필요하다. 읽기를 위한 다양한 전략을 살펴보기 전에 우선 자신의 읽기 습관을 점검할 필요가 있다. 왜냐하면 자신의 습관 점검을 통해 자신의 부족한 부분을 확인할 수 있으며, 습관을 개선하기 위해 어떤 전략이 필요한지 알 수 있기 때문이다.

활동 1. 글 읽는 습관 점검하기(p.236)를 통해 자신의 읽기 습관을 확인해 보자. 20점 이하라면 점수가 낮은 항목을 중심으로 개선해야 할 습관을 찾고 이를 위한 전략을 세워보자.

2) 책을 읽기 전 점검사항

(1) 책을 읽는 목적이 무엇인가?

우리가 책을 읽는 이유는 매우 다양하다. 대학에서 책을 읽는 것은 읽고 있는 내용에 대한 이해를 통해 과제와 발표를 준비하는 등의 문제해결을 하기 위해서이다. 책을 읽는 목적이 무엇이냐에 따라 읽는 방식이 달라질 수 있기 때문에 우리는 어떤 책을 읽기 전에 읽는 목적이 무엇인가를 생각해 봐야 한다. 대부분의 대학생들은 시험이나 취업 등의 준비, 과제 등 보고서 작성 혹은 자신의 흥미와 관심사의 호기심 충족을 위해 책을 읽을 것이다.

자투리 시간 10분을 활용해 책을 읽는 것과 전공 수업시간에 발표를 위해 관련 전공 책을 읽는 것은 매우 다르다. 전자의 경우에는 편한 공간에서 편한 자세로 읽어도 내용에 대한 이해가 쉬울 것이다. 왜냐하면 자투리 시간을 활용해 읽는 책은 대개 효율적으로 내용을 기억하기 위해 뇌가 활성화되지 않아도 되기 때문이다. 그러나 후자의 경우에는 발표주제와 관련된 내용인지, 해당 내용을 발표자료에 어떤 형태로 정리하여 넣을 것인지 등에 대해 뇌가 주어진 정보를 받아들이고, 판단하고, 분석하여 업데이트하는 과정을 반복하기 때문에 집중과 몰입이 필요하다.

전공 시험이나 취업을 위한 시험 등의 준비를 위해서라면 책을 읽으면서 필요한 부분들에 대한 내용에 대한 이해가 매우 중요하다. 그러므로 이 경우에는 중요한 핵심내용을 파악하기 위한 정리기술이 필요하다. 과제와 같은 보고서를 작성하고자 할 때 역시 마찬가지다. 보고서 작성을 위해 관련된 참고문헌을 찾고 거기에서 중요한 논거가 될 내용을 정리해야 한다. 그러나 흥미와 지적 호기심 충족을 위해 책을 읽는다면 좀 더 편하게 마음이 가는 문구에 줄을 긋는다거나 표시하는 정도만으로도 충분할 것이다.

(2) 사전지식의 활용과 전체 구조의 파악

책을 읽을 때는 기존에 자신이 알고 있는 내용과 연결지어 읽거나 읽어야 할 내용에 대한 안내가 있으면 그 내용을 이해하기가 더 수월하다. Ausubel (1968)은 학습내용을 포괄하는 내용을 주요 개념, 목차, 조직도 등으로 제시하면 그 내용을 학생들이 조직화하여 이해하기가 더 수월해진다고 하였다. 책을 읽기 전에 전체적인 내용의 단서가 될 수 있는 정보를 미리 얻기 위해 책의 목차, 각 장의 설명 등을 미리 훑어보는 것이 좋다. 이러한 정보들이 사전지식이 되어 본격적으로 본문의 내용을 읽어갈 때 내용 이해에 많은 도움이 된다. 이렇게 책을 읽기 전에 전체적인 개요를 파악하기 위한 목차와 내용을 살펴보는 활동을 Ausubel은 우리 두뇌 속에 선행조직자(advance organizer)를 형성한다고 보았다.

선행조직자를 형성하기 위해서는 먼저 장, 절의 구성을 살펴볼 수 있다. 장과 절을 보면 전체적인 내용의 주요 구조를 파악할 수 있다. 절은 대개 그 장에서 알아야 할 내용의 상위개념으로 이루어진 경우가 많다. 교재의 대부분은 장이 시작될 때 내용에 대한 개요 혹은 요약을 제공한다. 간혹 어떤 교재에서는 장의 마지막에 요약 정리를 제공하는 경우도 있다. 책을 읽기 전에 이러한 글의 구조를 파악하면 내용을 파악하고 이해하는 데 도움이 된다.

교수님이 읽어오도록 하는 내용을 미리 읽어보고 선행조직자를 만들어 수업에 들어간다면 수업 내용을 보다 용이하게 이해할 수 있을 것이다. 그러나 어떻게 읽어야 하는가에는 주의를 더 기울일 필요가 있다. 교재를 읽기 전에 미리 장과 절의 제목, 키워드 등에 대해 질문해 보고 여러분이 알고 있는 내용을 활용하여 답을 적어보자. 미리 질문에 답을 해보는 것은 수업내용에 관해 자신이 가지고 있는 사전지식을 활성화시켜줄 뿐만 아니라 새롭게 알게 된 정보를 기존의 정보와 연결시키는 것을 더 수월하게 해 준다. 즉, 중요한 내용에 대한 질문을 만들어 보는 것이 여러분이 읽고 있는 텍스트의 내용을 더 깊게 생각할 수 있게 해주고 이해를 도울 수 있다. 그리고 질문에 답을 하는 것은 우리가 이미 알고 있는 내용과 새롭게 배우는 내용을 연결시켜 주기 때문에 내용의 이해, 즉 학습에 도움이 된다.

EBS 다큐 프로그램인 '인지의 세계는 냉엄하다'를 보면 피아노를 전공하는 학생과 야구선수들에게 피아노 음악과 야구에 대한 영상을 보여 준 후 그 영상의 정보를 각각 기억하여 적어보게 한다. 피아노과 학생들은 피아노 음악에 대한 구체적인 정보를 세세하게 기억하고 적는 반면 야구에 대한 정보는 거의 기억하지 못해 적지 못한다. 반대로 야구선수들은 야구에 대한 정보를 매우 소소한 부분까지 기억하지만 피아노 음악에 대한 것은 거의 적지 못한다. 우리의 두뇌는 무조건적인 정보수용과 집적이 아닌 머릿속에 있는 기존의 사전정보를 새로운 정보와 연결지어 기억하고 이해하기 때문에 수업에 들어오기 전에 우리의 두뇌 속에 사전지식의 고리를 만들어 주는 것이 매우 중요하다고 할 수 있다. 즉 수업에 들어오기 전에 오늘 배울 수업내용의 사전지식을 머릿속에 만들어 주는 것이 바로 읽고 질문을 만들어 답해 보는 것이다. 그리고 이러한 과정을 가리켜 예습이라고 할 수 있다.

3) 책을 읽으면서 활용할 수 있는 전략

책을 읽는다는 것은 정한 목적에 대한 답을 찾는 과정이다. 책을 읽는 목적이 즐거움을 위해서건 보고서를 작성하기 위해서건 간에 나름의 답을 찾는 과정이다. 이제 이러한 답을 찾는 과정을 위한 다양한 전략을 확인해 보자.

(1) 책 내용에 대해 미리 질문하고 예측하기

책을 읽다 보면 다 읽고 나서도 무슨 내용이었는지 기억이 나지 않는 경우가 있다. 이유가 무엇일까? 보통은 책에 집중하지 않았기 때문이라고 한다.

그러나 책을 읽는 내내 집중하는 것은 쉬운 일이 아니다. 책을 읽는 동안 집중이 어렵다면 어떻게 해야 할까? 책을 읽기 전 어떤 부분에 집중해야 하는지 스스로 알아보는 방법이 있을 것이다. 책을 읽기 전에 책을 읽는 목적이 무엇인지 생각해 보고, 그에 따라 질문을 만들어 보는 것이다. 이를 위해 다음과 같은 질문을 해 볼 수 있을 것이다.

- _____에 대한 내용인가?
- _____은 어떤 뜻인가?
- _____과 _____의 같은 점은 무엇인가?
- _____과 _____의 차이는 무엇인가?
- 왜 _____이 발생하였는가?
- 왜 _____는 _____ 행동(생각)하였는가?
- _____이 발생한 직접적인 이유는 무엇인가?
- _____에 _____한 영향을 미친 것은 무엇인가?
- _____의 장점과 단점은 무엇인가?

(2) 정교화 전략

책의 내용을 잘 기억하려면 보다 많은 노력이 필요하다. 내용이 어려운 책을 읽을 때에는 반복적으로 읽을 필요가 있다. 그리고 내용을 이해하고 답을 찾기 위해 책을 읽고 있다면 읽은 내용을 좀 더 구조화하여 정리하는 전략을 활용할 필요가 있다. 즉 정교화 전략을 활용할 수 있는데, 이 외에도 앞선 장들에서 설명하고 있는 다양한 학습전략들을 동시에 활용하면 더 큰 효과를 볼 수 있다.

정교화 전략은 책의 내용을 이해하기 위해 기존에 알고 있는 내용을 추가한다던지, 자신의 생각을 얹어 추가적으로 정리를 하는 방법 등을 쓸 수 있다. 이렇게 하면 내용을 보다 더 잘 기억할 수 있다.

간단하게 활용할 수 있는 몇 가지 정교화 전략을 살펴보자.

- 중요하다고 생각되는 개념에 밑줄을 긋거나 형광펜으로 표시하기
- 단원의 소제목별로 내용을 요약하여 정리하기
- 스스로 문제를 출제하여 답을 찾아 정리하기
- 이전에 배웠던 개념이 있다면 그 개념과 관련된 것을 추가적으로 정리하기
- 읽은 내용을 요약하여 정리하고 이를 다른 친구에게 설명하기

이상의 전략은 책을 읽을 때 간단하게 활용할 수 있는 정교화 전략으로 이러한 행위를 함으로써 우리의 뇌는 이 행위에 집중할 수 있게 된다. 어떤 학생들은 책을 읽다 멈추는 것을 두려워한다. 멈추면 읽기 싫어질까봐 혹은 흐름이 끊길까봐 등 다양한 이유로 책을 읽을 때 쉬지 않고 읽는 경우가 종종 있다. 그러나 어렵고 중요한 내용을 다룰수록 우리의 뇌가 내용에 집중하고 기억할 수 있도록 의도적으로 멈출 필요가 있다. 이러한 과정을 '사고를 위한 멈춤'(김혜온, 김수정, 2016)이라고 하는데, 사고를 위해 멈추고 내용을 정리하고 다시 한번 그 내용을 되새김으로써 내용에 대해 비판적으로 사고할 수 있다.

사고를 위한 멈춤이 없이 책을 읽을 때에는 내용에 대해 잘 알고 있다는 착각을 하게 된다. 읽는 동안은 뇌가 막연하게 내용에 집중하고 있다 보니 이해한 것으로 착각하게 된다. 뇌가 중요한 내용을 이해하고 기억하게 하기 위해서는 그에 상응하는 노력과 시간이 투입되어야 한다. 그러므로 우리가 읽은 내용을 뇌에 기록하고 저장할 수 있도록 잠시 멈추고 내용에 대해 다시 한번 생각을 정리하고 요약정리하는 시간을 갖는 것이 좋다.

책을 읽어가는 과정에서 중요한 것은 자신이 스스로 정리하고 메모하는 것

이다. 다른 사람이 읽고 표시한 부분을 그대로 베낀다거나 다른 사람의 요약 정리를 보고 공부하는 것은 큰 효과가 없다. 이렇게 공부한 내용은 금방 잊어버리게 된다. 왜냐하면 뇌가 기록하고 저장할 시간을 충분히 주지 않았기 때문이다. 본인이 책을 읽고 내용을 정리한다면 이 과정에서 반드시 '사고를 위한 멈춤'이 일어난다. 시간이 걸리더라도 이 과정의 반복은 우리의 뇌가 그만큼 그 행위에 몰입하고 집중하게 유도해 준다. 그러므로 책을 잘 읽고 내용을 이해하려면 중간중간 사고를 위해 멈추고 읽은 내용에 대해서 되새겨보거나 읽는 내용을 요약하고 정리해야 한다.

내용이 어렵지 않거나, 개념을 중심으로 공부할 때에는 다양한 색의 펜이나 인덱스 택(띠지)을 활용함으로써 빠르게 내용을 읽고 전체적인 맥락에서 추후에 정리할 수 있다.

(3) 책 속에 담긴 단서 활용하기

책은 저자의 의도가 담겨있는 저작물이다. 그러므로 책에는 저자가 독자에게 알려주고자 하는 바에 대하여 곳곳에 힌트나 단서를 제공하고 있다. 독자는 이러한 단서를 찾음으로써 저자의 의도에 보다 빠르게 다가설 수 있다. 특히 전공 교재의 경우에는 해당 분야에 대한 전문가인 저자가 체계적이고 논리적인 흐름에 맞게 내용을 구조화하여 제시하고 있다. 그러므로 전공 교재를 읽을 때에는 이러한 단서를 찾기 위해 노력하면서 읽을 필요가 있다. 단원의 개요, 소단원명, 짙은 색 혹은 이탤릭체로 표기된 핵심개념들, 도표, 그림, 단원의 정리 부분 등 모두 저자가 독자를 위해 제공하는 단서들이다.

단원의 개요는 단원에 대한 개략적인 이해를 도와준다. 소단원명은 해당 단원에서 학생들이 알아야 할 핵심개념이나 주제로 대개 해당 부분 학습목표의 키워드가 포함되어 있다. 그리고 핵심개념들은 책을 읽으면서 내용을 이해하는 데 가장 기본이 되는 단서이다. 개념들을 나열하고 이들 간 관계가 무엇인지 생각하고 이를 표시하는 과정이 유의미한 학습으로 이끈다. 이러한 과정을 생략할 수 있도록 도와주는 저자의 친절이 도표나 그림, 단원의 요약정리 부분이다. 그러므로 체계적으로 정리된 교재일수록 학생들은 저자의 친절한 단서들을 찾아 이용하는 것이 내용 이해에 도움이 된다.

(4) 메타인지의 활용

메타인지(metacognition)는 '사고에 대한 사고' 또는 '인지에 대한 인지'를 의미한다(Flavell, 1976). 즉 자신의 사고에 대해 알고 조절하고 통제할 줄 아는 능력으로 메타인지 수준이 높은 학습자가 학습의 성취에 효과적이라는 연구들이 있다. 메타인지에는 학습활동에 대한 계획, 모니터링, 조절, 통제 및 관리 전략이 포함된다.

- 학습활동에 대한 계획: 책을 읽기 전에 세우는 계획으로, 어떤 목표를 가지고 어떤 책을 읽을 것인지를 결정하는 단계이다. 목표를 설정하는 것으로 스스로 동기화되고 하고자 하는 바가 명확해진다.
- 모니터링: 책을 읽는 동안 스스로 몰입하고 있는지 확인하고, 문제해결을 위한 답안을 잘 찾아가고 있는지 등에 대해 스스로 확인하는 과정이다. 스스로 모니터링을 하지 않으면 책을 읽는 동안 다른 생각에 빠지거나 집중하지 않는 채 책의 활자를 읽는 행위에 빠지게 될 수 있다. 모니터링을 하기 위해 스스로에게 물어보는 것도 좋은 방법이다. '나는 지금 집중하고 있나?', '중요한 개념을 잘 찾아가고 있나?' 등의 질문을 스스로에게 던져보는 것이다.
- 조절, 통제 및 관리: 책을 읽으면서 집중력이 떨어지거나 피로감을 느끼는 경우가 있다. 이러한 경우에도 책을 계속 읽어야 할까? 아니다. 스스로의 상태를 점검하고 책을 집중하여 읽을 수 있는 상태가 아니라고 판

단된다면 일정을 조절하거나 자신의 상태를 통제해야 한다. 핸드폰이 자꾸 울려 집중을 못 하고 있다면 핸드폰을 잠시 끈다거나, 주위가 시끄러워 집중이 되지 않는다면 장소를 이동하여 책에 집중해야 한다. 또한 자신이 가지고 있는 다양한 인적, 물적, 시간 자원의 관리를 통해 효과적인 학습이 되도록 자신의 상태를 관리하는 것도 중요하다.

팰린사와 브라운(Palicsar & Brown, 1984)이 개발한 상보적 교수(reciprocal teaching)도 인지적 측면에서 정교화를 촉진하는 협동학습 모형이다(Slavin, 1996). 상보적 교수방법은 학생들이 글을 읽으면서 그 글의 내용과 관련해서 서로에게 제시할 질문을 만드는 법을 가르친다. 그리고 나서 서로에게 읽은 글에 관한 질문을 하기 위해서 스스로 읽고 핵심요소에 초점을 맞추어 학습하게 한다(박철홍 등, 2014).

- 1단계: 수업이 시작되면 교사 역할을 하는 학생이 학습자 역할을 하는 학생과 간단한 읽기 자료를 읽으면서 사전지식 재생을 위해 간단한 토론을 실시한다.
- 2단계: 교사 역할을 하는 학생과 학습자 역할을 하는 학생 모두 책을 읽는다.
- 3단계: 먼저 교사 역할을 하는 학생은 책의 내용에 대해 질문을 만들고, 내용을 요약하여 정리한다.
- 4단계: 교사 역할을 하는 학생은 질문을 하고 학습자 역할을 하는 학생은 그에 따라 답변을 해 본다.
- 5단계: 교사 역할을 하는 학생은 답변 내용에 대해 명확하게 다시 설명해 준다.
- 6단계: 역할을 반대로 바꾸어 동일한 방식으로 실시한다.

이 외에도 Thomas와 Robinson(1972)이 개발한 PQ4R 기법이 있으며, 이를 활용함으로써 학생들이 학습내용을 의미 있게 조직화하고 질문하거나 정교화시키는 것과 같은 학습전략을 사용하며, 시간을 두고 내용을 복습하는 것과 같은 분산학습을 한다는 보고가 있었다(김혜온, 김수정, 2016).

- Preview(미리보기): 공부할 내용이 어떻게 구성되어 있는지 제목을 중심으로 살펴본다.
- Question(질문하기): 내용을 살펴보면서 질문들을 만든다.
- Read(읽기): 공부하는 자료를 읽으면서 동시에 바로 전 단계에서 만든 질문에 대한 답을 찾고자 노력한다.
- Reflect(성찰하기): 다 읽고 난 후, 추가적으로 질문을 작성하고 그에 대한 답을 생각해 본다.
- Recite(다시보기): 읽은 것을 요약하고 그 전에 읽은 내용들과의 관계들도 포함시켜 정리한다.
- Review(복습하기): 자신이 만든 질문에 답을 하지 못한 부분들을 다시 읽어본다.

4) 책을 읽고 난 후

책을 읽는 중에는 효과적인 학습을 위해 다양한 전략들이 필요했다면, 책을 읽고 난 후에는 읽은 내용이 보다 오래 기억되도록 정리하는 작업이 필요하다. 왜냐하면 내용이 많을수록 우리의 뇌는 이를 저장하고 오래 기억하는 데 어려움을 겪기 때문이다. 그래서 뇌가 효과적으로 저장할 수 있도록 읽은 내용을 정리할 필요가 있다.

책을 읽고 난 후 요약정리는 교재에 제시된 요약정리 부분을 활용하는 것도 좋다. 요약정리가 되어 있지 않는 교재의 경우에는 아래의 질문에 대한 답을 찾아감으로써 정리가 가능할 것이다.

- 중요한 내용은 무엇인가?
- 핵심개념은 어떤 것들이 있었으며, 무엇을 의미하는가?
- 핵심개념들 간 대칭되는 것들이 있었는가? 있었다면 그들 간 어떤 차이가 있었는가?
- 이해가 되지 않는 부분이 있었는가?

이상의 내용에 대해 간단히 요약정리해 봄으로써 읽은 내용을 보다 오래 기억할 수 있도록 도울 수 있다.

02

능동적 듣기

1) 능동적 듣기의 정의와 중요성

능동적 듣기는 단순히 듣는 행위를 하는 것이 아니라, 상대방의 말을 완전히 이해하기 위해 주의를 집중하고, 상대의 말에 대해 적당한 피드백을 제공하는 행위라고 할 수 있다. 즉, 능동적인 듣기란 상대방의 말을 이해하기 위해 주의를 집중하고, 상대방에게 그에 적절한 피드백을 제공하는 적극적인 행위이다. 그러므로 능동적인 듣기를 하는 중에는 말하고 있는 상대에게 최선을 다해 집중하고, 그 말한 바를 이해하기 위한 노력이 수반된다.

'상대방의 말을 듣다'라고 할 때, 우리는 다양한 표현을 붙일 수 있다. 예를 들면 '상대방의 말을 듣는다'거나 '상대방의 말을 경청한다' 등의 표현을 사용할 수 있다. 능동적인 듣기는 경청을 바탕으로 하며, 집중하여 듣는 것을 바탕으로 자신이 들은 바를 정확하게 이해하고, 해석하고, 판단하는 적극적인 내적 활동이 함께 이루어진다.

활동 2. 수업 태도 점검하기(p.237)를 통해 듣는 태도에 대해 점검해 보자. 3, 5, 6번 문항은 역산을 하여 총점을 계산한다. 18점보다 낮을 경우 해당 항목을 중심으로 개선해야 할 습관을 찾아보도록 하자.

2) 지식 습득의 방법으로서 듣기

우리가 지식을 얻는 방법은 보통 읽고 듣기를 통해서이다. 책을 읽는 목적이 무엇이냐에 따라 책을 읽는 방법이 달라지듯이, 듣는 것 역시 목적이 무엇이냐에 따라 방법이 달라진다. 음악을 들을 때, 책을 읽어주는 다양한 앱을 이용해 들을 때, 수업을 들을 때, 시사 프로그램을 볼 때 등 모두 듣는 행위를 포함하고 있다. 그러나 집중을 가장 요구하는 작업은 수업을 들을 때이다. 음악을 듣거나 책 읽어주는 앱으로 들을 때와 같이 많은 집중력을 요구하지 않는 상황이거나 관심 없는 주제에 대한 시사 프로그램을 볼 때와 같은 상황에서는 쉽게 지치지 않는다. 심지어 음악은 틀어놓고 다른 일에 몰두할 수 있기도 하다. 그러나 수업을 듣고 난 후 우리는 많은 피곤함을 경험한다. 어려운 수업일수록 고되다는 느낌을 많이 받는다. 읽기와 마찬가지로 듣는 동안 내용을 이해하기 위해 뇌가 집중하고 활발하게 움직일수록 에너지를 많이 사용하기 때문이다.

즉, 지식을 습득하기 위한 듣기는 음악을 듣는 것과 같이 듣고 즐기기 위한 행위와는 다르게 뇌의 인지적 작용을 수반하기 때문에 상대적으로 노력이 많이 필요하다. 그러므로 지식을 습득하기 위한 듣기인 수업을 어떻게 들어야 하는지 안내하고자 한다.

3) 듣기 전

수업을 듣기 전에 거창한 준비가 필요한 것은 아니다. 그러나 인간이 정보를 받아들이고 처리하는 인지적 과정을 보면 주의집중을 하는 정보만이 뇌의 기억장치로 들어갈 수 있다. 그러므로 수업을 듣기 전, 즉 수업이 시작하면 자세를 바르게 하고, 책과 노트, 필기구를 나열하고, 교수자에게 주목해야 한다. 이것이 수업을 듣기 전 바른 자세이다.

그리고 잠깐이라도 오늘 배울 주제에 대하여 훑어보는 것이 좋다. 간단하게 단원명을 보고, 하위 소단원들의 제목을 보고, 거기에 대해 궁금증을 가지면 된다. 바로 이 궁금증에서 학습이 시작된다.

4) 듣기 과정

수업을 듣는 과정에서도 능동적인 경청을 하고 교수님이 하는 이야기를 자신의 언어로 요약하여 노트정리를 하는 것이 매우 중요하다. 수업내용을 이해한 방법대로 정리해 보면 자신이 무엇을 이해하고 이해하지 못했는가를 파악할 수 있다. 이해가 되지 않는 내용이 있다면 수업 전후에 교수님께 질문해서 해결하는 것도 학습 이해를 돕는 방법이다.

수업을 듣는 동안 우리의 뇌는 다양한 자극을 받는다. 집중해서 수업을 듣기도 하고, 멍하기도 하고, 잠이 오기도 하고, 다른 생각에 빠지기도 한다. 하지만 수업을 듣는 목표는 명확하다. 목표는 내용을 듣고 이해하기 위함이다. 수업을 듣는 도중 목표달성을 위해 집중하기란 쉽지 않다. 그러므로 효과적으로 듣는 습관이 필요하다. 수업이 시작되면 교수자는 설명을 하게 된다. 그 설명 안에도 읽기와 똑같이 중요한 단서들이 포함되어 있다. "이 부분이 중요한데요~", "무엇보다도~", "여기에서 기억해야 할 것은~" 등의 표현은 그만큼 중요한 내용이라는 의미이다.

그런데 이런 단서들을 잘 찾기 위해서는 듣기에 집중해야 한다. 주어진 내용을 그냥 듣는 수동적인 태도가 아니라 적극적으로 경청하고, 내용을 이해하며 들으려는 능동적인 태도가 필요하다. 이를 위해 노트정리를 하는 것은 집중과 능동적 태도를 유지하는 데 도움이 된다. 수업내용을 무비판적으로 받아들이지 말고 비판적으로 사고하고 내용을 받아들이려는 노력을 해야 한다. 그리고 들은 내용이 이해가 되지 않을 때는 옆 친구에게 묻지 말고 교수자에게 질문하는 것이 좋다. 옆 사람에게 묻는 행위는 옆 사람뿐만 아니라 나 자신의 수업을 들을 기회를 뺏는 행위가 된다. 이런 부분은 질문으로 정리하고 수업이 끝난 후 필기한 내용을 바탕으로 이해가 되지 않는다면 교수자에게 별도로 질문하는 것이 좋다.

 활동 1 글 읽는 습관 점검하기

다음은 평소 책을 읽는 습관에 관한 질문이다. 책을 읽을 때 다음과 같은 행동을 얼마나 자주 하는지 표시해 보자. 거의 하지 않을 때는 1번에, 가끔 할 때는 2번에, 종종 할 때는 3번에, 자주 할 때는 4번에 표시하도록 한다.

내 용	1	2	3	4
1. 책을 읽기 전에 어떻게 하면 효과적으로 읽을 수 있을지 생각해 본다.				
2. 어려운 내용의 책을 읽을 때는 이에 맞추어 천천히 혹은 더욱 집중하여 읽는다.				
3. 책을 읽을 때 이해되지 않는 부분은 표시해 두었다가 다시 한번 천천히 읽어본다.				
4. 책의 내용을 이해했는지 확인하기 위해 스스로 질문해 본다.				
5. 책의 내용을 다른 책이나 강의 중에 들은 내용과 연결하여 생각한다.				
6. 책의 내용에 대한 구체적인 예를 찾아본다.				
7. 책의 내용을 내 말로 다시 설명해 본다.				
8. 책의 내용을 잘 기억하기 위해 중요한 부분은 요점정리를 해둔다.				
9. 책을 읽으면서 중요한 내용을 별도로 다시 정리한다.				
10. 글의 내용을 다시 한번 비판적으로 생각해 본다.				
계				

출처: 김혜온, 김수정(2016). 대학생을 위한 자기주도학습기술, p.152 재인용

판단방법:

점수	내 용
30점 이상	양호한 편이나 책 읽는 방법을 개선하면 좀 더 효과적인 글 읽기 가능
20점 이하	자신의 글 읽기 전략을 검토할 것을 권장

활동 2 수업 태도 점검하기

다음은 평소 수업을 들을 때 어떻게 듣는지 점검하는 질문이다. 수업을 들을 때 다음과 같은 행동을 얼마나 자주 하는지 표시해 보자. 거의 하지 않을 때는 1번에, 가끔 할 때는 2번에, 종종 할 때는 3번에, 자주 할 때는 4번에 표시하도록 한다.

내　용	1	2	3	4
1. 수업시간에 빠지지 않고 출석한다.				
2. 수업시작 전에 지난 시간에 노트정리한 부분을 훑어본다.				
3. 노트정리를 잘 하지 않아서 시험 때에는 친구 노트를 빌려서 공부한다.				
4. 수업을 들으면서 내가 이미 알고 있는 부분과 관련 지어 보고 이들을 비교해 본다.				
5. 수업시간에 노트를 잊어버리고 갖고 가지 않아서 친구한테 종이를 빌려 필기하곤 한다.				
6. 내가 정리한 노트인데도 무슨 말을 적어 놓았는지 모르는 경우가 종종 있다.				

출처: 김혜온, 김수정(2016). 대학생을 위한 자기주도학습기술, p.174 참조

계산방법: 3, 5, 6번은 역산하도록 한다. 예를 들면 4번에 체크했다면 1점으로, 3번에 체크했다면 2점으로 계산한다.

판단방법:

점수	내　용
19점 이상	양호한 편이나 수업 듣는 방법을 개선하면 좀 더 수업을 효과적으로 듣기가 가능
18점 이하	듣기 태도를 개선할 것을 권장

활동 3 읽기/듣기의 습관과 태도에 대한 개선방안 수립하기

읽기와 듣기의 습관과 태도 점검을 통해 본인의 취약점을 확인했을 것이다. 자신의 취약점이 무엇인지 쓰고, 이를 개선하기 위한 방안을 세워보자.

구분	취약점	개선방안
읽기		
듣기		

활동 4 상보적 교수법 실습하기

아래 내용을 읽고 다음 상보적 교수법 활동을 해 보세요.

읽을거리

4차 산업혁명이라는 명목 아래 인공지능 어드바이저, 캠퍼스 없는 미래형 대학 미네르바 스쿨(Minerva School), MOOC, OCW(Open Course Ware) 등 시간과 공간의 제약이 없는 온라인 기반 학습과 에듀테크는 미래교육 혁신과 패러다임 변화의 주된 요소로 주목받고 있다. MOOC와 OCW는 온라인을 통해서 누구나, 어디서나 원하는 강좌를 무료로 들을 수 있는 온라인 공개강좌 서비스를 말한다. 미네르바 스쿨은 미국의 벤처투자자 벤 넬슨(Ben Nelson)이 2010년 설립한 대학교다. 28명의 학생이 2014년에 처음 입학했고, 2019년 5월에 첫 졸업생을 배출했다. '미래의 학교'라 불리는 미네르바 스쿨은 모든 수업을 100% 온라인으로 진행하며, 대학 캠퍼스가 없으며 대신 세계 7개의 기숙사가 있다. 1학년 때에는 대학본부가 있는 샌프란시스코에서, 1학년 2학기부터 서울(대한민국), 하이데라바드(인도), 베를린(독일), 부에노스아이레스(아르헨티나), 런던(영국), 타이베이(대만)에서 다양한 문화를 체험하면서 문제해결형 수업을 진행한다.

4차 산업혁명이라는 초연결사회의 전환을 맞아 디지털 기술을 교육에 접목하기 위한 논의와 실천이 꾸준히 진행되고 있다(도성훈, 2020). 더욱이 2020년 코로나19는 세계적으로 경제와 사회, 문화, 그리고 교육에 4차 산업혁명의 기술 접목을 몇 년 정도 앞당겨 주었다고 할 수 있다. 포스트 코로나 시대에는 원격수업, 언택트(untact) 교육이 일반적이지 않은 상황에서의 교육형태가 아닌 새로운 교육표준, 뉴노멀(new normal)로 자리 잡게 될 것이다. 오프라인에서 이루어지고 있는 모든 형태의 교육과 생활양식이 온라인으로 옮겨지는 디지털 트랜스포메이션(digital transformation)도 더욱더 빨라질 것이다.

코로나19 이전의 교육자들은 디지털 기술, 원격수업을 오프라인 교육 활동의 보조적인 수단으로만 인식하는 경향이 있었다. 코로나19는 4차 산업혁명의 기술을 교육환경에서 바로 적용할 수 있는 좋은 기회를 제공해 주었고 미래사회를 더 빨리 앞당기게 하였다. 코로나19와 함께 교육(education)과 공학(technology)의 조합으로 만들어진 에듀테크(edutech)라는 용어가 폭발적으로 신문기사와 연구논문에 등장하였다. 코로나와 함께 에듀테크라는 말이 회자되었지만 사실 교육에서의 첨단 기술의 접목은 늘 있어 왔다. 1950년대의 개별화 학습을 위해서 Skinner가 제작한 교수기계(teaching machine)도 그 시대의 에듀테크라고 할 수 있다. 따라서 지금 시대의 에듀테크 정의는 인공지능, 사물인터넷, 빅데이터, 가상현실 등의 신기술을 교육에 접목한 것을 의미한다고 할 수 있다. 코로나19는 분명 교육환경에서 인공지능 기술과 가상교실, 다양한 네트워크 연결로 인한 정보연결의 환경이 가능하여 언제 어디서나 교육받을 수 있는 기존의 원격교육의 개념을 한층 더 확장시켜 주었다고 할 수 있다.

그렇다면 코로나19 이후의 교육은 어떻게 변화할 것인가? 첫째, 증강현실(augmented reality), 가상현실(virtual reality), 혼합현실(mixed reality)과 인공지능(artificial intelligence), 메타버스(meta-verse)의 테크놀로지를 활용한 실재감 있는 학습에 대한 요구가 훨씬 더 증가할 것이다(최형주, 조진일, 신은경, 2022). 메타버스라는 가상공간에서 나를 대신하는 아바타가 가상 사무실, 가상 교실에서 일도 하고 공부도 하는 그런 현실이 지금보다 더 일상적인 현실이 될 수 있을 것이다. 메타버스의 유형은 크게 네 가지로 나눌 수 있다. 첫째, 증강현실 메타버스인데 현실공간에 가상의 2D, 3D 물체를 겹쳐 보이게 하여 상호작용하는 환경이다. 한때 유행했던 포켓몬 Go, 디지털 교과서, 실감형 콘텐츠가 그 예이다. 둘째, 라이프로깅(lifelogging)이다. 사물과 사람에 대한 일상적인 경험과 정보를 캡쳐·저장하여 공유하는 기술이다. 스마트기기 등을 이용하여 개인의 일상을 기록, 정리, 보관, 경험하는 일상의 디지털화가 이루어지는 트위터, 페이스북, 인스타그램 등의 활용이 바로 라이프로깅 메타버스이다. 셋째, 실제 세계를 그대로 반영하되 외부환경 정보를 통합하여 제공하는 메타버스이다. 실세 세계의 모습과 정보, 구조 등을 거울에 비춘 듯 가상세계에 옮겨 놓은 메타버스인데 우리가 현재 사용하고 있는 구글 어스, 구글 맵, 네이버 지도 등이 그 예이다. 넷째는 가상세계(virtual reality) 메타버스이다. 디지털데이터로 구축한 가상세계로 이용자의 자아가 투영된 아바타 간의 상호작용 활동에 기반하고 있다. 세컨드라이프, 마인크래프트, 로블록스, 제페토, ZEP등이 그 예이다. 현재는 메타버스를 활용한 교육방법이 수업에 조금씩 도입되고 있지만 앞으로는 더 많이 활용될 것이다.

둘째, 온라인 수업은 향후 온라인 수업과 오프라인 수업이 혼합된 학습(Blended Learning) 형태로 활용되며, 학교 교육에서도 뉴노멀의 하나로 자리 잡을 것으로 전망하였다(김태완, 2020). 셋째, 교육환경에 다양한 에듀테크가 본격 도입될 것이며, 이로 인해 개인 맞춤형 학습이 지금보다 더 촉진될 것이다. 인공지능이 장착된 지능형 학습시스템은 개별화 맞춤형 플랫폼을 가능하게 할 것이다(이은철, 2021; 이재경, 권선아, 2020).

따라서 개별학습 진단이 가능해지고, 진단 결과를 바탕으로 개인마다 다른 맞춤형 교육 콘텐츠 제공과 관리가 이루어지는 개인맞춤형 학습이 가능해질 것이다. 현재 대부분 대학의 이러닝지원시스템(Learning Management System: LMS)은 수강학생에게 똑같은 수업과 과제제시를 하고 그에 따른 동일한 성적평가를 할 수 있는 기능을 제공하고 있다. 지금은 인공지능 챗봇이 장착된 지능형 LMS가 많이 사용되고 있지 않지만, 조만간 대부분 대학의 LMS는 지능형LMS로 전환되어 개별 학습자를 사전진단하고 그에 맞는 적절한 학습콘텐츠 제공과 평가 그리고 피드백을 제공하게 될 것이다(이재경, 권선아, 2021).

상보적 교수법 활동지

학습주제	
학습내용	
학습목표	
단계1 역할분담	학습을 위해 먼저 교사 역할을 할 사람과 학습자 역할을 할 사람을 정하세요.
단계2 책 읽기	교사 역할 및 학습자 역할을 맡은 학생 모두 책을 읽고 내용을 숙지하세요.
단계3 질문 만들기	※ 교사 역할을 맡은 학생은 학습자 역할을 하는 친구에게 할 질문을 만드세요. 내용 요약하기:
단계4 질문하고 답하기	교사 역할을 맡은 학생은 위의 질문대로 질문하고 학습자 역할을 맡은 학습자의 대답을 경청하고, 피드백을 주세요.
단계5 역할변경	이제 두 사람의 역할을 서로 바꾼 후, 동일한 방식으로 3단계와 4단계를 실시합니다.
상보적 교수법을 통해 느낀 점	

참고문헌

김혜온, 김수정(2016). **대학생을 위한 자기주도학습기술**. 학지사.

민현식(2008). 한글 맞춤법 교육의 체계화 방안−문법 교육과 맞춤법 교육의 관계 정립을 위한 試論. **국어교육연구, 21**. 7−75.

박철홍, 강현석, 김석우, 김성열, 김회수, 박병기, 박인우, 박종배, 박천환, 성기선, 손은령, 이희수, 조동섭(2014). **현대 교육학개론**. 학지사.

심영덕(2014). 대학생을 위한 글쓰기와 글읽기의 연계성 모색. **교양교육연구, 8**(6), 431−462.

Flavell, J. H. (1976). *Metacognitive ascpects of problem solving*. In L. B.Resnick (ed.), The nature of intelligence. Hillsdale, N. J.: Erlbaum.

Slavin, R. E. (1996). Research on cooperative learning and achievement: what we know, we need to know. *Contemporary Educational Psychology, 21*, 43−69.

참고영상

공백의 책단장GongBaek's Book Dress up의 새해에도 독서! 여러분의 독서를 돕는 어플 4가지를 추천합니다!
https://www.youtube.com/watch?v=iq5wxMG0ChQ

노트 필기와
리포트 작성

노트 필기

1) 노트 필기의 중요성

인간의 기억능력은 한계를 지니고 있다. 교수님이 명강의를 하셨다 하더라도 내가 집중해서 수업을 듣고 이해했다고 하더라도 시간이 지나면 생각이 나지 않는 것은 당연하다. 왜냐하면 인간의 뇌는 시간이 지날수록 기억하고 있던 정보들을 조금씩 망각하도록 만들어졌기 때문이다.

에빙하우스의 망각 곡선을 보면, 수업을 들은 즉시에는 이해한 내용에 대해 100%를 기억하고 있지만, 불과 20분만 지나면 58%만 기억이 나고, 하루가 지나면 33% 정도만 기억에 남는다. 일주일 후 수업이 시작되어 지난주에 배운 내용을 머릿속으로 떠올려 보면 약 25%만 기억난다는 의미이다. 망각하는 나의 뇌는 당연하다고 받아들여야 할까? 아니다. 기억률을 높이는 간단한 2가지 방법이 있다. 첫 번째는 수업시간에 노트 필기를 하는 것이다. 두 번째는 망각하지 않도록 복습하는 것이다. 복습을 위해서는 당연히 수업시간에 정리한 노트 필기가 필요하다.

수업을 들으면서 하는 노트 필기는 수업에 집중할 수 있도록 도와준다. 또한 더 잘 기억할 수 있게 기억률을 높여주며, 복습을 가능하게 해 준다.

〈그림 11-1〉 기억의 메커니즘

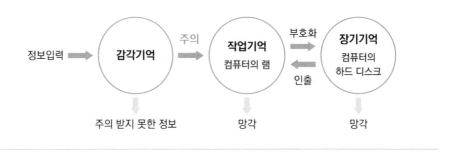

기억의 메커니즘 도식에서 확인할 수 있듯이, 수업 중 노트 필기를 하는 것은 작업기억(단기기억)에 있는 정보를 부호화(필기)하여 장기기억으로 넘기는 과정이라고 할 수 있다. 부호화(필기)를 하고, 되뇌는(리허설) 과정을 반복하면 기억률이 눈에 띄게 올라갈 수 있다. 특히 복습하는 과정에서 필기한 내용을 보고, 해당 내용을 떠올려 보는 과정을 인출이라고 하는데, 이러한 과정들이 반복될수록 기억률이 향상된다.

2) 노트 필기의 기능과 원리

노트 필기는 다양한 형태의 정보를 텍스트나 이미지로 옮기는 과정으로, 학습한 내용을 구조화하는 학습전략이다. 정보를 잘 저장할 수 있도록 부호화하는 것과 다시 활용할 때까지 정보를 잘 저장하는 것은 학습에 있어서 중요하다(Vanderstoep & Pintrich, 2003). 노트 필기는 다음과 같은 원리에 따라 정리해 볼 수 있다.

① 수업별로 노트를 마련해야 한다. 노트가 두껍거나 정리할 내용이 많지 않을 경우 노트 한 권을 나누어 정리하는 것도 가능하다. 중간 중간 내용을 정리하여 끼워넣거나 관련 자료를 스크랩하거나 학습자료로

제시된 것들을 포함하려면 파일을 활용하는 것도 가능하다.

② 노트 없이 낱장으로 필기했을 때는 과목명, 날짜, 단원 등의 내용을 기록하는 것이 좋다. 그래야 노트에 붙이거나 파일링하는 데 도움이 된다.

③ 여백이 있는 노트를 활용하여 정리하는 것을 권장한다. 줄 노트는 안 된다는 의미가 아니라 본인의 취향대로 쓰는 것이 좋다. 줄이 있어야 노트 정리가 편한 사람은 줄 노트를 활용하는 것이 좋다. 그러나 노트 필기는 배우고 이해한 내용을 나의 방식대로 정리하는 것이지 글을 베껴내는 것이 아니기 때문에 대부분 줄이 없는 노트가 작성에 있어 편할 수 있다. 예를 들면 아래 그림처럼 공간을 나누어 필기를 하면 좋다. 칸 B에는 핵심개념이나 주제를, A에는 내용, C에는 수업이 끝난 후 질문이나 요점정리를 하는 칸으로 활용할 수 있다. 노트 필기를 위해 반드시 아래의 틀에 맞춰 할 필요는 없다. 다른 여러 유형의 노트 필기 방법을 보고 활용하는 것도 가능하고, 자신만의 노트 필기 방법으로 필기하는 것도 가능하다. 중요한 것은 앞에서 언급하였듯이, 수업에 빠지지 않고 수업별로 노트를 만들어 여유로운 여백을 남기기면서 필기하고, 공부할 때 반드시 필기한 노트를 적극적으로 활용해야 한다는 점이다.

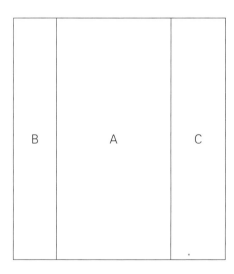

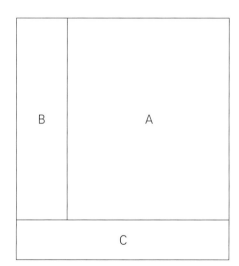

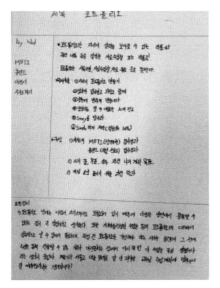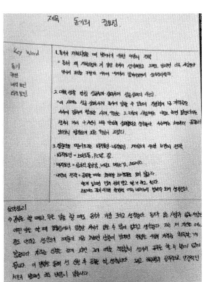

3) 노트 필기의 전략

노트 필기에도 여러 가지 방법이 있다. 가장 기본적인 방법인 Vanderstoep와 Pintrich(2003)의 전략을 소개하고, 그리고 노트 필기의 대표적인 방법으로 제안하는 코넬 노트 필기법에 대해 살펴보자.

(1) Vanderstoep와 Pintrich(2003)의 노트 필기의 기본 전략

첫째, 수업에 참석해야 한다. 부득이한 사유로 결석했을 경우에도 친구의 노트를 빌려 정리하거나 스스로 학습하여 노트 필기를 해야 한다. 노트 필기를 할 때 자신의 손으로 쓰는 이유는 쓰는 행위를 통해 배운 내용을 부호화하여 기억하기 수월하도록 도와주기 때문이다.

둘째, 가능한 깔끔하고 보기 좋게 필기하는 것이 좋다. 열심히 필기했지만 본인도 알아보기 힘들다면 문제가 될 것이다. 우리는 깔끔하게 예쁜 글씨체로 정리된 노트 필기를 볼 때 편안함을 느끼기도 한다.

셋째, 내용을 요약하여 정리해야 한다. 교수자가 준 자료를 그대로 베끼거나, 교재의 정리 부분이나 특정 부분을 그대로 베껴쓰는 것은 노트 필기가 아니다. 그건 말 그대로 필사에 해당한다. 그리고 필사한 내용을 보고 공부하는 것은 교재를 보고 공부하는 것과 크게 다르지 않다. 노트 필기를 할 때는 자신이 이해한 내용을 바탕으로 자신의 용어로 정리해야 한다. 그렇게 정리한 노트 필기를 보면서 공부하면 필기를 할 때의 상황, 감정, 느낀 점들이 떠오르며 학습에 도움을 준다. 때문에 노트 필기를 할 때는 불필요한 말을 길게 적지 말고 간단한 축약어나 기호 등을 사용하여 간단하게 정리하는 습관을 들일 필요가 있다.

넷째, 필기를 할 때는 추가로 정리할 것을 대비하여 여유롭게 공간을 남겨두는 것이 좋다. 추후에 생각나는 내용이나 교재를 확인하고 추가할 내용을 삽입하고자 할 때 유용하다.

다섯째, 주요한 개념들을 중심으로 그 개념들 간 관계를 정리하려고 노력해라. 이렇게 정리하는 것을 마인드맵 혹은 개념도라고 한다. 개념을 나열하고 개념들 간의 관계를 정리함으로써 학습한 내용의 전반에 대한 그림을 그릴 수 있다.

최근에는 녹음을 사용하는 경우도 많지만, 추천하지 않는다. 왜냐하면 녹음은 강의 내용을 파일 형태로 저장하여 전달이 가능하기 때문에 저작권에 있어 문제가 발생할 수 있다. 부득이한 경우라면 교수자의 허락하에 녹음할 수 있다. 수업을 보다 잘 이해하기 위한 목적으로 녹음을 한다면 생각보다 효용성이 떨어진다. 수업 자체에 집중하지 못했는데 별도의 시간을 투자하여 녹음한 내용을 듣는 것은 더 어려운 일이기 때문이다.

여섯째, 수업이 끝난 후 자신이 정리한 내용을 검토하고 정리하는 시간을 가져라. 수업을 들으면서 모든 내용을 정리하는 것은 어렵다. 그렇기 때문에 수업이 끝난 후 옆 친구들의 노트와 교재를 활용하여 부족한 부분을 채워넣는 정교화 작업이 필요하다. 이 과정을 통해 이해하지 못한 부분에 대하여 이해할 수도 있고, 미처 발견하지 못하거나 이해하지 못한 부분을 찾아낼 수도 있다.

(2) 암기를 위해 활용하기 적합한 코넬 노트 필기법(wiki, HOW 참조)

코넬식 노트 필기법은 코넬 대학의 월터 폭(Walter Pauk) 박사에 의해서 개발되었다. 강의를 듣거나 독서를 하면서 필기하고, 필기한 것을 복습하는데 널리 쓰이는 필기법이다. 코넬식 노트 필기법은 필기하며 수업에 적극적으로 참여하게 도와주고, 학습 능력을 향상시켜, 높은 성취와 수행을 달성할 수 있도록 도와준다.

① 노트를 준비하라.

시중에 판매하는 코넬식 노트를 구입해도 되고, A4 용지를 모아 노트로 활용해도 좋다. 탭이나 노트북을 활용한다면 이와 관련된 앱을 사용하는 것도 가능하다.

② 종이 아래쪽에 수평으로 선 긋기

아래에서 종이 전체의 1/4 지점 정도, 아래에서 약 5cm 정도 떨어진 지점에 선을 긋는다. 나중에 이 부분은 요약 정리하는 부분으로 활용될 것이다.

③ 종이 왼쪽 부분에 수직으로 선 긋기

왼쪽 끝부분에서 약 6cm 정도 떨어진 지점에 긋는다.

* 종이의 가장 큰 부분은 강의를 듣거나 독서를 하면서 필기를 할 수 있는 부분으로 남겨두기! 오른쪽에 충분한 공간을 남겨두어서 중요한 요점들을 적도록 한다.

만약 좀 더 빠르게 할 수 있는 방법을 알고 싶다면 코넬식 노트 필기 템플릿을 인터넷에서 찾아보도록 한다. 필기를 많이 할 것이고 시간을 아끼고 싶다면, 코넬식 노트 필기 스타일의 빈 템플릿을 검색하여, 이 빈 템플릿을 프린트하여 다음 단계들을 참고해서 필기를 하도록 한다.

④ 강의명, 날짜, 강의 주제 혹은 독서 주제를 페이지 맨 위에 적기

이렇게 적어두면 필기를 체계적으로 정리할 수 있고, 강의 내용을 리뷰하는데 훨씬 수월해진다.

⑤ 페이지의 가장 큰 부분에 필기하기

강의를 들으면서, 혹은 글을 읽으면서 오른쪽 부분에만 필기를 한다. 교수님이 칠판에 적는 내용이나 슬라이드 쇼로 보여주는 내용을 포함해서 필기한다.

⑥ 적극적으로 강의를 듣거나 책을 읽는 데 필기를 이용하기

중요한 요점을 발견하면 필기를 한다. 중요한 정보를 표시할 수 있는 단서를 찾도록 한다. 만약 강의자가 "X의 가장 중요한 세 가지 함의점은…" 혹은 "왜 X가 발생했는지에 대한 중요한 두 가지 이유가 있습니다"라는 말을 한다면, 이런 내용들은 필기해둬야 할 내용일 것이다. 강의 중에 필기를 하는 것이라면, 교수님이 강조하거나 반복하는 부분들을 주의 집중해서 듣는다. 이 내용들은 중요한 내용일 확률이 높다. 교과서와 교수자의 ppt에는 주요 용어들이 주로 굵게 처리되어 있거나 밑줄 혹은 색깔있는 글씨로 처리되어 있는 경우가 많다.

⑦ 단순하게 작성하기

필기가 강의나 독서한 것에 대한 개요라고 생각하고, 주요 개념과 요점들을 위주로 필기하는 데에 집중해야 한다. 한 번에 모든 내용을 작성하기 어렵기 때문에 이렇게 요점 위주로 작성해 두면 수업이 끝난 후, 부족한 내용은 추가할 수 있다.

서술 답안을 쓰듯 문장으로 쓰지 말고, 개조식으로 작성하는 것이 좋다.

예를 들어, "선조 재위 25년인 1592년, 일본의 도요토미 정권이 조선을 침략하여 1598년(선조 31년)까지 이어진 전쟁이 임진왜란이다"라는 문장 전체를 적기보다는 "임진왜란; 1592년(선조 25년)~1598년(선조 31년) 일본 도요토미의 침략 전쟁"이라고 요약하여 정리하는 것이 좋다.

⑧ 예시를 설명해서 적기보다는 일반적인 개념을 적기

교수자가 개념을 설명하기 위해 들어준 모든 예시를 다 적지 말고, 더 일반적이고 큰 개념들에 집중하는 것이 좋다. 예시들은 수업이 끝난 후에도 추가할 수 있으니, 수업시간 중에는 일반적이고 큰 개념에 집중해야 한다.

예를 들어, 강의 중에 (혹은 책에서) "전후 7년간의 왜란은 끝났으나 이 전쟁이 미친 영향은 대단히 컸다. 인명의 손상은 말할 것도 없거니와, 전국적으로 전야(田野)가 황폐화되었다. 사회적으로는 신분상의 제약이 해이해져 갔다. 문화재의 손실도 막심하여 경복궁·창덕궁·창경궁을 위시한 많은 건축물과 서적·미술품 등이 소실되고 약탈되었다. 역대 실록을 포함하여 귀중한 사서를 보관한 사고도 전주사고만 남고 모두 소실되었다[1]."라는 내용이 있다면 이 내용을 다 적지 말고, 요약하고 재정리해야 한다.

"7년 임진왜란 결과: 인명 및 전야의 황폐화로 인한 신분제도 해이, 많은 문화재의 약탈과 소실 – 예) 경복궁 등 손실, 실록보관소 전주사고만 남음"이라고 간단히 정리한다.

⑨ 새로운 주제를 시작할 때는 공간을 구분하거나 새로운 페이지에서 시작하기

한 페이지에 너무 많은 내용을 넣지 않도록 유의하여, 요약하거나 간단한 표로 정리하면 내용을 기억하는 데 도움이 된다. 특히 한 페이지 내에 있는

---

1 출처: 한국민족문화대백과사전(임진왜란(壬辰倭亂))

정리된 내용은 서로 관련성이 높은 내용들이기 때문에 기억하는 데 있어 효율적이다.

⑩ 강의를 들으면서 혹은 글을 읽으면서 머릿속에 떠오르는 질문들을 적기

만약 강의 중 이해되지 않는 것이 있거나 더 알고 싶은 것이 있다면 적어두면 좋다. 혹은 교수님이 던지는 질문을 적는 것도 좋은 방법이다. 질문에 대한 답을 작성해 봄으로써 스스로 어느 정도 내용을 이해하고 있는지를 확인할 수 있다.

⑪ 최대한 빠르게 필기를 편집하기

필기를 해 놓은 것들 중에서 읽기 어렵거나 말이 되지 않는 부분이 있다면 아직 머릿속에 내용이 잘 기억날 때 고치도록 한다. 수업이 끝난 후 고치려고 할 때 기억이 안 나는 경우가 있을 수 있다.

⑫ 주요 포인트 요약하기

강의를 듣고 나서 혹은 글을 읽고 나서 최대한 빨리 주요 요점이나 주요 사안들을 오른쪽 필기한 부분에서 뽑아 키워드나 핵심 내용을 왼쪽 칸에 적도록 한다. 왼쪽 칸에 정리된 키워드와 핵심 내용을 한 번 훑어보는 것으로도 기억을 더 오래 유지하는 데 도움이 된다.

오른쪽에 필기한 내용들은 왼쪽 칸에 정리한 키워드나 핵심개념을 이해하는 데 도움이 된다. 형광펜이나 색으로 표시를 하는 것도 좋은 방법이다. 필기를 했는데, 중요하지 않은 내용이라고 판단되면, 지우도록 한다. 이 필기법의 장점은 중요한 내용을 골라내고 불필요한 정보를 버리는 방법을 알려준다는 것이다.

⑬ 왼쪽 칸에 시험 문제로 나올 것이라고 예상되는 부분을 표시하기

오른쪽에 필기한 부분을 공부하면서 중요하다고 판단되는 부분에 대해 시험문제로 출제가 된다면 어떻게 나올지 생각해보고 이를 왼쪽 칸에 정리해 본다. 시험 공부를 할 때 이렇게 왼쪽 칸에 정리한 내용들을 공부하는 것이 효과적이다.

⑭ 페이지 아래 부분에 주요 요점 요약하기

페이지별로 필기한 내용을 다시 한번 요약 정리하면 내용을 명확히 이해하는 데 도움이 된다. 특히 교재나 교수님이 말한 것을 그대로 쓴 것보다 그 내용을 되뇌고, 자신의 용어로 정리하는 것이 매우 중요하다. 이 부분을 잘 정리할 수 있는 방법은 '이 내용을 옆 친구에게 설명해 준다면 뭐라고 설명할 수 있을까?'라고 생각해 보자. 그렇게 생각해 낸 내용이 곧 자신의 용어로 설명된 것으로 이렇게 정리한 내용은 기억이 더 오래간다. 주의해야 할 것은 요약 정리할 때에는 정말 간단하게 해야 한다는 점이다.

⑮ 필기한 내용을 읽어보기

공부할 때에는 왼쪽 칸과 아래 요약 부분에 집중해서 읽도록 한다. 이 부분은 과제나 시험에 필요할 가장 중요한 내용들을 포함하고 있기 때문이다. 필요하다면, 읽으면서 중요한 부분은 밑줄을 치거나 하이라이트를 하는 것도 좋은 방법이다.

⑯ 스스로 얼마나 이해하고 있는지 확인하기 위해 필기한 부분 활용하기

오른쪽에 필기한 부분을 손이나 다른 종이로 가리고, 왼쪽 칸에 적어놓은 키워드나 핵심 내용 그리고 시험에 나올만한 질문 등에 대해 스스로 답해 보도록 한다. 그리고 오른쪽을 보면 스스로 얼마나 이해하고 있는지 확인할 수 있다.

왼쪽 칸의 내용을 활용하여 친구에게 퀴즈를 내달라고 부탁을 할 수도 있고, 반대로 퀴즈를 내고 답을 해 보도록 하는 것도 좋은 학습 방법이다.

4) 테크놀로지를 결합한 노트 필기

최근 노트 필기는 탭이나 노트북을 많이 활용하는 추세이다. 전공이나 교양 수업시간에 배포하는 학습자료에 pdf 자료가 많아지면서 단순히 학습자료를 읽는 행위를 넘어 하이라이트와 메모를 포함하는 노트 필기로 진화하였다. 이러한 pdf 자료를 활용하는 필기를 지원하는 어플도 다양해지고 있다. 가령 아이패드와 아이펜슬을 가지고 있다면, 마진노트(MarginNote) 애플리케이션을 활용하면 강의를 들으면서 필기를 할 수 있다. 특히 마진노트는 pdf 파일 내 내용들을 이미지화하여 요약 페이지를 생성하고, 이를 마인드맵화할 수 있다. 그리고 여기저기에 필기한 내용들을 모아 저장하고 정리하여 보여주는 기능을 포함하고 있다.

〈그림 11-2〉 마진노트 활용 예

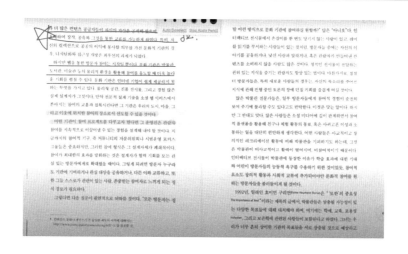

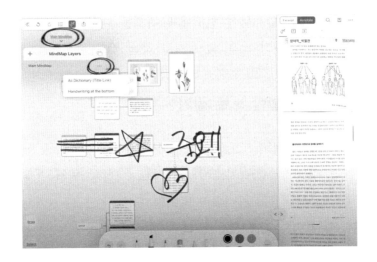

출처: 씰비샘TV의 마진노트활용법 참조(https://www.youtube.com/watch?v=mYdIvMxp4Jk)

　삼성 갤럭시를 사용하는 경우에는 삼성노트를 많이 애용하고 있다. 삼성노트는 다양한 템플릿을 제공하는데 이들 중 선택하여 사용할 수도 있다. 음성녹음도 가능하기 때문에 활용도가 높다.

〈그림 11-3〉 삼성노트 활용 예

그러나 보통 교수자는 학습자료로 pdf 자료를 제공하는 경우가 많다. 이 경우에는 삼성노트보다는 플렉슬이 더 유용하다. 플렉슬은 탭이나 노트북 혹은 핸드폰에 연결된 클라우드를 통해 파일을 불러올 수 있으며, pdf를 불러와서 필기 모드를 활용하여 필기를 위한 다양한 기능을 활용할 수 있다. 가령 스크린 샷이나 사진 및 동영상 자료를 서치하여 삽입하는 등의 기능이 가능하다.

〈그림 11-4〉 플렉슬의 활용 예

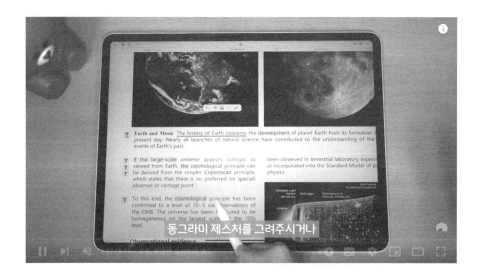

출처: 헬로귤랭의 플랙슬 사용법2(https://www.youtube.com/watch?v=3AHDFZwPc60&t=282s)

5) 기타 노트 필기를 돕는 앱

	Notion	굿노트(아이패드용)
장점	• 무료 • 문서에 필요한 모든 기능을 합쳐둔 기능 • 다양한 템플릿 제공 • ctrl+z 히스토리 페이지 제공 • 파워풀한 공유기능 • 동시 편집기능 제공(협업가능)	• 유료앱(9,900원) • 다른 애플 기기에서 추가 비용 없이 사용가능 • 아이클라우드 연동 지원 • 다양한 형태의 속지 제공 • pdf 파일 활용 가능 • 동시 편집기능 제공(협업가능)
사이트	https://www.notion.so/	https://www.goodnotes.com/
활용 예		

다음 소단원인 리포트 작성에 들어가기 앞서 활동 1. 오늘 배운 내용을 노트 필기하기(p.271)를 펴놓고 수업을 들으며 노트 필기를 실습해 보자.

노트 필기 팁! 포스트잇 사용하기!

• 추가적인 내용 붙이기

부연 설명이나 부족한 내용을 보강하여 노트에 붙여보세요. 내용이 많으면 길게 쓸 수 있는 포스트잇을 사용하세요.

• 질문과 답 적기

수업을 듣다가 이런 문제가 나올 수 있겠다 싶으면 포스트잇에 적어보세요.

• 잘 안 외워지는 것 붙이기

기억이 안 나는 내용은 포스트잇에 메모해보고 들고 다니면서 틈날 때마다 살펴보세요.

• 목적에 따라 다른 색깔의 포스트잇 쓰기

중요한 핵심 내용은 노란색, 부연 설명은 파란색, 질문거리는 초록색 등과 같이 목적에 따라 포스트잇의 색깔을 달리해서 사용해보세요.

• 복사해서 붙이기

포스트잇에 옮겨 적는 것이 불편하면, 자료를 잘라서 포스트잇 접착제를 바르면 포스트잇처럼 사용할 수 있어요.

리포트 작성

읽고, 듣고, 쓰기 중 가장 어려운 것이 무엇이냐고 묻는다면 대다수의 학생들은 쓰기라고 이야기한다. 특히 대학에서 학생들이 글을 쓰는 상황은 크게 보고서 및 발표문 작성, 서술형 및 논술형 시험답안 작성, 졸업논문 작성 등의 상황이 있다. 매 학기 수강하는 과목별로 최소 1개 이상의 보고서가 부과되니, 평균적으로 한 학기에 7개 내외의 보고서를 쓰는 셈이다. 그러나 많은 학생들이 리포트 작성에 어려움을 겪는다. 보고서의 글쓰기는 일기나 편지 혹은 독후감과 같은 글쓰기와는 다르기 때문이다. 보고서나 발표문을 작성할 때 글쓰기는 나의 주장을 논리적으로 정리하여 의도한 바를 명확하게 전달하는 것이 중요하다. 이 장에서는 논리적으로 글을 쓰기 위한 전략들을 살펴보자.

활동 2. 논리적 글쓰기를 위한 습관 점검하기(p.272)를 통해 자신의 습관을 점검해 보자. 그리고 부족한 점이 무엇인지에 집중하여 내용을 읽어가길 바란다.

1) 작성 전 준비

글을 쓰는 것도 읽기와 듣기처럼 목적을 명확히 해야 한다. 글을 쓰는 목적에 따라 준비해야 할 내용이 달라지기 때문이다. 보고서나 발표문을 작성할 때와 독후감을 작성할 때, 졸업논문을 작성할 때 준비해야 할 내용이 달라지기 때문에 목표를 정하고 계획을 세워야 한다.

(1) 글을 쓰는 목적의 설정 및 확인

글을 쓰는 목적은 다양하다. 편지를 쓰고자 함인지, 보고서를 쓰고자 함인지, 독후감상문을 작성함인지 그 목적을 명확하게 설정하거나 확인해야 한다. 당연히 목적에 따라 글을 쓰기 위한 내용이나 전략이 달라진다. 여기에서는 리포트 작성, 즉 보고서 작성에 초점을 맞추어 설명한다.

- 보고서 및 발표문 작성
- 논문 작성
- 감상문 작성

목적이 정해졌다면 언제까지 쓸 것인지, 어떻게 쓸 것인지 등에 대한 구체적인 계획을 세운다. 계획 수립은 실천을 위한 동기화에 영향을 미치고, 진행 정도를 스스로 파악하는 데 도움을 준다.

(2) 리포트 유형에 따른 준비

목적이 정해졌다면 이제 어떤 내용을 쓸 것인가를 결정해야 한다. 즉 주제를 결정해야 한다. 보통 리포트를 작성할 때는 주제가 결정된 경우가 많다. 만약 주제가 주어지지 않았다면 주제부터 결정해야 한다. 리포트 작성 과제의 몇 가지 유형을 보자.

- 정해진 교재를 읽고 내용을 정리하여 제출하는 리포트
- 정해진 주제에 대한 자신의 의견을 정리하여 제출하는 리포트

- 정해진 범위 내에서 스스로 주제를 정하고 내용을 정리하여 제출하는 리포트

정해진 교재를 읽고 내용을 정리하여 제출하는 리포트의 경우에는 교재를 읽으면서 내용에 대한 요약정리를 하는 것이 좋다. 요약정리를 통해 스스로 질문을 만들어 보고, 이에 대한 답을 쓰면 리포트를 작성할 때 주제가 보다 명확하게 부각되며 일관된 주장을 하는 데 도움을 받을 수 있다. 정해진 주제에 대한 자신의 의견을 정리하여 제출하는 리포트라면 관련된 내용의 참고문헌을 읽어야 한다. 이를 위해 해당 주제에 대해 자신이 알고 있는 바를 정리해 보고, 어떤 방향 혹은 어떤 주제의 참고문헌을 찾아볼 것인지에 대한 아이디어를 결정해야 한다.

마지막으로 정해진 범위 내에서 스스로 주제를 정하고 내용을 정리하여 제출하는 리포트의 경우에는 주제를 결정하기 위해 브레인스토밍, freewriting, 마인드 맵 등의 방법을 쓸 수 있다. 주제가 결정되면, 해당 주제와 관련하여 어떤 내용의 참고문헌을 찾아볼 것인지 결정해야 한다.

이상의 방향에 따라 필요한 자료를 찾고 검토할 때에는 반드시 기록으로 남겨야 한다. 자료는 도서관의 장서가 될 수도 있고, 인터넷 서치를 통한 자료일 수도 있다. 최근에는 인터넷 서치 자료를 많이 활용하는 추세인데, 이 자료를 사용할 때에는 몇 가지 점에서 조심할 필요가 있다. 우선 찾은 정보가 얼마나 신뢰로운지에 대해 확인해야 할 필요가 있다는 점이다. 한국교육학술정보원(KERIS)이나 국회전자도서관 등과 같은 공인된 사이트에서 검색된 자료는 신뢰가 보장된다. 그러나 인터넷 카페나 블로그 혹은 위키 등에서 검색한 자료는 해당 자료의 정확성과 신뢰성에 대해 다른 관련 자료들의 교차검증을 통해 확인해야 한다. 그러므로 리포트를 작성할 때 자료의 출처를 명시하는 것은 중요하다. 때문에 검토하는 모든 자료에 대하여 출처와 함께 검토한 내용을 정리해야 한다.

(3) 개요 작성

본격적으로 리포트를 작성하기 전에 리포트의 개요를 짜야 한다. 리포트의 주제, 즉 제목이 무엇인지 쓰고, 관련하여 어떤 내용들로 글을 쓸 것인지를 개략적으로 정하고, 각 내용들의 묶음을 소제목으로 구분하여 절을 만들어야 한다. 그렇게 주제에 대한 전체 개요를 짜 놓고, 본문을 작성하면 글의 논리적인 흐름을 한눈에 파악할 수 있다. 아래의 양식에 맞춰 작성하면 작성하고자 하는 리포트의 개요를 효율적으로 만들 수 있다. 반드시 아래의 양식에 맞출 필요는 없다. 위의 리포트의 유형에 따라 아래 양식에 맞출 수 없는 경우도 있지만, 이렇게 전체적으로 글의 흐름을 파악할 수 있는 개요를 작성하는 과정은 필요하다.

주제(제목 기재)

• 보고서에서 가장 중요한 논리 혹은 핵심적 주장을 1~2개 문장으로 정리

소제목1(서론)

• 주요 개념에 대한 정의나 작성의 목적 등에 대해 기술

• 기타 소제목과 관련된 핵심내용을 정리

소제목2(본론)

• 본론으로 작성할 경우, 다시 하위 제목을 생성하여 작성할 수 있음

• 주장을 위한 논거가 되는 주제문을 정리

• 주제 혹은 주장을 뒷받침하기 위한 주요 사례들을 정리

소제목3(결론)

• 최종 결론 혹은 주장하고자 하는 핵심 내용을 정리

---

2) 리포트 작성 중 활용전략

본격적으로 리포트를 작성하는 단계로, 이전 단계에서 설정한 목표에 따라 작성한 개요와 참고문헌의 요약정리를 바탕으로 본문을 작성한다. 실질적으로 리포트를 작성하는 단계로 앞, 뒤 과정에 비해 어려운 과정이기도 하다.

(1) 개요를 바탕으로 글을 구성하기

개요에 하위 주제, 즉 소주제별로 다루고자 하는 주제와 핵심 내용이 정리되어 있다. 이를 바탕으로 작성하는 것이 글의 논리적인 흐름과 방향을 잡는 데 도움이 된다. 소제목 하에 정리해 놓은 핵심 주제나 핵심 내용이 주제문이 되도록 작성하도록 한다. 즉 두괄식 글쓰기를 하는 것이다. 이렇게 주제문을 맨 앞에 위치해 놓으면 주제문을 중심으로 이를 뒷받침하는 이론이나 논거를 제시하며 글을 전개할 수 있다. 한 문장은 2줄 이상을 넘지 않도록 만들고, 한 문단은 대개 5문장 내외로 이루어지도록 하며, 문단 내 문장들은 내용에 있어서 일관성을 유지하도록 한다. 한 문단이 너무 길면 내용을 이해하는데 어려움을 겪을 수 있으며 글이 너무 긴 경우 대개 동일한 내용이 반복되는 경우가 많다.

정확한 주제문이 만들어졌다면 이제 주제문을 뒷받침하는 문장들을 만들어야 한다. 문장을 만들 때, 개념이나 정의는 참고문헌 혹은 참고한 자료의 출처를 기재하여 그 내용을 옮겨 적으면 된다. 대개 자신의 주장이나 논리를 뒷받침하는 관련 참고문헌의 내용을 출처를 기재하고 글의 앞뒤 맥락에 맞게 수정하여 정리한다. 이를 통해 추론한 결과 혹은 자신의 생각들을 정리하여 작성하면 뒷받침하는 문장과 단락의 맺는 문장이 만들어진다.

(2) 전체적인 내용의 구조를 파악하며 작성하기

리포트를 작성할 때 앞뒤 맥락을 파악하며 작성하는 것이 중요하다. 한 문단이 만들어지고 나면 다음 문단과 매끄럽게 연결이 되는지 확인해야 한다. 필요에 따라 적당한 접속부사를 사용하여 앞뒤 문장을 매끄럽게 연결할 필요가 있다. 특히 전체 구조를 파악하며 글을 전개할 때 가장 도움이 되는 것은 두괄식 글쓰기이다. 주제문이 앞 부분에 제시되면 주제문에 대한 이론적, 경험적 증거가 되는 문장이 뒤따르기 수월해진다. 두괄식으로 글을 작성했을 때 글을 쓰는 입장에서도 이를 확인하는 것이 수월하다.

그러므로 주제문을 가장 먼저 쓰고, 이를 뒷받침할 문장을 뒤이어 작성하고, 문장들의 앞 뒤 맥락을 살펴봄으로써 전체적인 구조가 논리적으로 완성된다. 특히 문단과 문단의 연결을 위한 적절한 접속부사가 쓰였는지 혹은 연결을 위한 단서가 될 만한 문장이 적절한 위치에 들어가 있는지 확인하는 작업이 필요하다.

이런 과정을 통해 문장과 단락이 완성되고, 각 소주제별로 완성이 되면 전체 개요를 보며 내용이 적절하게 들어가 작성이 되어있는지 확인해야 한다. 글을 쓰다 보면 다른 성격의 글이 중간에 섞이는 경우도 있기 때문이다. 이를 찾기 위해 반드시 작성 후 할 일을 점검할 필요가 있다.

(3) 참고문헌 정리하기

리포트를 작성하는 과정에 여러 문헌을 참고하게 될 것이다. 내용을 참고한 문헌은 반드시 출처를 표기해야 한다. 그것이 문헌 저자에 대한 예의이며, 최근 문제가 되고 있는 저작권 침해를 예방할 수 있는 방법이다. 검색엔진을 통해 검색한 내용을 따라가다 보면, 참고하고자 하는 내용이 신문기사일 때도 있고, 블로그나 카페의 내용일 수도 있고, 학술전문지 혹은 특정 책의 내용일 수도 있다. 각각은 참고문헌을 표기하는 방식이 다르다. 보통 APA(American Psychological Association) 양식에 따라 작성을 권장한다. 대표적인 인용 출처에 따른 작성방법은 다음과 같다. 다음의 내용은 전남대학교 교육학과 논문작성 요령을 참고하여 정리하였다.

① 단행본: 저자명 (출판 연도). 단행본명. 출판장소: 출판사.

  – 단행본명은 진하게 (영문의 경우 이탤릭체)

  – 예시

  천성문 (2006). **상담심리학의 이론과 실제**. 서울: 학지사.

  Seligman, M. E. (2004). *Authentic happiness: Using the new positive psychology to realize your potential for lasting fulfillment*. New York: Free Press.

② 학술지 논문: 저자명 (출판 연도). 연구 제목. 학술지명, 게재권(호), 쪽수

  – 학술지명과 게재권의 번호(호수 제외)는 진하게 (영문의 경우 이 탤릭체)

  – 예시

  고영남 (2011). 대학생의 성별에 따른 부모애착, 동료애착 및 주관 적 안녕감의 관계. **한국교육학연구**, **17**(1), 246–269.

  Demir, M., Jaafar, J., Bilyk, N., & Ariff, M. R. (2012). Social skills, friendship and happiness: A cross–cultural investigation. *The Journal of Social Psychology, 152*(3), 379–385.

③ 번역서: 원저자명 (본문에서 인용한 번역서의 출판 연도). 번역서명[원전의 제 목(알고 있는 경우만)]. (역자명 역). 번역서의 출판장소: 번역서의 출판사. (원전의 출판 연도)

  – 번역서명은 진하게 (영문의 경우 이탤릭체)

  – 예시

  Yalom, I. V. (2001). **나는 사랑의 처형자가 되기 싫다**. (최윤미 역).

서울: 시그마프레스. (원전은 1981에 출판)

Laplace, P. – S. (1951). *A Philosophical essay on probabilities* (F. W. Truscott & F. L Emory, Trans.). New York: Dover. (Original work published 1814)

④ 편저: 편집자명(편) (출판 연도). 편저명. 편저의 출판장소: 편저의 출판사.

- 편저명은 진하게 (영문의 경우 이탤릭체)
- 예시

이정한, 남주성(편) (1996). **질적연구의 이해**. 서울: 미래출판사.

Schubert, W. H., & Ayers, W. C. (Eds.). (1992). *Minimal brain dysfunction in children*. New York: Longman.

* 편저나 저서에 포함된 단일 장이나 논문을 인용한 경우: 인용한 장의 저자명 (출판 연도). 인용한 장의 제목. 편집자명 (편), 편저명 (인용한 장의 페이지). 출판장소: 출판사.

- 예시

안신호 (1997). 직장인이 추구하는 삶의 의미. 김명언과 방영석 (편), **한국 기업문화의 이해** (pp. 388 – 440). 서울: 오름.

Yalom, I. V. (1994). Momma and the meaning of life. In B. Yalom (Ed.), *Yalom readers* (pp. 155 – 200). NJ: Prentice – Hall.

⑤ 학위논문: 저자명 (출판 연도). 논문 제목. 학위수여 대학과 학위명.

- 논문 제목은 진하게 (영문의 경우 이탤릭체)
- 예시

강금주 (2015). **부모양육태도와 주관적 안녕감의 관계에서 무조건적 자기수용과 대인관계만족의 중다매개효과**. 전남대학교 대학원 석사학위 논문.

⑥ 인터넷 자료: 자료 게시자 등 자료 원천 이름 (자료의 연도). 자료명. 주소에서 0000(년). 0(월), 0(일) 인출

　　− 예시

　　이종재 (2003). 교육행정시스템 혁신의 방향. https://www.kedi.re.kr에서 2016. 2, 22 인출

　　Lee, C. J. (2003). Directions of innovation on educational administration system. https://www.kedi.re.kr에서 2016. 2, 22 인출

⑦ 신문기사

　　− 사설이나 일반 기자가 쓴 기사의 경우: 신문명을 저자명으로 취급
　　저자명 (발행일자의 연, 월, 일). 기사 제목. 게재면 (기사 제목은 진하게)

　　− 독자 혹은 특정인의 기고: 기고자의 이름을 저자로 취급
　　저자명 (발행일자의 연, 월, 일). 기사 제목. 00신문, 게재면 (신문명은 진하게, 영문의 경우 이탤릭체)

　　− 예시

　　중앙일보 (1997, 7, 29). **심장발작에 의한 사망률을 낮추는 신약개발**. 4면.

　　이시형 (2001, 3, 12). 대통령의 말실수. **조선일보**, 6면.

　　Parker, D. (2010, 1, 29.). Okemos's new streetlights will be LED. *Lansing State Journal*, p. 25.

3) 리포트 작성 후 할 일

리포트를 작성하고 나면 몇 가지 해야 할 일이 있다. 작성한 글 전체에 대한 교정작업이 필요하다. 주어와 서술어가 일치하는지, 오탈자는 없는지, 쉼표와 마침표 등 문장기호는 올바르게 쓰였는지 등에 대해 확인해야 한다. 리포트의 주제나 내용이 우수하더라도 오탈자가 있거나 문장의 구조가 올바르지 않다면 리포트의 가치를 떨어뜨린다. 그리고 무엇보다 리포트를 작성하기 전에 준비한 리포트의 개요와 비교하여 내용이 일관성 있게 작성되었는지 확인해야 한다. 그리고 가능하다면 다른 사람에게 작성한 리포트를 한번 읽어봐 달라고 부탁하는 것도 좋은 방법이다. 왜냐하면 자신이 쓴 글을 본인이 읽으면 글의 문제점을 파악하기 어렵기 때문이다. 글을 쓸 때 자신의 습관이라던가 논리의 허점을 스스로는 파악하기 어렵기 때문에 다른 사람의 피드백을 받고 다시 한번 교정하는 작업을 거치는 것이 좋다.

4) 매력적인 리포트를 위한 제언

리포트를 작성하기 전 준비와 작성 중 전략 그리고 작성 후 해야 할 일에 따라 리포트를 작성했다면 이제부터 제안하는 바를 잘 보고 참고하길 바란다. 앞에서 제안한 바를 따라 충실하게 리포트를 작성했음을 전제한다면, 지금부터 제안하는 바를 반영하여 더 좋은 점수를 기대해 볼 수 있다.

우선 쪽 번호를 넣는 것을 권장한다. 3페이지가 넘는 경우에는 쪽 번호를 넣어주면, 리포트 채점자인 교수자가 전체 분량을 손쉽게 확인할 수 있는 이점을 제공하는 리포트가 된다. 비슷한 맥락에서 3페이지 이상의 리포트를 제출할 때에는 표지와 목차를 만드는 것이 좋다. 특히 정해진 교재를 읽고 내용을 정리하는 과제 외 자신의 의견을 정리하여 제출하는 과제이거나 스스로 주제를 정하고 내용을 정리하여 제출하는 과제의 경우에는 표지와 목차가 있어야 교수자가 전체 구조를 파악하는 데 도움을 준다. 그리고 매우 당연한 이야기지만, 교수자가 정해준 분량은 반드시 지켜야 한다. 내용을 많이 쓴다고 좋은 리포트가 아니다. 써야 할 내용을 정해진 분량으로 체계적이고 논리적으로 정리하는 것이 채점 기준임을 잊지 말자.

마지막으로 리포트는 깨끗한 상태로 제출하라. 리포트에 얼룩이 져 있다거나, 모서리가 구겨져 있거나, 반으로 접혀 있다면 리포트를 대충 관리했다가 제출했다는 느낌을 준다. 그러므로 제출하기 전까지 폴더에 넣어 깨끗하게 보관했다가 제출하도록 한다.

활동 1 오늘 배운 내용을 노트 필기하기

	단원명:	날짜:
[키워드]	[내용 정리]	

[요약 정리 및 중요 질문]

✏️ 활동 2 논리적 글쓰기를 위한 습관 점검하기

다음은 평소 보고서를 작성할 때 글쓰는 습관에 관한 질문이다. 글을 쓸 때 다음과 같은 행동을 얼마나 자주 하는지 표시해 보자. 거의 하지 않을 때는 1번에, 가끔 할 때는 2번에, 종종 할 때는 3번에, 자주 할 때는 4번에 표시하도록 한다.

내 용	1	2	3	4
1. 보고서 개요를 만든다.				
2. 중요한 핵심이 되는 문장 혹은 주제문을 만든다.				
3. 보고서 작성 후 교정을 한다.				
4. 보고서 작성 후 친구에게 읽어보게 한다.				
5. 처음 쓴 보고서를 그대로 출력하여 제출한다.				
6. 글을 쓸 때 여러 정보원, 즉 책, 웹사이트나 노트 등을 활용한다.				
계				

출처: 김혜온, 김수정(2016). 대학생을 위한 자기주도학습기술, p.186 재인용.

채점방법: 5번 문항은 역산

판단방법:

점수	내 용
16점 이상	적절한 글쓰기 전략을 활용하고 있으며, 추가적인 개선을 통해 더 나은 글쓰기 가능
15점 이하	적절한 글쓰기 전략을 활용하지 못하고 있는 것으로, 쓰기에 관한 자신의 습관 점검 및 개선 필요

참고문헌

김혜온, 김수정(2016). **대학생을 위한 자기주도학습기술**. 학지사.

Vanderstoep, S. W., & Pintrich, P. R. (2003). *Learning to learn*. Upper Saddle
River, NJ: Prentice Hall.

코넬식 노트 필기법에 따라 필기하는 방법, https://ko.wikihow.com/. 2022.07.08.
인출

참고영상

씰비샘TV의 마진노트3 사용법 / MarginNote3 master / mindmap 최강자
https://www.youtube.com/watch?v=mYdIvMxp4Jk&t=434s

네모난꿈의 삼성노트 최신기능 사용방법 정리
https://www.youtube.com/watch?v=_AChnfZcbWI

테크몽의 필기앱 끝판왕 등장?! 갤럭시탭 S7에서 플렉슬 미리 써봤습니다.
https://www.youtube.com/watch?v=FTnJ—FARA4

헬로굴랭의 플렉슬2 사용법 – 제스처로 아이패드 공부 효율 2배 올리기
https://www.youtube.com/watch?v=3AHDFZwPc60

스트레스 · 시험불안 극복하기

01

스트레스 극복하기

1) 스트레스의 정의

최근의 높은 청년 실업률과 취업경쟁은 대학생에게 많은 취업 스펙(spec)을 요구하고 있으며, 이로 인해 대학생은 진로와 취업에 대한 고민뿐 아니라 가중된 학업스트레스로 인한 심리적인 어려움을 경험한다. 스트레스란 개개인이 가진 능력 한계를 초과하여 안녕을 위협한다고 느낄 때 발생하는 인간과 환경 간 특정한 관계이다(Lazarus & Folkman, 1984). 일반적으로 스트레스라고 하면 나쁜 것으로 생각하는데, 사실 그렇지 않다. 적당한 스트레스는 생활에 자극과 변화를 주어 우리의 능력을 향상시키는 활력소가 된다. 문제는 많은 사람들이 스트레스가 문제가 될 정도로 신호가 와도 이것을 스트레스 증후라고 생각하지 않는 데 있다. 스트레스 증후군이 나타나면 가급적 빨리 원인을 파악하여 조치를 취해야 한다. 적절한 수준의 스트레스는 해당 직무에 대한 역할 수행을 자극하고, 개인의 성장과 생산성 증가에 긍정적으로 작용하지만, 과중할 경우 심한 좌절감으로 신체적·심리적 문제를 유발할 수 있기 때문이다.

대학생은 학교생활을 통해 긍정적인 경험도 하게 되지만, 대부분의 학생들은 레포트, 발표, 시험 등과 같은 학업으로 인한 스트레스를 경험하게 된다. 대학 입학 후 학점이수, 시간관리, 진로 및 취업에 대한 고민은 대학생에게 잠재적인 스트레스원이 될 수 있다(Coffman & Guilian, 2002). 그리고 대학생들은 학교 안이나 밖에서 끊임없이 비교하며 경쟁해야 하는 사회적 분위기로 인해 지속적으로 스트레스를 받는다. 또한 현실적으로 부딪히는 학업 관련 시험, 학점, 취업 등의 진로 준비와 대인관계 등의 다양한 스트레스 요인에 노출되어 있다(신지연, 2014). 학업스트레스는 공부나 성적과 관련되어 경험하는 심리상태를 의미하는 것으로(오미향·천성문, 1994), 대학생의 학업스트레스가 높을수록 학업소진이 많고 대학생활 적응이 저하되는 등 학업스트레스는 전반적인 대학생활 적응에도 영향을 미치는 요인이다.

💬 읽을거리

2020년 11월 알바몬이 남녀 대학생 989명을 대상으로 '행복지수 & 스트레스지수'를 조사한 결과, 대학생들이 생각한 행복지수는 남녀 평균 53.3점이었으나 스트레스지수는 평균 68.8점으로 스트레스 점수가 행복지수보다 15.5점이나 높게 집계됐다.

그렇다면 유독 무엇이 요즘 대학생들을 스트레스에 시달리게 만든 것일까? 이에 대한 이유는 크게 두 가지로 분류할 수 있다. 첫째, 아르바이트로 인한 학교생활 병립의 어려움이다. 한국노동사회연구소의 '서울시 청년 아르바이트 직업 생태계 실태조사'에 따르면 아르바이트 다수는 20대 초중반이 차지하고 있으며 대학 재학생이나 학교 졸업 이후 졸업자가 절대다수를 차지하고 있다고 밝혔다. 물론 취업 전 여러 경험을 쌓기 위해 아르바이트를 하는 경우도 있지만, 정규직 이외의 아르바이트로 생계를 유지하는 사람을 가리키는 '프리터족'이 아르바이트 종사자 중 과반수를 차지하는 것을 생각해본다면 이는 충분히 유의미한 수치를 나타낸다.

실제로 학교생활과 아르바이트를 병행하고 있는 A 씨는 "학비와 생활비를 충당하기 위해 아르바이트를 시작했다. 처음에는 학과에서 배울 수 없는 실질적인 경험을 많이 해볼 수 있다고 생각했으나 돈을 버는 만큼 학부 공부를 할 시간이 줄어들어 학점이 낮아지는 등 상당한 정신적 스트레스를 받았다. 학기 공백이 무서워 휴학도 쉽게 하지 못하는 상황"이라고 밝혔다.

둘째, 취업·구직난이다. 잡코리아와 알바몬이 올해 국내 4년제 대학 졸업을 앞둔 졸업예정자 384명을 대상으로 '올해 대학 졸업예정자 취업 현황'에 대해 설문 조사한 결과, 올해 국내 4년제 대학을 졸업하는 졸업예정자 중 현재 '정규직 취업에 성공했다'라는 응답자는 12.5%에 그쳤으며 이 외에 전체 응답자의 71.9%는 '아직 취업에 성공하지 못했다'라고 답한 것으로 밝혀졌다.

출처: 소비라이프뉴스(http://www.sobilife.com)

활동 1. 요즘 내가 스트레스를 받는 이유(p.291)

2) 스트레스 강도에 영향을 미치는 요인

(1) 스트레스 원인의 통제가능성 여부

스트레스 강도는 개인이 통제할 수 있는지의 여부에 따라 달라진다. 첫째, 스트레스가 언제 어떻게 일어날 것인지 예측할 수 있는 상황에서 사람들은 스트레스를 덜 받는다. 둘째, 스트레스에 대해서 내가 여유롭게 조절하고 통제할 수 있다고 생각할 때는 스트레스를 덜 받는다.

통제가능한 스트레스는 스스로 일을 줄임으로써 스트레스의 양을 조절할 수 있다. 특히 효과적인 시간관리를 통해 일의 능률을 높임으로써 스트레스의 정도를 낮출 수 있다. 반면에 통제불가능한 스트레스는 피해를 최소화할 수 있도록 계획하고 대처해 나간다. 예를 들어, 자신의 감정을 조절하고 주위의 일들을 해결하기 위해 차분히 생각하는 시간을 갖는다.

〈표 12-1〉 스트레스의 원인 분류

스트레스의 본질		통제가능	통제불가능 (최소화는 가능)
스트레스 원천	외재적 요인	• 한꺼번에 여러 활동 혹은 일을 하려고 함 • 스트레스를 받는 일이 많음: 경쟁, 마감일 임박, 높은 실패 가능성 등	• 질병, 죽음, 사고 • 가족문제 • 금전문제 • 환경변화 및 문제
	내재적 요인	• 잘못된 시간관리(미루기), 조직력 부족, 업무관리능력 결여 등	• 성격적 요인: 부정적 자아개념, 끈기 부족, 불안 등

출처: 최애경(2006). 인간관계의 이해와 실천. p. 258.

(2) 개인의 성격과 기질

개인의 특성 또는 성격, 기질도 스트레스 강도에 영향을 미친다. 직업이나 일과 관련된 스트레스 및 대처와 관련하여 널리 탐색되어 온 주요 개인요인들 중 하나가 A유형 행동패턴(Type A Behavior Pattern: TAB)이다. A유형의사람들은 경쟁적이고 성취지향적으로 알려져 있다. 구체적인 행동 사례는다음과 같다.

- 두 가지 일을 한꺼번에 생각한다.
- 적은 시간에 더 많은 일을 계획한다.
- 아름다운 것을 잘 알아내지 못하거나 관심 없어 한다.
- 다른 사람에게 말을 빨리 하도록 재촉한다.
- 줄을 서서 기다리거나, 천천히 가는 차 뒤에서 운전하는 경우 지나치게 화를 낸다.
- 무언가 잘하기를 원하며, 자신이 직접 해야 속이 시원하다.
- 말할 때 손짓과 몸짓을 많이 한다.
- 가만히 있지 못하고 무릎을 흔들거나 손가락을 두드리는 등의 행동을 한다.
- 격정적인 언어를 사용하거나 잦은 음담패설을 한다.
- 정해진 시간을 꼭 준수하려고 애쓴다.
- 가만히 있는 것을 불편해하고 항상 무언가를 해야 한다.
- 게임을 하면 항상 이겨야 하고, 어린아이와 할 때도 이겨야 직성이 풀린다.
- 말할 때 혀를 차거나 머리를 흔들거나, 테이블을 치는 습관이 있다.
- 눈 깜박임이 잦거나 안면경련처럼 눈썹을 치켜 올린다.
- 다른 사람이 하는 일을 보면서 자신이 더 빨리, 더 잘할 수 있다고 생각이 되면 조급해진다.

출처: Friedman, M. & Rosenman, R. H. (1974).

이러한 행동을 자주 보이는 A유형 사람들과는 반대의 사람들을 B유형이라고 부른다. B유형에 속하는 사람들은 느긋하고 태평하며, 시간에 쫓기지 않고, 업적의 성취보다는 자신에게 더 관심이 많은 사람이다(김광웅, 2008).

어떤 일에 대해 모든 사람이 똑같이 스트레스를 느끼는 것은 아니다. 스트레스는 일 자체보다는 그것을 어떻게 해석하느냐에 따라 많이 달라진다. 여러분은 '포도주가 벌써 반 병밖에 남지 않았다'와 '포도주가 아직도 반 병이나 남았다'의 의미가 얼마나 차이가 있는지를 잘 알고 있을 것이다. 또한 스트레스 상황을 이겨 내는 데는 자신감이 아주 중요한 역할을 한다. 할 수 있다는 마음이 있으면 스트레스는 줄어든다. 경험이 많고 친숙하면 스트레스를 적게 받는다. 새로운 일, 새로운 사람, 낯선 공간에서의 일은 스트레스를 가중시킨다.

3) 스트레스에 대처하는 방법

(1) 적응적 대처전략 사용

개인이 스트레스에 대해 어떻게 대처하느냐에 따라 부적응의 정도가 달라지는데 이는 스트레스에 대한 인식과 평가가 개인마다 다르고 동일한 스트레스 상황에서도 다른 대처전략을 사용하기 때문이다(정인경, 김정현, 2016). 스트레스에 대해 보다 적응적 대처전략을 사용하면 적응적 결과를 초래하지만, 비효율적인 대처전략을 지속적으로 사용하면 부적응적인 결과를 초래하게 된다.

다음은 Skinner, Pitzer와 Steel(2013)이 개발한 다차원적 학업스트레스 대처전략 척도를 문주연, 이은주(2022)가 한국판 척도로 타당화한 내용의 일부분이다. 적응적 대처전략에는 전략화, 도움추구, 위로추구, 자기격려, 전념이 있고, 부적응적 대처전략에는 혼란, 도피, 은폐, 자기연민, 반추, 투사가 있다. 자신이 어떤 스트레스 대처전략을 주로 사용하는지 확인해볼 필요가 있다.

〈표 12-2〉 학업스트레스 대처전략

구분	문항내용
적응적 대처전략	
전략화	시험을 잘 보지 못했거나 중요한 문제를 틀렸을 때, 나는… • 다음에 더 잘하기 위해 무엇이 필요할지 생각해본다. • 다음에 더 잘하기 위한 방법을 찾으려고 노력한다.
도움추구	배우는 과목에 어려움을 느꼈을 때, 나는… • 학습내용을 이해하는 데 도움이 될 만한 사람에게 도와달라고 한다. • 이해가 안 되는 부분에 대해서 도움이 될 만한 사람에게 도와달라고 한다.
위로추구	시험을 잘 보지 못했거나 중요한 문제를 틀렸을 때, 나는… • 내 기분을 나아지게 해줄 만한 사람과 이야기한다. • 나를 위로해줄 사람과 이야기한다.
자기격려	중요한 시험을 망쳤을 때, 나는… • 나 자신에게 다음 기회가 있을 것이라고 이야기한다. • 나 자신에게 다음에 더 잘할 수 있을 것이라고 이야기한다.
전념	공부하는 데 어려움이 있을 때, 나는… • 공부가 나의 목표를 달성하는 데 중요하다는 것을 생각한다. • 아무리 어려워도 공부를 계속해야 한다고 생각한다.
부적응적 대처전략	
혼란	중요한 시험을 망쳤을 때, 나는… • 혼란스럽다. • 다음에 무엇을 해야 할지 모르겠다.
도피	시험을 잘 보지 못했거나 중요한 문제를 틀렸을 때, 나는… • 그 일에 대해 더 이상 생각하지 않으려고 애쓴다. • 그 일에 대해 신경쓰지 않으려고 애쓴다.
은폐	시험을 잘 보지 못했거나 중요한 문제를 틀렸을 때, 나는… • 다른 사람들에게 그 일을 숨긴다. • 아무도 그 일을 모르게 한다.
자기연민	시험을 잘 보지 못했거나 중요한 문제를 틀렸을 때, 나는… • '또 이런 일이 생겼다'라고 체념한다. • 나 자신에게 '나한테는 항상 이런 일이 생긴다'고 말한다.

구분	문항내용
반추	학교에서 시험을 잘 보지 못했거나 중요한 문제를 틀렸을 때, 나는… • 그 일에 대해 곱씹어 생각한다. • 그 일에 대해 생각하지 않을 수가 없다.
투사	중요한 시험을 망쳤을 때, 나는… • 시험에 문제가 있었다고 생각한다. • 시험을 망치게 만든 사람을 떠올리고 원망한다.

출처: 문주연, 이은주(2022).

활동 2. 내가 주로 사용하는 학업스트레스 대처전략(p.291)

(2) 감사일기 쓰기

McCollough 등(2002)은 감사 성향이 높은 사람들이 우울 및 불안, 스트레스를 적게 경험할 뿐만 아니라 삶의 만족도 및 주관적 행복감, 긍정적 정서 및 안녕감이 높다고 하였다. 또한 감사 성향이 높을수록 활기, 낙관성, 희망, 유연한 대인관계, 친사회적 행동 및 영성이 높고, 질투심이나 물질주의적 태도는 낮다고 밝혔다.

또한 감사 성향은 '받은 복을 세어보기'와 같은 간단한 개입 프로그램을 통해서도 고양시킬 수 있으며, 이러한 감사연습을 통해 얻게 되는 다양한 정서적 이로움이 많은 연구를 통해 증명되었다(Emmons & McCullough, 2003; Watkins, 2004). 하루를 마감하면서 혹은 시작하면서 쓰는 감사일기는 자신의 마음속에 긍정적이고 낙관적인 미래를 가득 채울 수 있도록 도와줄 것이다.

감사하는 마음은 긍정적 감정을 갖게 하는 강력한 전략 중 하나이다. 감사일기와 더불어 고마운 사람에게 편지를 쓰는 것도 이를 위한 좋은 방법이다. 이 훈련을 수행하기 위해 힘든 시절 나를 도와준 고마운 사람을 잠시 생각해보자. 선생님, 멘토, 친구 등 나에게 도움을 제공한 사람이면 누구라도 좋다. 그 사람들에게 짧은 편지를 써보자. 당신을 도운 일이 어떤 영향을 미쳤는지 최대한 구체적으로 표현한다. 지금 마주하고 있는 역경을 설명하고 과거의 도움이 현재의 역경을 극복하는 데 어떻게 힘이 되고 있는지 전한다. 그저 편지를 쓰는 것만으로도 회복탄력성을 높이는 긍정적 감정이 생길 수 있다. 어떤 일로 스트레스를 받을 때 감사에 몰입하는 훈련을 해보자.

💬 읽을거리

> 감사는 도파민 회로의 활동을 개선한다.
>
> 감사일기 쓰기, 매일 몇 분간 시간을 내서 감사하다고 느끼는 일을 세 가지 써보자. 좀 더 좋은 습관으로 만들려면 매일 같은 시간에 일기를 쓰도록 노력하자. 세 가지가 생각나지 않으면 한 가지라도 써라. 하나도 생각나지 않는다면 그냥 "오늘 먹은 음식에 감사한다"또는 "오늘 입은 옷에 감사한다"라고 쓰자. 현재 상황의 90퍼센트가 마음에 안 들더라도 여전히 감사할 10퍼센트가 남아있다.
>
> 감사가 주는 아주 강력한 효과 중 하나는 세로토닌을 증진한다는 것이다. 감사해야 할 것들을 생각해내다 보면 자기 자신의 긍정적인 측면에 초점을 맞출 수밖에 없다. 이 단순한 행동이 세로토닌 생성을 늘린다
>
> 출처: 앨릭스 코브(2018).

활동 3. 내가 감사하는 일들(p.292)

02

시험불안 대처전략

1) 시험불안의 정의

시험불안(test anxiety)은 시험이라고 하는 특수한 상황에서 개인의 경험과 결부되어 나타나는 여러 가지 종류의 신체적, 감정적 또는 행동적인 반응이다. 불안은 특성불안(trait anxiety)과 상태불안(state anxiety)의 두 가지 유형으로 구분할 수 있다. 특성불안은 일반불안(general anxiety)이라고도 하며, 개인에게 내재되어 있는 불안을 의미한다. 특성불안을 지닌 사람들은 보다 넓은 범위에서 더욱 강하게 불안을 느낀다. 반면 상태불안은 특수불안(specific anxiety)이라고도 하며 특수 상황에서 느끼는 불안이다. 시험불안은 상태불안의 일종이다.

불안은 학습과 수행, 인지과정에 영향을 줄 수 있다. 심리학자들은 각성이 학습과 수행에 영향을 주며, 최적 수준의 각성이 학습과 수행을 최대화한다는 것을 발견하였다(Fiske & Maddi, 1961; Yerkes & Dodson, 1908). 여키스와 도슨(Yerkes & Dodson, 1908)이 불안과 수행의 관계를 거꾸로 된 U형 함수로 제시하였다. 중간수준의 각성상태에서 수행수준이 가장 높고, 너무 낮거나 높은 수준의 각성상태에서 수행수준이 낮음을 보인다. 가장 높은 수행수준과 관련된 중간수준의 각성상태를 최적각성수준(optimum level of arousal)이라 부른다. 중요한 시험에서 잘 해야 한다는 부담 때문에 지나치게 각성을 하면 효율적인 정보처리를 할 수 없게 되어, 앞이 깜깜하고 아무 생각도 나지 않게 되고, 알고 있는 문제도 제대로 답하지 못하는 등의 시험불안 상태에 처하게 된다. 또한 지나치게 낮은 각성수준에서는 감각박탈상태가 되어 졸음이 오고 집중이 되지 않아 시험결과는 나빠진다. 따라서 최적의 과제 수행을 위해서는 각성상태가 중간으로 유지되어야 한다.

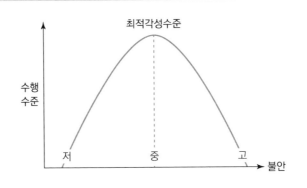

시험불안은 학업수행에 대한 걱정요인인 인지적 요인과 실제 시험장면에서 시험에 대한 압박으로 발생하는 신체적 반응인 정서요인으로 구분된다. 여기서 걱정요인은 성취에 대한 관심이 오히려 시험에 대한 지나친 걱정을 하게 하고, 시험 수행과 관련 없는 부적절한 생각들 때문에 오히려 잘못된 수행을 하게 된다. 정서요인은 시험상황에서 항진된 자율 신경계통의 감정 – 신체적인 반응으로서, 자동적으로 각성되고 긴장되는 신경 과민한 불쾌한 기분으로, 시험집중을 방해한다(Morris, Davis & Hutchings, 1981). 두 요인은 서로 독립적이면서 상호보완적이다. 불안을 경험할 때, 근심걱정과 관련된 다양한 생각들이 머릿속을 떠다니다가 자동적으로 떠오르게 되어 불쾌감을 경험하게 된다.

활동 4. 시험불안 측정하기(pp.293-294)

2) 시험불안 대처방법

(1) 정서 명명하기, 감정 재정의하기

내가 느끼는 불안에 대해 상세히 설명하거나 글을 쓰는 것, 친구에게 나의 불안을 이야기해보는 것도 불안을 감소시키는 데 도움이 된다. 우리의 감정은 명명되지 않을 때는 마음을 혼란스럽게 하지만 이름이 붙여지면 잠잠해진다고 한다. 정서를 명명할 때 우리의 뇌는 감정이 지배하는 뇌에서 이성이 지배하는 뇌로 바뀐다고 할 수 있다. 두렵다를 떨리다 혹은 설레다라는 감정으로 재정의하듯이 부정적 정서를 긍정적 정서로 재정의하면 좀 더 불안이 감소되는 것을 느낄 수 있을 것이다.

(2) 이완과 명상

호흡법을 바꾸면 감정 상태를 매우 신속하게 바꿀 수 있다. 불안하거나 무언가에 압도된 느낌을 받았을 땐 느린 호흡이 도움이 된다. 호흡하는 방법은 천천히 숫자를 하나부터 여섯(경우에 따라서는 여덟)까지 세면서 코로 숨을 들이마신다. 최대한 숨을 들이마신 상태에서 2초 정도 멈췄다가 다시 천천히 여섯을 세면서 코를 통해 숨을 내쉰다.

간단한 이완활동과 명상법을 활용하여 불안 및 스트레스 수준을 낮출 수 있다(김은향, 김수임, 신선임, 이자명, 2016).

- 의자에 편안하게 앉아 눈을 감고 표정을 밝게 한다.
- 머리끝에서 발끝까지 힘을 다 빼고 긴장을 풀며 호흡을 자연스럽게 한다.
- 정수리에서 얼굴과 목, 어깨를 거쳐 손끝으로 탁한 에너지와 나쁜 감정 생각이 빠져 나간다고 상상한다. 다시 정수리에서 목을 거쳐 가슴, 복부 옆구리, 허리, 엉덩이, 다리, 발끝으로 빠져나간다고 상상한다.

- 숫자를 50 또는 100에서 1까지 거꾸로 센 후 기분 좋은 이미지나 풍경을 상상한다.
- 수업에 집중을 잘하거나 시험 문제를 잘 풀고 있는 자신을 상상한다.

💬 읽을거리

자기이완법

자기이완법은 의도적으로 몸과 마음의 긴장을 푸는 방법이다. 우선 조용한 장소를 찾는다. 시작하기 전 몸을 편하게 하기 위해서 마음속으로 "마음이 아주 편하다"는 생각을 가지고, 그 말에 정신을 집중하면 몸과 마음이 저절로 편안해진다. 몸과 마음이 편안해지면 다음 절차에 따라 이완을 경험한다.

첫 단계에서는 양 팔과 다리가 무겁다고 느끼며, 두 번째 단계에서는 양 팔과 다리가 뜨겁다고 느낀다. 세 번째 단계에서는 심장이 조용히 규칙적으로 뛰고 있다고 느끼고, 네 번째 단계에 가서는 호흡이 편안하다고 느낀다. 다섯 번째 단계에서는 상복부가 따뜻하다고 느끼고, 여섯 번째 단계에서는 이마가 기분 좋게 시원하다고 느껴야 한다. 이상이 기본 훈련이다.

이 훈련을 계속하면 근육 긴장이 풀어지므로 목, 어깨, 두통에도 효과가 있고, 긴장 및 피로 불안감을 느낄 때 또는 짜증이나 화를 진정시키는 데도 효과가 있다.

출처: 김광웅(2008).

---

(3) 생각 바꾸기

시험 자체보다는 시험을 잘 치지 못할 거라는 생각이나 자신의 능력에 대한 자책 등의 다양한 사고들이 시험불안을 증가시킨다. 또한 "시험에 실패하면 내 인생은 끝이다.", "한 번 성적이 떨어지면 다시는 올릴 수 없다.", "첫 시험을 망치면 나머지 시험들도 망친다.", "불안하면 아무것도 할 수 없다."와 같은 비합리적 신념이 시험불안을 가중시킨다. 이러한 부정적 생각들은 시험준비를 어렵게 하고, 시험 상황에 집중하지 못하게 되고, 시험 이후에도 결과에 대해 과도한 걱정을 하게 만든다. 높은 시험불안을 가진 개인은 자기 평가적이고 자기 비난적인 사고로 인해 어려운 과제에 당면했을 때 적절한 수행을 위해 필요한 주의집중이 오히려 저하될 수 있다.

시험불안을 느낄 때 자신의 비합리적 신념을 기억하며 목록표를 작성하고, 이러한 생각들을 자신에게 도움이 되는 건강하고 합리적인 생각들로 바꾸어 보는 것도 좋은 방법이다. "비록 한 과목 시험을 망쳤지만, 아직 남아있는 시험도 많고 끝까지 최선을 다한다면 성적이 오를 수도 있다.", "충분히 노력만 한다면 성적은 언제든지 올릴 수 있다.", "시작이 안 좋아서 흐름이 깨질 수는 있지만, 그것은 자기 자신을 조절하기 나름이다." 등과 같은 생각을 하도록 노력해보자.

(4) 자기조절을 위한 자기대화

Meichenbaum(1971)은 인지의 일부인 언어가 불안을 다루는 데 중요한 요소가 될 수 있다고 보았고, 스스로에게 하는 언어적 상호작용인 자기대화를 통해 불안을 다루고자 했다.

시험불안을 일으키는 상황에서 부정적 자기대화가 불안을 더욱 심화시킴을 확인하고 긴장 완화 및 적절한 수행을 돕는 자기강화와 자기관리 기능의 적응적 자기대화가 필요하다. 적응적 자기대화는 자기 조절을 돕는다. 그 대표적인 예가 자기진술과 자기지시이다.

- 자기진술: 특정 정서의 수준을 높이거나 낮추는 데 도움이 되는 생각 또는 자신에게 도움이 되는 구체적인 행동을 하거나 못 하게 막는 데 도움이 되는 생각을 자기 자신에게 말함

  예 시험에서 틀린 것을 확인하고 다시 공부하면 완벽하게 알게 된다.

- 자기지시: 특정 정서의 수준을 높이거나 낮추는 데 도움이 되는 행동 또는 자신이 원하는 행동을 하도록 하거나 원하지 않는 행동을 하지 않도록 자기 스스로에게 지시하는 것

  예 '불안하다고 말하자'와 같이 자기 자신에게 지시하고 실제로 그렇게 말하려고 노력함

시험불안을 낮추도록 안내하는 언어적 자기지시는 행동 및 인지양식의 변화를 도와 시험불안을 다루는 데 도움이 된다. Kendall과 Braswell(1985)은 Meichenbaum의 5단계 자기대화 내용을 제안했고, 각 단계에 대한 설명은 다음과 같다(손미경, 2007).

단계		내용	자기대화
1단계	문제 정의 단계	해결해야 할 문제가 무엇인지 알게 하는 단계	"내가 할 일이 무엇이지?" "문제는 무엇이지?"
2단계	문제 접근 단계	문제에 어떻게 접근할 것인지 계획을 세우게 하는 단계	"어떻게 할 수 있을까?" "지금 어떻게 해야 할까?"
3단계	답의 선택 단계	해결 방안을 선택하게 하는 단계	"답을 하나 고르자." "이렇게 하면 되겠구나."
4단계	답의 검토 단계	선택한 답을 검토해보는 단계	"답을 검토해보자."
5단계	자기 강화 단계	자기강화와 대처진술을 하는 단계	"나는 아주 잘했어.", 또는 "실수했구나, 조심스럽게 좀 더 천천히 하자.", "실수했구나, 다시 해보자.", "괜찮아."

시험불안을 느낄 때 혹은 하루를 정리할 때 자기대화 5단계에 따라 본인의 생각을 적어가며 스스로 조절할 수 있는 기회를 갖는다. 소리내어 하던 자기지시 훈련이 익숙해지면 내면화된 자기지시적인 언어를 통해 자신을 조절할 수 있다. 자기지시 훈련은 시험을 잘 치지 못할 것이라는 생각이나 자신의 능력 부족에 대한 자책 등으로 시험 준비에 어려움을 겪을 때 수행에 집중할 수 있도록 자신을 돕는다. 훈련을 통해 시험 중인 상황에서 시험에 집중하지 못하거나 시험 이후에 결과에 대한 걱정이 있을 때에도 활용할 수 있다. 시험불안을 조절하는 데 언어를 사용하기 때문에 언제, 어디서나 쉽게 활용 가능하다.

활동 5. 자기대화 연습(p.295)

활동 1 요즘 내가 스트레스를 받는 이유

요즘 내가 받는 스트레스의 주된 원인을 자유롭게 적어보시오.

 활동 2 내가 주로 사용하는 학업스트레스 대처전략

다양한 학업스트레스 대처전략 중 내가 주로 사용하는 학업스트레스 대처전략은 무엇인지 적어보시오.

✏️ **활동 3 내가 감사하는 일들**

다음의 내용 중 몇 개를 선택하여 출발점으로 삼아 보자.

1. 내 인생을 긍정적인 방향으로 바꾸는 데 영향을 미친 사람들을 떠올린다.
2. 내가 잘할 수 있는 일이나 '난 이래서 내가 좋아!'라고 생각하는 것들을 적어 본다.
3. 사랑하는 감정이나 어려운 과제를 해결한 기쁨에 마음이 벅찼던 순간을 떠올린다.
4. 내가 마음의 안정을 느끼는 장소는 어디인지 그리고 누구와 함께 있을 때 그랬는지를 생각해 본다.

나의 상황, 주변의 사람들, 내가 정신적, 물리적으로 가진 것들 등을 생각하며 내가 감사하는 일들에 대해 구체적으로 적어 보시오.

활동 4 시험불안 측정하기

각 문항을 잘 읽고 평소 자신의 생각이나 느낌과 가장 잘 맞는 숫자에 v표시를 하시오.

문항	전혀 그렇지 않다	그렇지 않은 편이다	보통 이다	그런편 이다	매우 그렇다
1. 시험지를 받고 문제를 한번 훑어볼 때 나도 모르게 걱정이 앞선다.					
2. 시험 공부가 잘 안 될 때 짜증만 난다.					
3. 시험 문제의 답이 알쏭달쏭하고 생각나지 않을 때 시험 준비를 더 열심히 하지 않은 것을 후회한다.					
4. 부모님이 시험이나 성적에 관해 물어보실 때 겁을 먹고 어찌할 바를 모른다.					
5. 친구들과 답을 맞춰 보면서 시험에 대해 얘기를 나눌 때 나보다 친구들이 더 좋은 점수를 받았다는 생각에 시달린다.					
6. 시험 치기 직전 책이나 참고서를 봐도 머리에 잘 들어오지 않는다.					
7. 시험지를 받을 때 가슴이 두근거릴 정도로 긴장한다.					
8. 답안지를 제출할 때 혹시 표기를 잘못하지 않았는지 신경이 쓰인다.					
9. 시험 치기 전날 신경이 날카로워져 소화가 잘 안 된다.					
10. 답안지에 답을 적는 순간에도 손발이 떨린다.					
11. 시험문제를 푸는 중에도 잘못 답하지 않았는지 걱정하며 애를 태운다.					
12. 시험을 치다가 시간이 부족하다는 것을 느꼈을 때 허둥대고 당황한다.					
13. 시험이 끝나고 집으로 돌아갈 때 힘이 빠진다.					
14. 시험 문제가 어렵고 잘 풀리지 않을 때 가슴이 답답하고 입이 마른다.					

문항	전혀 그렇지 않다	그렇지 않은 편이다	보통 이다	그런편 이다	매우 그렇다
15. 시험 날짜와 시간표가 발표될 때 시험 걱정 때문에 마음의 여유가 없어진다.					
16. 시험 공부를 다 하지 못하고 잠이 들었다 깼을 때 눈앞이 캄캄하고 막막하다.					
17. 틀린 답을 썼거나 표기를 잘못했을 때 가슴이 몹시 조마조마해진다.					
18. 교수님이 시험 점수를 불러주실 때 불안하고 초조하다.					
19. 자신이 없거나 많이 공부하지 못한 과목의 시험을 칠 때 좌절감을 느낀다.					
20. 부모님께 성적표를 보여 드리기가 두렵다.					

출처: 황경렬(1997).

'전혀 그렇지 않다'를 1점으로, '매우 그렇다' 5점으로 답변 점수를 모두 더한 것이 시험불안 수준이 된다.

시험불안 수준

총점	내용
35점 이하	시험에 대해 별다른 불안을 느끼지 않는 상태로, 오히려 긴장이 풀어져 능률이 오르지 않는 것을 주의할 필요가 있다.
35-60점	보통 수준의 시험불안을 느끼고 있으며 벼락치기나 자신 없는 과목의 경우 무너질 수 있으므로 성실히 계획하고 준비하는 것이 스트레스와 불안을 줄이는 최선의 방법이 될 수 있다.
61-80점	긴장과 불안 때문에 학습의 효율성이 떨어진 상태이므로 주변 사람들의 도움과 적극적인 노력을 통해 시험 스트레스를 줄이는 방법들을 익힐 필요가 있다.
81점 이상	일상생활에서도 스트레스와 불안 정도가 높고 시험이란 말만 들어도 끔찍한 상태라 볼 수 있다. 이 경우 상담기관이나 신경정신과 등 전문가의 도움을 받아 보는 것이 도움이 될 수 있다.

출처: 김은향, 김수임, 신선임, 이자명(2016).

 **활동 5 자기대화 연습**

다음의 예를 참고하여 자신에게 불안을 유발하는 장면을 적고, 불안을 줄일 수 있는 자기 진술과 자기지시문을 적어보시오.

> 장면: 10분 후에는 공업수학 과목의 기말시험을 치르게 된다. 지난 중간고사의 경험으로 보아 이번 시험에서도 실패할 것 같다. 그래서 기말시험을 치르는 것이 너무 떨린다.
> • 자기진술: 기말시험을 위해 열심히 준비했다. 공부한 대로 최선을 다하면 좋은 결과를 얻는다.
> • 자기지시: 너무 긴장하면 아는 것도 틀린다. 아는 것만이라도 정확하게 문제를 풀자.
>
> 장면: 산업기사 자격증 이론 시험일정이 확정되어 동아리 친구와 함께 관련 도서를 구입하였다. 그러나 지난번 불합격으로 인해 이번 시험에서도 또 떨어질 것 같아 친구에게 "이번에는 합격할 수 있을까?"라고 하였다.
> • 자기진술: 시험에 한 번 불합격했다고 해서 계속 떨어지라는 법은 없다. 이번 시험에서는 최선을 다하자.
> • 자기지시: '나는 할 수 있다'라고 자기 자신에게 지시하고 그렇게 해보려고 노력함.

장면:

자기 진술:

자기 지시:

참고문헌

권선중, 김교헌, 이홍석(2006). 한국판 감사 성향 척도의 신뢰도 및 타당도. **한국심리학회지: 건강, 11**(1), 177 – 190.

김광웅(2008). **현대인과 정신건강**. 시그마프레스.

김은향, 김수임, 신선임, 이자명(2016). **학습멘토링 길라잡이**. 학지사.

김정현, 정인경(2016). 청소년의 학업소진과 학교생활적응의 관계에서 스트레스 대처의 매개효과. **한국가정과교육학회지, 28**(1), 71 – 85.

문주연, 이은주(2022). 청소년용 다차원적 학업스트레스 대처전략 척도의 타당화 연구. **교육심리연구, 36**(1), 51 – 79.

신지연(2014). **생활스트레스와 대학생활적응의 관계에서 자아탄력성과 스트레스 대처전략, 사회적지지의 매개효과**. 대구가톨릭대학교 대학원 박사학위논문.

앨릭스 코브(2018). **우울할땐 뇌과학**. 심심.

오미향, 천성문(1994). 청소년의 학업스트레스 요인 및 증상 분석과 그 감소를 위한 명상훈련의 효과. **인간이해, 15**(0), 63 – 95.

최애경(2006). **인간관계의 이해와 실천**. 도서출판청람.

Coffman, D. L., & Gillian, T. D. (2002). Social support, stress and self – efficacy: Effect on student's satisfaction. *Journal of College Student Retention, 4*(1), 53 – 66.

Emmons, R. A., & McCullough, M. E. (2003). Counting blessings versus burdens: An experimental investigation of gratitude and subjective well – being in daily life. *Journal of Personality and Social Psychology, 84*(2), 377‒389.

Friedman, M., & Rosenman, R. H. (1974). *Type A behavior and your heart.* New York, NY: Knopf.

Kendall, P. C., & Braswell, L. (1985). *Cognitive – behavioral therapy for impulsive children.* Guilford Press.

Lazarus, R., & Folkman, S. (1984). *Stress, Appraisal, and Coping.* New York: Springer.

McCullough, M. E., Emmons, R. A., & Tsang, J.‒A. (2002). The grateful disposition: A conceptual and empirical topography. *Journal of Personality and Social Psychology, 82*(1), 112‒127.

Meichenbaum, D. H., & Goodman, J. (1971). Training impulsive children to talk to themselves: A means of developing self−control. *Journal of Abnormal Psychology, 77*(2), 115-126.

Morris, L. W., Davis, M. A., & Hutchings, C. H. (1981). Cognitive and emotional components of anxiety: Literature review and a revised worry-emotionality scale. *Journal of Educational Psychology, 73*(4), 541-555.

Morris, L. W., & Liebert, R. M. (1973). Effects of negative feedback, threat of shock, and level of trait anxiety on the arousal of two components of anxiety. *Journal of Counseling Psychology, 20*(4), 321-326.

Miller, W. R., & Seligman, M. E. (1975). Depression and learned helplessness in man. *Journal of Abnormal Psychology, 84*(3), 228-238.

Skinner, E. A., Pitzer, J. R., & Steel, J. S. (2013). Coping as part of motivational resilience in school: A multidimensional measure of families, allocations, and profiles of academic coping. *Educational and Psychological Measurement, 73*(5), 803−835.

Watkins, P. C. (2004). *Gratitude and Subjective Well−Being. In R. A. Emmons & M. E. McCullough (Eds.),* The psychology of gratitude (pp. 167-192). Oxford University Press.

Yerkes, R. M., & Dodson, J. D. (1908). The Relation of Strength of Stimulus to Rapidity of Habit Formation. *Journal of Comparative Neurology & Psychology, 18*, 459-482.

참고영상 ──────────────────────────────

EBS 특집다큐멘터리 동기 1부, 실패를 이기는 힘
EBS 특집다큐멘터리 동기 2부, 동기없는 아이는 없다.
KBS 다큐 ON 감사가 뇌를 바꾼다.

색인

저자약력

오선아
전남대학교 대학원 교육학과 교육공학 전공(교육학박사)
현) 광주대학교 교육혁신연구원 교수

김선미
전남대학교 대학원 교육학과 학교심리 전공(교육학박사)
현) 동강대학교 유아교육과 교수

김연순
전남대학교 대학원 교육학과 교육공학 전공(교육학박사수료)
전) 전남과학대학교 유아교육과 교수
현) 전남대학교 사범대학 교육학과 강사

김진영
전남대학교 대학원 교육학과 교육공학 전공(교육학박사)
현) 서영대학교 유아교육과 교수

류정희
전남대학교 대학원 교육학과 학교심리 전공(교육학박사)
현) 광주대학교 청소년상담평생교육학과 교수

이현진
전남대학교 대학원 교육학과 평생교육 전공(교육학박사)
현) 전남대학교 교육혁신본부 책임연구원

조익수
전남대학교 MBA
전) 광주여자대학교 교양교직과정부 외래교수
현) 교육연구소 풀다 대표

배우기를 The 배우기 -디지털 시대의 학습전략-

초판발행   2022년 8월 31일

지은이   오선아·김선미·김연순·김진영·류정희·이현진·조익수
펴낸이   노 현

편 집   김민조
기획/마케팅   이후근
표지디자인   이영경
제 작   고철민·조영환

펴낸곳   ㈜ 피와이메이트
              서울특별시 금천구 가산디지털2로 53, 210호(가산동, 한라시그마밸리)
              등록 2014. 2. 12. 제2018-000080호
전 화   02)733-6771
f a x   02)736-4818
e-mail   pys@pybook.co.kr
homepage   www.pybook.co.kr
ISBN   979-11-6519-317-1   93370

정 가   25,000원

박영스토리는 박영사와 함께하는 브랜드입니다.